CARNOT
10, quai Jean-Mermoz – 78400 Chatou
01 30 53 75 05
www.carnot.fr

ISBN : 2-912362-85-7 Dépôt légal : mars 2003

Édition originale : *El secreto epipcio de Napoleón*

Illustration de couverture : *Le simoun dans le désert*, de David Roberts (1838)

Le texte de réference pour les passages bibliques est
La Bible de Jérusalem

JAVIER SIERRA

Le secret égyptien de Napoléon

Traduit de l'espagnol
par Deborah Plyers

CARNOT

Cette carte de l’Égypte, établie en 1766, est l’une de celles dont se servirent les troupes de Bonaparte.

« Peut-être, lecteur, auras-tu la tentation de croire que les affirmations contenues dans ce livre sont seulement le fruit de mon imagination ? Rien ne serait plus éloigné de la vérité. Ce que je raconte dans ces pages est un mélange réfléchi de réalités, de faits connus et d'évènements probables que seuls les plus attentifs sauront apprécier.

À l'un d'eux, mon grand-père spirituel, Antonio Ribera, je dédie les pages qui suivent. Je sais que, sur l'autre rive du Nil céleste, il appréciera mieux que personne ce que je veux dire. »

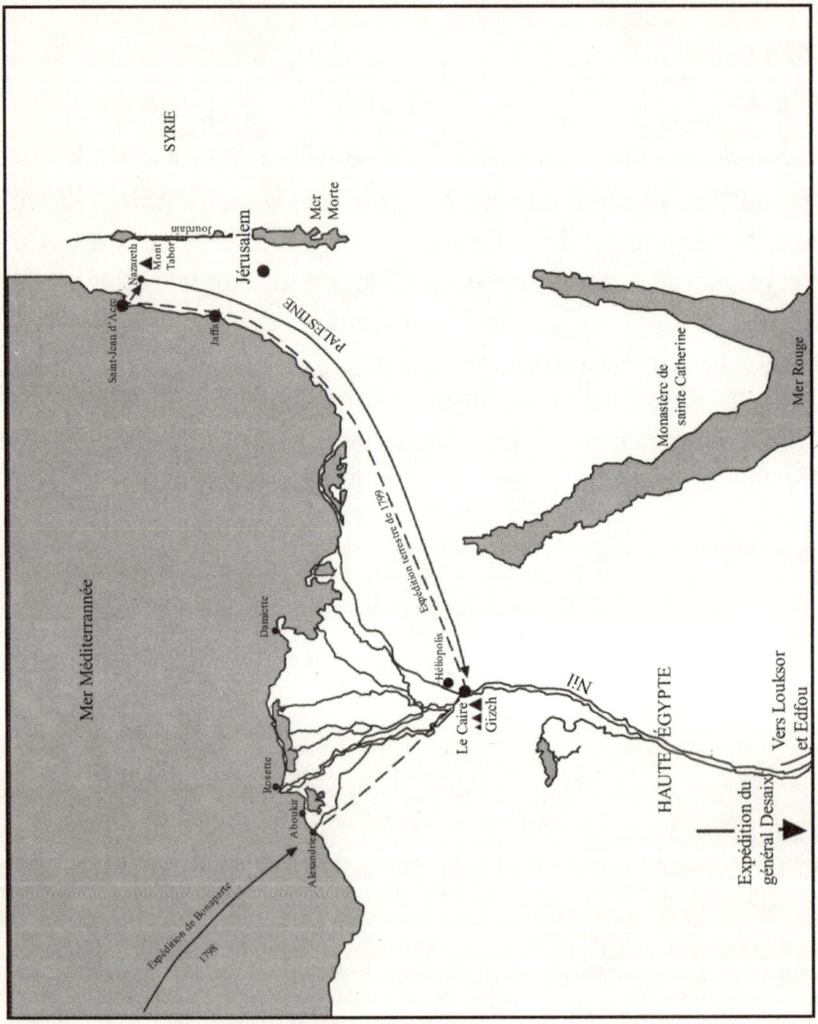

Les mouvements du général Bonaparte en Égypte.

Voilà pourquoi ce n'est point hors de propos qu'ils feignent que l'âme d'Osiris soit éternelle et immortelle, et que Typhon en déchire bien souvent et perd le corps, et qu'Isis errant çà et là va cherchant et rassemblant les pièces : car ce qui est bon et spirituel, conséquemment, n'est point aucunement sujet à mutation ou altération...

Plutarque, *Isis et Osiris*

Prologue

Gizeh, Égypte,
quintidi 25, IIIe décade de Thermidor, an VII
(12 août 1799)

– Piégé !

Le pouls de Napoléon s'accéléra brutalement, frappant ses tempes avec la force d'une massue. Tout se déroula très vite : son corps s'affaissa comme si une force le tirait au centre de la Terre puis ses pupilles se dilatèrent à la recherche désespérée d'un rai de lumière alors que, simultanément, chacun de ses muscles se contractait.

– Piégé ! répéta-t-il dans un souffle, la face contre terre. Enfermé ! Enterré vivant !

La conscience aiguë qu'il allait mourir envahit le soldat. Il avala difficilement sa salive. Il était seul, isolé sous des tonnes de pierres, sans le moindre plan lui indiquant une issue. L'amère certitude de se savoir sans eau, ni amadou de rechange, menaçait de le paralyser de terreur.

Comment avait-il pu être si naïf ? Comment lui, le guerrier de tant de combats, le héros d'Aboukir qui venait d'humilier ses ennemis, avait-il pu omettre de prendre des précautions aussi élémentaires ? Sa gourde et ses lampes, soigneusement emballées dans le paquetage de sa monture, se trouvaient définitivement hors de portée. Il était trop tard pour se plaindre de sa négligence. D'ailleurs, il était trop tard pour tout.

Le Corse laissa s'écouler une seconde de plus avant de réagir : cette prison de pierres, le lourd silence qui le submergeait avaient quelque chose de sacré, de douloureux.

Soudain, il se souvint de l'unique chose qui pouvait lui sauver la vie : croire. Il devait avoir la foi ! Foi en la victoire, comme lorsqu'il avait franchi les Alpes en deux semaines et conquis l'Italie à coups de batailles. Cette foi qui avait mis en déroute les Autrichiens au pont d'Arcole et à Rivoli.

Il lui fallait retrouver immédiatement cet espoir en son propre destin qui, tant de fois, l'avait aidé à surmonter les obstacles.

D'ailleurs n'était-ce pas la clef de sa vie ? Pour lui qui se vantait si souvent de s'être abandonné à un destin qu'il croyait écrit quelque part dans les étoiles, n'était-ce pas précisément le moment de mettre sa foi à l'épreuve ?

Le militaire, à l'uniforme maculé de poussière, commença tout doucement à réagir. Son esprit donna quelques ordres rapides et simples à son corps : bouger ses doigts de pieds à l'intérieur de ses bottes de cuir, serrer les dents avec force ou s'éclaircir la gorge par une toux sèche et brève. Aussitôt après, il dilata ses narines en essayant d'aspirer un peu d'air pur, s'il en restait dans cette atmosphère séculaire.

Il était vivant, certes, mais il avait peur.

Peur ? Était-ce bien la peur, ce courant qu'il sentait monter en spirale le long de sa colonne vertébrale ? Et sinon, qu'était-ce ? Allait-il se laisser dominer, maintenant, par les superstitions qu'il avait entendues de la bouche des Bédouins sur les habitants invisibles des pyramides ? Pouvait-il, comme on l'en avait averti, arriver à en perdre la raison s'il restait trop longtemps à l'intérieur de l'une d'elles ?

D'ailleurs, combien de temps resterait-il ici ? L'éternité ?

Il eut l'intuition que quelque chose était sur le point de se passer. Comme un tremblement glacé né au plus profond de son être, le froid s'empara de lui, le clouant au sol. Il n'avait jamais eu cette sensation. Un millier de fines aiguilles de glace transperça son uniforme pour se planter, sans pitié, dans ses os. Son sang se glaça dans ses veines et ses yeux se vitrifièrent comme si le voile de la mort figeait son regard vers nulle part.

Pendant quelques secondes il ne cilla même pas, pas plus qu'il ne respira, de peur que son cœur ne s'arrêtât net.

Quand l'angoisse eut complètement pris possession de son être, au milieu du froid et de l'incertitude, ses pupilles crurent distinguer un léger mouvement. Le Corse força son regard au cœur de la pénombre. Dans un premier temps, il tenta de rejeter ses propres visions : il était impossible qu'un nuage de poussière ait pu se glisser à l'intérieur. Mais ensuite, il se cramponna à cette chimère avec fermeté. Le soldat eut la nette sensation qu'au fond de la salle, des silhouettes s'étaient dessinées, au moins deux personnes, dans un fin rayon de soleil qui aurait lissé les pierres jusqu'à les rendre translucides, révélant ainsi une présence occultée durant des millénaires. Il eut du mal à les identifier. Sans doute ces présences irréelles étaient-elles fausses, le fruit d'une puissante hallucination. Mais pourtant, elles semblaient si vivantes que, durant un instant, il eut envie de courir dans leur direction.

– Qui… qui êtes-vous ? bégaya-t-il.

Personne ne répondit.

La vision se maintenait, statique. Il put même en dessiner calmement les contours, jusqu'à ce qu'elle s'évanouisse au milieu de la plus absolue obscurité.

Était-il en train de devenir fou ? La malédiction de la pyramide commençait-elle à produire son effet ? Y avait-il ou non quelqu'un à l'intérieur de ce colossal sépulcre ?

Le soldat se contraignit à respirer, faisant un effort vain pour ne penser à rien et effacer le mirage de son esprit. Comme on le lui avait enseigné à Nazareth, il ferma les yeux et expira profondément l'air vicié. Ce fut inutile. Napoléon Bonaparte, le grand général qui avait libéré l'Égypte de l'emprise mamelouk, ne put se défaire de cette obsession, même une seconde : il s'était laissé enterrer vivant dans la plus imposante des pyramides de Gizeh.

Là, pour la première fois de sa vie, désespéré, le stratège redouté s'écroula.

Rêvait-il ? Était-il déjà mort ?

Il ne sut jamais avec précision combien de temps il était resté évanoui, allongé sur les dalles froides d'une des salles du monument que l'on nommait « chambre du Roi ». Lorsque, comme étranger à lui-même, il reprit connaissance, l'absurde certitude de n'être pas seul s'imposa à lui. Il ne sut jamais l'exprimer avec des mots. Il ne le pouvait pas. Mais, pendant le temps de son immobilité, le granit avait créé une phosphorescence fantasmagorique autour de lui.

– Je n'ai pas peur de vous ! cria-t-il en se souvenant de ses phantasmes. Je suis là ! Montrez-vous si vous l'osez !

Le ventre du monument l'ignora. L'écho de sa voix fut la seule réponse qu'il obtint.

Napoléon eut la fulgurante intuition qu'il ne devait pas se rendre. À tâtons, il enserra de son poing gauche ses cheveux longs et désordonnés, les noua en une queue-de-cheval, et tira son sabre. Le chuintement de l'acier résonna. D'un bond, il se mit en garde. Il était encore vivant. Il ne pouvait pas se laisser mourir. Pas ainsi.

Une série rapide de moulinets lui rendit en partie sa chaleur perdue. Il sentit à nouveau couler dans sa gorge l'odeur nauséabonde qui imprégnait toute la pyramide. Si la vision fugitive de ce vert phosphorescent lui avait rendu quelques forces, il ne se souvenait pas d'avoir déjà affronté une telle obscurité, jamais l'absence de lumière ne l'avait à ce point angoissé.

Que faisait-il là ? Pourquoi, soudain, avait-il si peur de ce lieu ? Ne se trouvait-il pas au cœur de la Grande Pyramide dont il avait tant loué les splendeurs devant ses généraux ? Les seules pierres d'un si gigantesque monument lui auraient permis d'ériger tout autour de la France un mur d'un mètre de haut.

Revigoré par ses passes d'armes contre le néant, le Corse examina la situation. Pendant qu'il tâtonnait autour de lui, cherchant une paroi où s'appuyer, il songea que, tout bien réfléchi, sa peur n'était due qu'à une seule chose : à partir du moment où il avait pénétré à l'intérieur de la pyramide, y compris ce moment précis où il avait vu la dernière flamme de sa lanterne crépiter jusqu'à s'éteindre, tout cela paraissait avoir été consciencieusement préparé. Le craquement agonisant du feu, l'odeur de la fumée montant jusqu'au plafond de granit suspendu au-dessus de sa tête, l'impénétrable silence qui avait envahi la pièce une seconde après que l'obscurité se fut faite... Tout cela obéissait à une méticuleuse manœuvre des anciens gardiens de Gizeh. C'est du moins ce qu'il croyait.

Le sultan Kébir[1] était-il tombé dans un piège ?

Il grogna.

Non. Non, ce n'était pas cela. À Paris, les manœuvres politiques du Directoire lui avaient enseigné à être prêt aux éventuelles traîtrises, si misérablement humaines. La voracité de pouvoir de cette poignée d'hommes, leur rapacité et leur évident manque de scrupules l'avaient rompu à distinguer le franc du fourbe.

Quant aux aimables gestes d'acquiescement et aux larges sourires des imams du Caire, quelques jours auparavant, alors qu'il faisait part de ses si peu crédibles prétentions religieuses, il n'en était pas dupe non plus. Il s'était présenté aux chefs spirituels de la ville, au retour de sa campagne en Terre sainte, comme l'incarnation de l'Être supérieur prophétisé par le Coran. Celui qui devait venir de l'Occident pour continuer l'œuvre du Prophète.

L'avaient-ils attiré jusqu'ici pour le punir de son blasphème ?

Napoléon fouilla dans ses souvenirs : Élias Buqtur, l'habile interprète copte qui lui servait de guide depuis son débarquement en Égypte, l'avait conduit aux portes du désert avec la promesse de lui révéler une chose extraordinaire. Les crues millénaires du Nil venaient de répandre généreusement

1. *N.D.A.* : « Le seigneur du Feu », nom que les Bédouins donnaient à Napoléon à la fin de son séjour en Egypte.

leur limon fertile sur les champs du Delta. Le peuple célébrait la bénédiction de son fleuve et bientôt le poids des dattes remplirait de vie toute la vallée. Mais cela laissait Élias indifférent : l'homme, avec son visage sec, insistait pour le conduire hors de la ville, au crépuscule, et le guider vers l'intérieur de la plus grande pyramide de Gizeh afin de l'initier à ses arcanes. D'une certaine façon, Napoléon était sûr qu'il y avait là quelque grande vérité. Peut-être même la Vérité ; et cette étrange invitation, formulée dans le quartier général de Bonaparte près de la lagune d'Azbakéya, l'avait obsédé durant des heures.

– Qui domine la pyramide dominera l'Univers, lui annonça-t-il en chemin.

Élias était le neveu préféré de Jacob Tadrus, un général fidèle qui commandait avec honneur la Légion copte de l'armée française. Il n'avait aucune raison de le tromper sur un point aussi inoffensif en apparence.

À moins que…

Napoléon s'en souvint parfaitement : avec son regard malin, sa peau très pâle, presque brillante, et sa petite barbe en pointe couvrant un menton anguleux et prononcé, Élias l'avait prévenu : sa présence au rite de la pyramide était essentielle.

– Personne ne doit savoir que vous vous y rendez…, avait-il ajouté le plus sérieusement du monde. Seule votre insistance a permis au général Kléber de recevoir des dieux la bénédiction nécessaire pour vous escorter. Il se tiendra bien sûr à une distance prudente de votre personne. Mais, si vous décidiez de ne pas m'écouter, je peux vous assurer que rien de ce qui devrait vous être révélé ne se manifestera.

Dans la solitude obscure où il se trouvait maintenant, Napoléon songea qu'alors, chose étrange chez lui, il avait eu confiance. Il n'avait même pas prêté attention à l'allusion de son interprète aux dieux. « Élias, pensait-il alors, est un copte strict, un monothéiste convaincu. » Mais qu'est-ce qui aurait dû se manifester dans la pyramide de Kheops ? Faisait-il référence à cette vision muette qu'il venait d'avoir ? Et si c'était le cas, comment Élias Buqtur aurait-il pu savoir ?

Dans une grande felouque, accompagné d'un petit groupe d'hommes et de quatre ânes chargés de couvertures, d'eau et de vivres, Napoléon avait traversé au coucher du soleil le village de Nazlet el-Samman. Après avoir remonté la dépression d'où le Sphinx regarde ce monde, il se dirigea à cheval vers la plus haute pyramide. Ces constructions, véritables montagnes artificielles, dessinées par les architectes d'un monde perdu, défiaient le temps. En cette soirée d'été, l'astre roi, solennel, teintait de vieil or les ruines millénaires.

Buqtur l'avait mené dans la chambre la plus élevée du monument, à travers d'angoissants couloirs, avant de lui dire, dans un français parfait :

– Mon général, avant de vous révéler ce que vous désirez tant savoir, vous devrez vider votre âme, ici.

– Mon âme, dis-tu ?

– Oui. Afin que l'éternel gardien de ce lieu puisse la peser. Et cela, mon général, vous devez le faire seul.

– Seul ?

Élias avait acquiescé, très sérieux.

– Il en a toujours été ainsi. Depuis le temps des pharaons jusqu'à l'arrivée des musulmans, c'est la loi. Tous le firent ainsi, d'Alexandre à César, et tous ainsi se firent seigneurs d'Égypte. C'est ainsi que vous devrez le faire.

Le général, sans bien comprendre les paroles de son interprète, avait accepté une fois de plus. Comment avait-il pu être si téméraire ? À présent, il s'en mordait les doigts.

Bonaparte avait pourtant deviné dans les pupilles noires de Buqtur une peur superstitieuse. Il savait que les Mamelouks, mis en déroute au Caire, le surnommaient « Bounabart le Diabolique ». Ils l'imaginaient sans doute comme une sorte de djinn, pourvu de longs ongles effilés, comme un esprit maléfique capable de pétrifier ses ennemis d'un seul regard. Le général savait aussi que le circonspect Élias n'était pas encore certain que la forte impression faite sur les vieux « seigneurs de la Mère du Monde », ainsi qu'ils se nommaient eux-mêmes depuis le conte du médecin juif dans *Les Mille et Une Nuits*, ne fût pas autre chose qu'une simple vue de l'esprit. Bonaparte connaissait bien aussi la rumeur qui courait à Gizeh sur la famille Buqtur qui depuis des générations guidait les initiés dans les entrailles du « temple de Saurid »[1]. L'attitude de son interprète lui laissait penser que personne ne lui avait parlé d'un candidat aux traits aussi puissants, de son arrivée.

Brusquement, le Corse avait abandonné ses réflexions comme si l'intuition prémonitoire d'une proche et grande solitude l'avait envahi et demanda :

– Où m'attendras-tu, Élias ?

– À l'extérieur, Monsieur.

– Vous aussi, Jean-Baptiste ? dit-il ensuite en se tournant vers le général Kléber qu'il apercevait dans la lueur vacillante de sa lanterne.

– C'est ce qu'il semble, mon général.

Quand la *galabieh* du guide et la casaque bleue de son fidèle officier s'étaient perdues dans le couloir qui les avait tous trois conduits jusque-là, Napoléon eut à peine deux minutes pour se situer. C'est alors que, comme si tout avait été minutieusement calculé, sa lanterne s'éteignit.

Bonaparte frissonna. Les portes de la pyramide semblaient s'être refermées brusquement sur lui, pour toujours.

L'obscurité avait tout recouvert, tout immergé dans une nuit aussi soudaine que dense, tout dissimulé sous un épais voile noir : l'entrée de la salle, les deux petites ouvertures carrées faites dans les parois nord et sud et qui se perdaient

1. *N.D.A.* : Nom donné par les Arabes à la Grande Pyramide, l'attribuant à un certain roi Saurid dont ils affirmaient ne rien connaître. Les antiques Égyptiens, par contre, l'appelaient « l'Horizon lumineux de Khoufou », même monarque que les Grecs baptisèrent plus tard Kheops. Les coptes ont toujours gardé le silence à ce propos.

dans des murs au prolongement incertain… Seul le coffre de granit, trônant au centre de la pièce, avait attiré son attention. Il s'agissait d'un caisson suffisamment ample pour abriter un homme en son sein. Était-ce là qu'il devait « vider son âme » ? Dans cette obscurité ? Était-ce l'endroit où son « poids » serait déterminé ? Et dans cette éventualité, de quelle manière ?

– La pyramide vous guidera…

C'est par ces mots que Buqtur l'avait rassuré quelques heures auparavant, sans préciser qu'il serait abandonné à son sort.

– Laissez-vous porter par le pouvoir sacré que les anciens seigneurs d'Égypte ont légué à la postérité. Ne résistez pas. N'essayez pas de comprendre. Acceptez simplement ce legs.

Napoléon imagina difficilement qu'un coffre aussi simple pût, ne fusse qu'une seule fois, héberger la dépouille d'un roi. Quant à penser qu'une pièce aussi austère avait été durant un temps la sépulture d'un pharaon... c'était une erreur, à n'en pas douter.

La pièce aurait demandé plus de patience, et une capacité d'observation certaine, pour être appréciée à sa juste valeur. Parfaitement rectangulaire et faite de grands blocs de pierre encastrés au millimètre près les uns dans les autres, sa taille et la perfection de ses formes, sa finition harmonieuse et simple, l'absence d'inscriptions ou de décors superflus, tout contribuait à en faire le sanctuaire d'une puissante divinité endormie. Un sanctuaire abandonné bien avant que le grand Alexandre n'arrivât jusqu'au Nil et probablement saccagé de nombreuses fois avant la visite du Corse.

Cette idée le perturbait.

Avec une lenteur mesurée, il palpa machinalement le passant gauche de sa ceinture, à la recherche de son sabre. Le contact du pommeau le tranquillisa. Si quelque chose surgissait, il pourrait se défendre. Mais se défendre contre qui ? contre quoi ? Élias ne l'avait-il pas averti qu'à l'intérieur son pire ennemi ne serait autre que lui-même ? Était-ce une épreuve de plus que la mystérieuse confrérie à laquelle appartenait Buqtur lui avait réservée ? Ou une trahison de Kléber qui – il n'en doutait déjà plus – faisait partie de cette même confrérie ? Il avait péché par excès de confiance en venant seul, sans autre escorte que ces deux hommes, jusqu'au dangereux plateau de Gizeh, où aucun étranger ne s'aventurait sans une forte protection militaire.

Déterminé, le jeune général chercha à tâtons, en ressassant ses erreurs, le contact lisse et froid du granit. Après avoir trouvé les arêtes du coffre à l'emplacement exact où il se les remémorait, il se hissa sur l'une de ses extrémités, puis s'étendit à l'intérieur, de toute la longueur. « La pyramide vous guidera… » Il n'avait rien à perdre. Il était disposé maintenant à attendre que les évènements se déroulent sans son intervention.

C'est alors que Napoléon Bonaparte, chef des troupes d'occupation d'Égypte, eut une éprouvante révélation : ce sarcophage était exactement à sa taille…

CHAPITRE I

Le vieux Caire,
28 Abib, an 1515 de l'ère des Martyrs
(2 août 1799)

Cyril se hissa avec difficulté jusqu'à l'entrée du boyau qui conduisait à l'église Saint-Serge. Humide et malodorant, le passage commençait par une courte volée de marches que le moine descendit avec précaution.

Takla, un frère copte ainsi baptisé en l'honneur du saint patron de l'Éthiopie, était à ses côtés. Depuis quelques semaines, il ne se déplaçait jamais sans lui, même lorsqu'il décidait d'aller se promener dans le bazar musulman à la recherche de cadeaux pour ses fidèles les plus nécessiteux.

Takla, qui n'avait pas encore fêté ses vingt-cinq ans, portait à l'épaule, ce jour-là, un énorme fardeau qui alourdissait sa silhouette. Dans la pénombre de la venelle, les superstitieux habitants du vieux quartier de Masr al-Qadima auraient pu le confondre avec quelque adepte du Malin.

– Hâtons-nous, frère Cyril, murmura Takla, le souffle court sous l'effort. Le patriarche désire vous voir avant l'après-midi. Et son secrétaire, permettez-moi de vous le dire, semblait fort anxieux de ce rendez-vous.

– Anxieux ? pesta le vieil homme, et anxieux de quoi ?

– De votre ponctualité… Vous devez expliquer vos découvertes au plus vite à Sa Sainteté…

L'intonation du jeune homme laissait transparaître une impatience mal contenue. Sa docilité apparente, apprise au séminaire, cachait parfois mal un tempérament inquiet, avide de connaissances. Cyril protesta en prenant garde où il posait les pieds :

– Oui, oui… Ah ! Que sait donc le pasteur des problèmes de son troupeau ? Si les Français n'avaient pas parsemé la ville de contrôles, nous serions avec lui à Abou-Sarga depuis un moment.

Le jeune copte dissimula un sourire en baissant la tête. Tout le monde, dans les monastères où battait l'ancien cœur du Caire, savait que nul ne pouvait demander à Cyril de se presser. Il était lent pour tout, rançon de son extrême minutie. D'origine italienne, le maître avait l'art incontesté de peindre les icônes, de restaurer les fresques mais aussi de déchiffrer et de classifier les innombrables antiquités qui inondaient le pays. Le brave mais impétueux père Cyril avait le sang qui bouillait chaque fois que quelqu'un tentait de s'immiscer dans son rythme de vie si particulier. Takla essaya d'excuser les Français sans trop de conviction :

– Il faut les comprendre, mon père. On dit qu'ils craignent une nouvelle offensive des Anglais ou des Turcs… Ce qui reviendrait au même. Cet amiral anglais… Nelson, je crois… a détruit presque toute leur flotte l'année dernière à Aboukir. Cette défaite les contraint à se réarmer en terre d'Égypte, sans contact avec leur capitale…

Cyril ne fit pas de commentaire, laissant le jeune homme s'épancher.

– Hier, ils ont poursuivi deux espions à travers la citadelle, détruisant même le marché aux tissus. Ils sont très nerveux, croyez-moi. Dans Le Caire on ne parle pas d'autre chose.

– Des espions, bah !

Du haut des mille minarets de la grande ville, le monotone appel à la prière des muezzins les incita à forcer la cadence. Les deux hommes activèrent le pas. Takla, raidi par le poids de son fardeau, offrit son bras au vénérable père pour qu'il ne glissât point sur les pavés sales de la ruelle. Les ordres étaient précis : il devait accompagner et protéger le vieil homme au prix de sa vie si cela était nécessaire – Cyril de Bologne était la seule personne de toute l'Église copte capable de résoudre l'énigme qui troublait depuis des mois les personnalités du pontificat mouvementé de Marc VIII. Il fallait le ménager.

Le novice connaissait bien cette étrange affaire. Lui-même avait été l'un des témoins de la découverte de deux pots de terre, scellés à la cire. Ils avaient émergé l'été précédent, juste en face de la mosquée de Nébi Daniel à Alexandrie. Un tremblement de terre, la veille, avait dévoilé les antiques poteries à demi enterrées sous le regard horrifié d'Abdul Harish, le gardien du lieu saint. Il vint tout retourné à l'église voisine et, tombant sur Takla, le héla pour qu'il ôtât « ces choses chrétiennes » de devant sa porte. Il l'exigea avec dégoût, comme si la secousse tellurique avait remué là un épais et puant fumier, manifestement copte. Pis, son intime conviction était que « ces choses » ne pouvaient être que des urnes contenant les cendres d'un ancien chrétien : le poisson dessiné au charbon le révélait clairement. Le scrupuleux Harish n'eut plus qu'une idée en tête : se débarrasser rapidement de la découverte. Il jura haut et fort, sans se rendre compte de l'incohérence de son propos :

– Je ne toucherai pas les cendres d'un copte, même mort !

Les yeux de l'évêque d'Alexandrie se mirent à briller quand il apprit la nouvelle. Et si par hasard ces pots recelaient quelques reliques de martyr ? Peut-être même, pourquoi pas, celles de saint Marc lui-même? Après tout, le fondateur de l'Église de l'Égypte avait édifié sa première chapelle à Alexandrie, près de Nébi Daniel justement. La foi, soudain exubérante, de l'évêque, encouragée par celle de ses secrétaires et des prélats les plus proches, déborda ses digues : pourraient-ils enfin compléter la dépouille du grand évangéliste dont ils ne possédaient que le crâne ? En dépit de l'interdiction faite aux coptes de vénérer les saints, la découverte d'un fragment du corps de Marc aurait fait passer cette règle au second plan. L'évangéliste n'était pas un saint comme les autres, il avait apporté la vraie foi en Égypte !

Cet excès d'enthousiasme fut un feu de paille. Takla se souvenait clairement de la déception qui suivit de peu le bris des scellés de cire : les pots de céramique n'offrirent pas le moindre fragment d'os, tout juste quelques paquets de papyrus, sales et désordonnés. Et personne n'y prêta plus attention. Ils semblaient écrits en copte bohairique et, de tous les prêtres qui les avaient examinés, aucun n'était capable d'en comprendre le premier mot. Ce galimatias était trop complexe pour des moines désireux d'ossements et de miracles.

La filiation entre la langue des premiers coptes et celle qu'employaient les Égyptiens de l'Antiquité n'était nullement le fruit du hasard. Les plus doctes des prêtres soutenaient que, vers le VIIe siècle avant la naissance du Christ, les hiéroglyphes sacrés évoluèrent en une sorte de calligraphie profane nommée « hiératique » ; celle-ci, se simplifiant encore, donna naissance à ce qui fut baptisée « démotique ». Du démotique au copte, le pas fut facile à franchir : il suffisait d'écrire en caractères grecs la langue des anciens dieux du Nil. Pourtant, ce savoir ne fut d'aucune utilité aux prélats de l'évêché : l'ensemble du texte retrouvé à Alexandrie ne paraissait être ni du copte, ni du grec. Mais c'est cette dernière langue qui avait été utilisée pour le seul fragment intelligible de l'héritage. Un fragment placé, comme un titre, en haut de la plus volumineuse des liasses. Sa lecture raviva les espoirs de prodige de l'évêque d'Alexandrie, car il disait :

Περὶ τῶν ἐσχάτων ἡμερῶν τοῦ Κυρίου ἐπὶ τῆς γῆς

Des derniers jours du Seigneur sur la Terre.

Au début, même l'évêque n'y crut pas. Il pensa d'abord à une blague, concoctée par Abdul Harish et son groupe d'adeptes exaltés, mais il écarta aussitôt l'hypothèse : attendre l'arrivée d'un tremblement de terre pour faire circuler ces récipients était trop raffiné pour ces rustres de Nébi Daniel. Qui plus est – il en était convaincu – aucun des responsables de la mosquée n'aurait été capable de rédiger une phrase en grec sans faire quelques fautes grammaticales.

Ce n'était donc pas une plaisanterie et chacun s'interrogeait sur la teneur de ces écrits.

Même l'évêque, qui n'avait jamais eu la réputation d'avoir un esprit vif, comprit que la seule alternative raisonnable était que ces pots soient l'œuvre de quelque ancienne communauté chrétienne d'Alexandrie, qui y aurait caché ses textes sacrés. L'histoire de la ville était traversée de périodes suffisamment funestes pour justifier une telle précaution.

La pauvre imagination du patriarche d'Alexandrie se remit à bouillir. Il pouvait presque voir les visages de ces premiers chrétiens, penchés sur les urnes, scellant avec soin leurs papyrus les plus précieux. Dans son esprit enfiévré, il y avait dix familles, douze tout au plus, chacune forte de deux ou trois enfants, toutes certainement au service d'un patricien romain peu regardant de la foi de ses domestiques. Il se représentait même la panique provoquée dans la communauté par l'annonce de l'arrivée imminente d'une patrouille romaine. Il était à peu près certain qu'un voisin les avait trahis en échange de quelques pièces d'argent, comme Judas avait trahi le Seigneur. Mais par chance, l'un des anciens du clan, inspiré par le Très-Haut, avait donné l'ordre d'enterrer les papyrus, protégeant ainsi leur vie et un trésor qui, maintenant entre ses mains, pouvait raviver la foi de nombreux indécis.

De surcroît, tant par le lieu de la trouvaille que par la manière dont ils avaient été enterrés et celle dont ils avaient ressurgi des profondeurs, la découverte relevait du miracle ou au moins du signe divin. Ajouté à la récente occupation française d'Égypte, c'était peut-être même un indice supplémentaire : le christianisme était sur le point de s'imposer de nouveau face à l'insupportable hégémonie islamique.

Aussi Takla ne fut-il pas surpris une seconde par la célérité avec laquelle l'évêque d'Alexandrie avait d'abord transmis le manuscrit à Sa Sainteté Marc VIII puis, par ce truchement, au père Cyril. Toutes les précautions possibles avaient été prises pour le voyage : on avait fait acheminer tous les textes séparément, certains enveloppés dans des toiles et dissimulés au fond de grandes barques, et d'autres collés sur le corps de messagers qui les transportèrent jusqu'au Caire. Aucune précaution n'était superflue afin de protéger ce nouveau *signe de Dieu*.

La hâte et l'acharnement consacrés au décryptage de ces écrits étaient plus que justifiés. Cyril de Bologne, aussi lucide qu'à vingt ans, alors qu'il courait sur ses soixante et onze hivers, le savait parfaitement. D'ailleurs, avec les réponses à de telles énigmes entre les mains, l'ancien se sentait le plus enthousiaste des coptes, malgré ses yeux enflés de fatigue et ses lèvres crevassées.

Parvenant enfin à l'église Saint-Serge, que les vieux coptes appelaient « Abou-Sarga », bien loin des arguties débitées par son jeune garde du corps, le vieil homme laissa échapper un soupir. La façade obscure était ornée d'un bas-relief qui représentait saint Georges terrassant le dragon, inspiré de l'une des icônes orientales de la nef. Le vieillard murmura :

– Donnez-moi la force, Seigneur, de poursuivre Votre service avec la même détermination.

– *Amen*, fit Takla en écho.

– Crois-tu, mon fils, que nous soyons au bout de nos soucis ? que tout cela finira lorsque nous aurons remis la traduction au Saint-Père ?

Ces questions surprirent le novice même si Cyril l'associait de plus en plus souvent à ses réflexions.

– J'en suis certain. Vous avez fort bien abouti votre tâche. Notre vénéré patriarche vous comblera de bénédictions et nous retournerons bientôt à la quiétude de notre monastère.

– Puisse-t-il en être ainsi…

– Alors, entrons donc.

Comme à chaque fois, l'église Saint-Serge revêtait à cette heure crépusculaire ses atours les plus solennels. Les prières de la journée avaient laissé le lieu imprégné des odeurs et des lumières de la sainteté. Le fait qu'ils aient été convoqués dans la première église chrétienne du vieux Caire ne devait rien au hasard. Celle-ci, édifiée au IVe siècle autour de la caverne où la Sainte Famille avait trouvé refuge, dix-huit cents ans auparavant, voyait encore les plus importantes cérémonies s'officier dans la grotte sanctifiée, devenue crypte avec le temps.

Le vénérable frère, après avoir inhalé les vapeurs d'encens accumulées au cours des siècles, sourit pour la première fois de la journée. Ses vieux genoux tremblèrent d'émotion. À sa façon de détailler les lieux, on aurait pu croire qu'il écoutait les histoires que chuchotaient les murs.

– N'entends-tu rien, Takla ? Ne remarques-tu pas, dans ton sein, le doux battement des ailes du Saint-Esprit ? Ici, plus que dans nulle autre église d'Égypte, les pierres parlent. Elles racontent des choses que ton oreille ne recueillera en aucun autre lieu de ce monde…

Le regard perdu dans les fresques, le novice n'esquissa pas la moindre réponse. Le frère Cyril, enflammé, levait les bras vers la voûte de la nef.

– Écoute attentivement ! Les perçois-tu ? Entends-tu comme les pierres murmurent ? Elles parlent d'une fuite devant les excès d'Hérode le Grand, d'un charpentier nommé Joseph qui établit ici sa demeure pour protéger la Sainte Famille. Elles nous disent que la maison de Notre Seigneur était sous les dalles que tu piétines avec négligence !

– Mais, je…

– Déchaussons-nous ! poursuivit Cyril sans lui laisser le temps de répliquer. Sur ce sol, Marie donna le sein au Fils de Dieu. Et ceux qui l'accompagnaient dans son exil construisirent ici un grand bassin d'eau bénite pour baptiser les nouveaux convertis.

Le vénérable vieil homme, essayant de dissimuler la profonde émotion que provoquait en lui la grandeur des moments d'histoire sainte réunis dans un espace si restreint, poursuivit ses explications, chaque mot augmentant son enthousiasme. Il désigna quelque chose devant lui.

– Vois-tu les douze colonnes qui se rejoignent sous la nef ? Douze. Elles sont toutes de marbre blanc, sauf une.

– Pourquoi, mon père ?

– Les colonnes représentent les douze apôtres. Si tu laisses tes yeux s'habituer à cette lumière et que tu les examines bien, tu distingueras ce qu'il y reste des figures qui, un jour, les décoraient. Un visage pour chaque apôtre du Christ.

– Et la colonne grise ?

– Réfléchis…

– Judas !

– Oui. La plus noire fut érigée pour rappeler la cupidité et l'impiété du traître Judas. Elle est faite de granit et ne porte la trace d'aucun visage.

Les deux frères avancèrent dans le narthex qui ouvrait sur la nef, vers la sacristie et la crypte. Des panneaux d'ébène et d'ivoire, ornés d'icônes représentant les apôtres et la Vierge, paraissaient flotter à près de deux mètres au-dessus de leur tête. Aucun signe d'activité dans l'église à chaque pas plus obscure. Seuls Abraham, Isaac et Jacob, figés au-dessus de la crypte avec leurs yeux blancs, grands ouverts, semblaient protéger le lieu des visites inopportunes. Takla n'avait jamais vu, à Alexandrie, d'aussi délicates peintures. Il les regarda comme à la dérobée, de peur qu'elles ne prissent soudainement vie. Une crainte qu'il crut prémonitoire en entendant une voix rugir derrière la robe ciselée du patriarche Abraham :

– Eh bien, Cyril ! As-tu finalement achevé ton travail ?

La phrase, sèche et autoritaire, résonna encore dans tout le synthronon, cet endroit où l'évêque et les anciens se réunissent dans les grandes occasions. Un lieu à présent noir et froid et qui sembla trembler comme s'il allait s'écrouler devant eux.

– Faut-il autant de temps pour étudier et copier quelques vieux manuscrits ?

Le fardeau de Takla fut sur le point de l'entraîner sous son poids. Cyril, en revanche, ne paraissait guère impressionné. Même surgissant de la pénombre, l'intonation de cette voix était familière au vieux copte : ce bel organe profond ne pouvait être que celui de Marc VIII en personne, cent huitième patriarche copte, maître de la plus ancienne, et seule véritable, église du Christ sur cette Terre. Certes, c'était ici qu'avait été fixé le rendez-vous, mais que faisait ainsi le plus puissant patriarche d'Orient : sans le protocole, ni l'aréopage de prélats du synode qui ne s'éloignait jamais de ses robes ? Le frère Cyril murmura, visiblement heureux :

– Votre Sainteté… Enfin, nous nous rejoignons.

Le pontife sourit dans la pénombre, et deux rangées de dents blanches brillèrent comme des perles sous la lueur d'une énorme lampe à huile, révélant sa position exacte dans l'ombre des fresques.

Ce n'est qu'alors que les frères surent où regarder. Même si cela faisait des années qu'ils ne se rencontraient pas seuls, Cyril eut du mal à ne pas voir en cet homme le malicieux étudiant de latin qui collait les déclinaisons aux épaules de sa soutane afin que toute la classe pût les copier. Il avait tellement changé ! Marc n'était plus le garçon imberbe et turbulent qu'il avait été vingt ans auparavant. Même si sa gestuelle conservait quelque chose de son espièglerie d'antan, le voir ainsi, consacré en Saint-Père, lui rappelait que sa propre existence s'étiolait dans ses derniers feux : il lui restait peu de temps, très peu. Le patriarche interrompit les réflexions du vieil homme qui avait été son professeur le plus sévère, son maître le plus strict :

– Je suppose que tu as terminé ton travail, père Cyril. Et j'imagine également que, dès lors, tu es prêt à m'en donner les résultats.

– C'est le cas, Votre Sainteté : tout a été fait selon vos désirs.

Marc VIII, imposante silhouette, s'enfla comme un paon royal, fier de montrer son plumage.

– Eh bien ?

Le patriarche, vêtu d'un simple habit de coton noir et coiffé d'une capuche ourlée de rubans et de croix d'or, glissa négligemment un œil au fardeau qui n'avait pas cessé de peser à l'épaule de Takla. Mais, en dépit des faux airs qu'il se donnait, sa barbe fournie ne dissimula pas sa curiosité. Cyril fit durer le plaisir :

– Le livre dont vous m'aviez confié la traduction s'est révélé plus complexe que je ne le croyais dans un premier temps.

Marc haussa les épaules. Il ignorait que les papyrus qui avaient été remis au vieil homme formaient un livre.

– Plus complexe ? Que veux-tu dire ?

– Comme vous le savez sans doute, reprit le vieillard, les documents retrouvés à Alexandrie ne portaient aucune signature. Ils n'étaient pas non plus liés entre eux. J'ai donc dû les organiser selon un ordre probable. Ensuite, comme si les problèmes n'étaient pas déjà suffisants, ils ont été écrits par des scribes différents, dans un grec très altéré. Ses lignes sont remplies d'expressions étranges qui en rendent la lecture difficile. Il s'agit, selon toute vraisemblance, d'une *koiné*[1] très contaminée.

– Plusieurs scribes, dis-tu ?

– Oui, c'est ce qu'il me semble. Il devait y avoir trois ou quatre copistes à travailler sous les ordres d'un unique prêtre qui a dû les diriger avec une patience infinie.

– Oui, hum… Puis-je voir ton œuvre ?

Cyril y consentit et ordonna à Takla de défaire les nœuds qui serraient son fardeau. Celui-ci s'exécuta puis, avec une attention méticuleuse, en déroula le contenu devant les vénérables pères.

Le balluchon contenait quelque cent vingt feuilles, fabriquées à partir de palmes du Fayoum, couvertes de l'écriture serrée du père Cyril. Elles accompagnaient les papyrus originaux retrouvés à Nébi Daniel, des morceaux de factures différentes, certains d'aspect fragile, la plupart dégradés par le temps. Mais ils étaient nettement plus propres que la dernière fois où Marc les avait vus, et même s'ils étaient vieux, ils donnaient l'impression de pouvoir supporter encore deux siècles sans encombre.

– Le document, Votre Sainteté…

Le vieillard hésita et Marc VIII, le regardant fixement, attendit son explication.

1. *N.D.A.* : Forme populaire de grec très répandue sur les rives de la Méditerranée.

– Oui ?
– Ce document est en réalité… un nouvel Évangile.
– Un Évangile ?
– C'est ce qu'il semblerait, en effet.
– Explique-toi plus avant, maître Cyril.
– Je suis pleinement conscient de ce que cette conclusion signifie. Aussi, pour cette raison précisément, vous devez considérer mes paroles avec la plus grande prudence, Votre Sainteté.
– Ne tourne donc pas autour du pot.
Cyril s'éclaircit la voix d'une toux sèche avant de continuer. De ses petites mains minutieuses, il prit l'une des liasses, fit craquer le paquet de pages qu'elle serrait, et inspira profondément.
– Votre Sainteté… Ce qui a été trouvé à Nébi Daniel correspond, presque certainement, à… l'Évangile perdu de notre bien-aimé saint Marc. Pour ce que nous savons par notre tradition, ce ne peut être que ce qu'il écrivit simultanément à ce que nous connaissons, le deuxième livre du Nouveau Testament. Ce texte, l'apôtre Marc décida de le tenir secret car il était certain que le moment de le lire, et surtout de le comprendre, n'était pas encore venu.
– Comment peux-tu être aussi affirmatif ?
– La totalité de l'ouvrage est rédigée à la première personne et contient des copies de toutes les épîtres que Marc envoya à Pierre, à Rome, l'informant de ses progrès en Égypte. Non, je n'ai aucun doute, Votre Sainteté. C'est bien le texte perdu de saint Marc.
– Alors, crois-tu que le moment soit arrivé ?
– Définitivement, oui.
Le Saint-Père, plus sérieux que jamais, le regarda droit dans les yeux.
– En es-tu absolument certain ?
– Absolument, Votre Sainteté. Dieu ne nous a pas permis de découvrir les ossements de l'apôtre, mais Il nous a donné beaucoup mieux : son Secret.

CHAPITRE II

Le vieux Caire,
28 Abib, an 1515 de l'ère des Martyrs
(2 août 1799)

La nuit tomba rapidement sur l'enceinte sacrée d'Abou-Sarga, dont les fidèles étaient convaincus que ses fondations seraient les dernières à succomber quand arriverait l'Apocalypse dont parlait Jean dans le dernier livre de la Bible.

L'activité du quartier, drastiquement contrôlé par les « jaloux de Dieu », avait cessé dès le coucher du soleil. Même si aux abords le brouhaha des commerces arabes ambulants était inévitable, l'intérieur de l'église semblait à l'abri de toute agitation. Au sein de ce lieu toujours plongé dans la pénombre, qu'il fasse grand soleil ou nuit noire n'avait guère d'importance. C'est ainsi que devait être le règne des cieux : inaltérable, serein, éternel.

Marc VIII ne se réjouit jamais assez d'avoir pris tant de précautions pour rencontrer seul Cyril de Bologne. Ce que celui-ci avait commencé à lui détailler suffirait pour déclencher une véritable bataille rangée entre les membres du saint synode. Nul besoin de grand effort pour imaginer Georges d'Assiout hennissant contre tout ce qui aurait pu modifier la Tradition et Matthieu de Damanhour clamant le contraire. Pour ce dernier, le vieux lion du delta, et ses nombreux disciples, récupérer « l'authentique vérité » de l'histoire sacrée était un événement qui se plaçait au-delà de n'importe quel dogme.

Mais les choses pouvaient dégénérer : la nouvelle de la découverte du livre perdu de saint Marc arrivait moins de deux semaines avant le *mulid*[1]. Le patriarche était certain qu'une révélation publique de cette ampleur risquait de faire sombrer ses préparatifs. Il choisit donc de se taire, par prudence, quoi que lui révèle le vieil érudit.

Le père Cyril regarda le parquet de Saint-Serge, respectant le silence du patriarche, en essayant de deviner sa réaction. Enfin, il murmura :

– Votre Sainteté… Il y a autre chose que vous devriez savoir.

– Autre chose ? Est-ce… grave ?

– Le *Kata Markon* renferme, vous le savez, une énigme insupportable pour notre sainte foi. Le texte que nous avons récupéré la résout d'une façon inattendue.

Takla dévisagea son maître avec curiosité. Le *Kata Markon* était la version la plus courte, et la plus ancienne, de l'Évangile de Marc, celle que les premiers pères chrétiens acceptèrent comme canonique aux temps de l'Église unie. Jamais Takla, pourtant toujours attentif, n'avait entendu Cyril de Bologne faire une allusion à un quelconque mystère pendant qu'il traduisait les vieux manuscrits. Le patriarche et le novice étaient toute ouïe.

– Continue, s'il te plaît.

Cyril retrouva presque naturellement le ton du pédagogue :

– Le livre de Marc ne contient que quelques rares indices sur la nature divine de Jésus. Cette caractéristique a toujours été irritante pour l'Église copte : saint Marc fut notre fondateur, celui qui amena la véritable foi en Égypte. Pourtant nous n'admettons qu'une nature à Jésus : la divine, jamais l'humaine.

– Cyril ! Je sais tout cela, allons au fait…

– À la différence de ce que racontent Matthieu et Luc, Marc ne mentionne pas que Jésus naquit d'une mère vierge.

1. *N.D.A.* : Célébration de l'Ascension de la Vierge.

Il ne fait que raconter l'arrivée du Saint-Esprit sur le Messie, pendant le baptême du Jourdain... Et la mention d'un tel prodige est bien avare de mots. Pour faire d'un homme le Fils de Dieu, c'est assez succinct, non ?

Le patriarche opina sans relever ce commentaire à la limite du blasphème alors que Takla était bouche bée. Assis sur l'un des grands bancs de Saint-Serge, Marc VIII croisa les mains sur sa poitrine et resta immobile. Il semblait avoir pris le parti de laisser Cyril de Bologne poursuivre son exposé comme il l'entendait, et suivait des yeux son corps chétif arpentant le transept de long en large.

– Le sentiment que donne la lecture attentive de l'Évangile canonique, que de nombreux exégètes partagent, est que saint Marc essayait délibérément d'éviter quelque allusion que ce soit aux miracles ou aux interventions surnaturelles. Sa mission était celle de nous présenter un homme, non un dieu. Pourtant...

Cyril parut hésiter une seconde avant de continuer. Le patriarche sourit, commençant à entrevoir ce que son traducteur était sur le point de lui révéler.

– Néanmoins, père Cyril, cette interprétation *doit être erronée.* Jésus n'a jamais été un homme. Il a toujours été Dieu. Je me trompe ?

L'ancien évita le regard du Saint-Père.

– Ne concluez pas trop vite. Ce n'est pas tout à fait cela.

– Ah non ?

La soudaine contrariété dans le ton du patriarche, maintenant debout face au vieil homme, obligea Cyril à peser chacun de ses mots :

– Au IVe siècle, Rome accusa notre Église d'hérésie sous le prétexte qu'Eutychès, alors archimandrite de Constantinople, défendait avec véhémence la nature uniquement divine du Messie. Pourquoi imaginer autre chose ? Par quelle hérésie être Dieu ne serait-il pas amplement suffisant à Notre Seigneur ? Défendre sa double nature, humaine et céleste, comme le font les disciples de l'Église romaine, serait mépriser le Créateur. Ils nous qualifièrent de « monophysites » et prétendirent nous chasser de la chrétienté, pour toujours.

– Même Takla doit le savoir. Le Christ n'a-t-il plus à tes yeux une et une seule nature divine ?

Le ton de Marc VIII était devenu cette fois nettement accusateur. Cependant, Cyril n'hésita pas un instant :

– Non. Plus maintenant.

– Explique-toi, mais avant il serait sans doute opportun que Takla se retire. Il n'est probablement pas préparé à entendre ce que tu vas révéler, père Cyril.

Le novice regarda son maître, cherchant à le convaincre du contraire. Cyril connaissait bien le jeune homme et savait que sa force de caractère lui permettait de tout entendre ou presque.

– Takla est prêt. C'est un novice mais il travaille beaucoup. Votre Sainteté, je vais vous le dire mais je tiens à des explications circonstanciées. Tant pis si elles vous paraissent par trop précises, il est essentiel que les éléments que je vais exposer soient bien présents à votre esprit.

Le patriarche se rassit, ne pouvant retenir un soupir de résignation.

– Fais comme tu voudras.

– Bien. C'est au chapitre XVI que saint Marc mit un point final à son Évangile décrivant un Jésus si… humain. Takla, connais-tu les huit versets de ce chapitre ?

Surpris d'être ainsi interrogé, le jeune homme eut un moment de saisissement et resta bouche bée.

– Les premiers, mon père ?

– Oui… *Lorsque le sabbat…*

– Pardon, mon père :

1. *Lorsque le sabbat fut passé, Marie de Magdala, Marie, mère de Jacques, et Salomé achetèrent des aromates, afin d'aller embaumer Jésus.*

2. *Le premier jour de la semaine, elles se rendirent au sépulcre, de grand matin, comme le soleil venait de se lever.*

[3]. *Elles disaient entre elles : « Qui nous roulera la pierre loin de l'entrée du sépulcre ? »*

[4]. *Et, levant les yeux, elles aperçurent que la pierre, qui était très grande, avait été roulée.*

[5]. *Elles entrèrent dans le sépulcre, virent un jeune homme assis à droite vêtu d'une robe blanche, et elles furent épouvantées.*

[6]. *Il leur dit : « Ne vous épouvantez pas ; vous cherchez Jésus de Nazareth, qui a été crucifié ; il est ressuscité, il n'est point ici ; voici le lieu où on l'avait mis.*

[7]. *Mais allez dire à ses disciples et à Pierre qu'il vous précède en Galilée : c'est là que vous le verrez, comme il vous l'a dit. »*

[8]. *Elles sortirent du sépulcre et s'enfuirent. La peur et le trouble les avaient saisies ; et elles ne dirent rien à personne, à cause de leur effroi.*

– Ta mémoire est le fruit de ton travail, Takla. Votre Sainteté, deux traditions s'affrontent donc concernant la fin de cet Évangile. La majorité des manuscrits grecs présentent une version plus longue qui s'achève aussi au livre XVI, mais s'allonge de douze versets jusqu'à un verset 20. Cet Évangile est reconnu par l'Église de Rome. Le nôtre, plus ancien, n'en compte que huit. Les exégètes les plus doctes – et j'en suis – pensent que la version courte est bien la plus ancienne : la longue est le fait de saint Irénée, lequel au IIe siècle, trouvant cette fin un peu… abrupte, se serait inspiré de l'Évangile de Luc pour rédiger une conclusion qui lui convenait davantage. Donnant au passage raison à tous ceux qui prétendent que Jésus fut d'abord mortel puis ressuscité.

Excédé, le patriarche l'interrompit :

– Et alors ? Il s'agit d'une métaphore montrant à l'évidence la nature divine de Jésus : il ne peut ressusciter puisqu'il est déjà immortel lorsqu'ils le crucifient. Il n'est donc jamais mort.

– Non ! Votre Sainteté, c'est là précisément qu'est notre erreur. Les trois femmes sont effrayées, à juste titre ! Elles voient que la lourde pierre fermant le sépulcre a été déplacée et que le corps du Christ a disparu. Alors même qu'elles ont accompagné la veille Joseph d'Arimathie portant le corps de Jésus, qu'elles l'ont vu rouler cette pierre. Il n'y a là qu'un jeune homme, dont on ne sait rien, tranquillement assis à l'intérieur. Si Marc insiste tant sur sa description d'un Jésus humain, tout au long de notre Évangile canonique, c'est parce qu'il sait que sa nature est mortelle… même si ensuite « quelque chose » le ressuscite.

Marc VIII hésita. Cyril était-il devenu fou ? Comment pouvait-il renier ainsi l'un des fondements de leur propre doctrine ? Il remit de l'ordre dans sa mise, et tenta de ne rien perdre de sa solennité.

– Il me semble étrange que ce soit précisément toi qui dises cela, père. Tu sais mieux que quiconque, pour me l'avoir enseigné durant des années, pour l'avoir répété à l'instant, que cette « fin » ajoutée par saint Irénée n'est là que pour insister sur la nature humaine du Christ. Une manipulation !

– Je me trompais.

– Tu te trompais ?

– Le nouveau texte, celui que j'ai traduit selon vos instructions et dont j'atteste l'authenticité, contient… la suite de la vie de Jésus, les actes du Christ après sa Résurrection. Notre Seigneur se montre d'abord à Madeleine et ensuite aux disciples, les invitant à répandre les enseignements de l'Évangile, ainsi que le fait saint Irénée… mais ce n'est pas tout.

Cyril de Bologne s'interrompit, les yeux perdus vers la voûte, puis choisit de ne pas aller trop loin :

– Marc ôta délibérément cette partie du texte que nous considérons aujourd'hui comme canonique : il en anticipait les implications. Marc démontre, ni plus ni moins, que Jésus recouvra sa nature humaine durant un certain temps… après son supplice sur le Golgotha.

– Donc, saint Irénée… ?

– Saint Irénée rendit, finalement, un grand service à la chrétienté. Probablement devait-il connaître la Vérité ou une part de celle-ci ? Il l'ajouta pieusement au texte canonique.

– Père Cyril, je ne peux l'accepter. L'Église ne le peut pas !

Le vieux Cyril ne se laissa pas intimider :

– Il vaut peut-être mieux que vous lisiez ce que j'ai apporté, Votre Sainteté, avant d'émettre un avis si tranché. Si Dieu nous a mis ce texte entre les mains, c'est sans doute pour nous sortir de notre erreur séculaire.

Le patriarche contint un grognement. Si Cyril de Bologne avait raison, alors, en effet, une partie de la doctrine mise en avant par les coptes durant ces quinze derniers siècles courait un sérieux danger.

– Dis-moi seulement une chose : le message évoqué est-il en accord avec le legs de Clément d'Alexandrie ?

Marc VIII attendit la réponse à cette question capitale. Cyril de Bologne avait étudié, avant d'en transmettre la teneur à ses élèves du séminaire, les œuvres et surtout l'abondante correspondance de ce théologien grec du IIe siècle, contemporain de saint Irénée. Le patriarche se souvenait que, dans certaines de ses lettres, Titus Flavius Clemens, dit « Clément d'Alexandrie », faisait référence à un « Évangile secret de Marc », laissant entendre qu'il contenait les plus nobles leçons du Nazaréen ainsi que les instructions précises concernant la victoire sur la mort et l'immortalité du corps. Mais les coptes avaient toujours considéré tout cela comme une pieuse métaphore faisant référence à l'élévation de l'âme vers les cieux, après l'abandon du corps. Évidemment, ces missives, riches en détails, montraient clairement un Jésus capable de soumettre la mort en quelque circonstance que ce soit : un individu touché par le don de la vie qui pouvait rendre le souffle aux défunts ou s'avancer dans le monde des ténèbres pour en sauver les âmes qui méritaient de continuer leur chemin au milieu des vivants. Clément, en dépit du peu qu'on savait de lui, avait vraisemblablement eu accès à cet « Évangile secret » et l'avait utilisé pour instruire les disciples les plus téméraires. Cependant, ce religieux les avait avertis que désormais ils auraient à en nier l'existence « même sous serment » car « toutes les choses vraies ne pouvaient être dites à tous les hommes ».

Cyril n'avait pas répondu, laissant l'esprit du patriarche suivre sa propre inspiration, dont il devina la conclusion. Il sourit avec condescendance.

– Soyez serein, Votre Sainteté. Ce texte secret ne contredit en rien les enseignements de notre bon Titus. Au contraire : il confirme qu'il faut les comprendre au pied de la lettre et nous oblige à accepter que Jésus ait d'abord été un homme et qu'ensuite, seulement, il devint immortel. Toutefois, Saint-Père, nous pouvons être certains que cet Évangile caché, qui ne le fut pas toujours, a tout de même illuminé nombre des plus élevés catéchèses du passé. Clément devait être l'un de ses plus attentifs lecteurs.

– Et quoi d'autre ?

Le chef de l'Église copte avait noté le subtil manque de conviction dans les dernières paroles de Cyril. L'expression du vieil homme était passée de l'exaltation au simple enthousiasme comme si, au fur et à mesure de ses explications, une funeste réminiscence était tombée sur ses épaules voûtées. Ce changement n'échappa pas non plus à Takla.

– Quelque chose t'inquiète ?

Le moine hésita :

– Eh bien… en réalité, oui, Votre Sainteté.

– Tu peux être sincère.

– Avez-vous déjà pensé à ce que nous allons faire de ce… nouvel Évangile de Marc ? En dépit du fait qu'il ne constitue pas une atteinte fondamentale à notre foi, les révélations qu'il contient risquent de fragiliser notre position face aux autres Églises chrétiennes. De plus, l'information qu'il donne quant au retour à la vie de Notre Seigneur pourrait même sembler… condamnable.

– Je m'en charge, père Cyril. Le texte est dans de bonnes mains. Je peux te l'assurer.

– Oui, oui… Mais quelqu'un pourrait l'utiliser à son propre profit pour…

– Pourquoi, père Cyril ?

– … Pour détruire notre foi, de l'intérieur. Au-delà même de nos querelles d'Églises, Rome, Alexandrie ou Constantinople. Et ce qui serait pire, Votre Sainteté, c'est qu'une âme mauvaise modifiât selon ses caprices l'ordre naturel des choses. Ce texte recèle d'immenses pouvoirs. Dieu n'a pas donné, à Son seul Fils, le pouvoir sur la vie et la mort… pour qu'il tombe aux mains d'hommes irresponsables.

– L'Église se chargera de tout.

– L'Église est faite d'hommes, d'hommes qui ont peur de la mort et peuvent être corrompus.

– Assez, père Cyril ! J'en ai suffisamment entendu pour aujourd'hui.

– Il faut que vous compreniez mon inquiétude… Moi-même, âgé, usé comme je le suis, j'ai été sur le point de succomber à la tentation suprême : défier Dieu avec Sa propre révélation.

– Qu'es-tu en train de me dire, père ?

– Cela exactement. Pour parvenir à vous donner le document, il m'a fallu vaincre la tentation… Il y a là toutes les étapes, retranscrites par Marc, de la Résurrection de Jésus.

Le visage de Marc VIII blêmit de stupeur.

– Il… il dévoile cela ! Il raconte ça aussi ?

– Oui.

– Dans ce cas, ce texte ne pouvait tomber en de meilleures mains.

Le pontife se leva du banc sur lequel il était assis, et entreprit de ramasser les feuillets du vieil érudit, abandonnant au passage la Bible qui ne le quittait jamais. Puis, sans un mot, sans même tendre son anneau aux lèvres des frères, Marc VIII abandonna l'église Saint-Serge, la tête haute, en maintenant soigneusement la traduction sous sa robe.

Le vieux Cyril de Bologne glissa un œil vers Takla. Le novice était abasourdi par les révélations qu'il venait d'entendre. L'un et l'autre se regardèrent sans savoir quoi dire.

CHAPITRE III

Louksor,
29 Safar, an 1214 après l'hégire
(2 août 1799)

– Ils sont en train de compter des trous ! Compter des trous !

Le rire strident d'Omar Ben Abiff résonna dans toute la pièce basse qui constituait le local principal de l'auberge et Hayyim, le tavernier, tourna les yeux vers lui. Il le surveillait de près : même descendant d'une haute dynastie d'architectes, ce n'aurait pas été la première fois que les excès du plus grossier des antiquaires de la rive est du Nil tournaient à la bagarre. Le mélange dense de vapeurs de *karkadé* chaud et de fumée de haschisch pesait sur les esprits déjà échauffés. La dernière fois, cela avait provoqué le vif mécontentement du gouverneur français et avait presque valu au tenancier robuste et gras la fermeture de son établissement.

Nadia, que tout le monde nommait « La Parfaite », profita de la distraction d'Hayyim, son maître, pour jeter un œil à l'assemblée. Elle frissonna, même si, pour une fois, la jeune danseuse n'avait pas le trac avant d'entrer en scène pour onduler devant ce troupeau de fripouilles.

– C'est cette nuit ou jamais , murmura-t-elle entre ses dents pendant que ses yeux de chat fixaient la physionomie négligée d'Omar Ben Abiff. Pour toujours, conclut-elle.

Nadia « La Parfaite » était une femme étonnante. Son regard vif souligné de khôl, sa peau bistre luisant dans la moiteur du lieu interlope, ses longs cheveux aile de corbeau, le galbe de ses seins dans un bustier de paillettes couronnant sa silhouette ondulante, tout, y compris la lumière chiche, la rendait belle entre les belles. Dès le jour où il l'avait achetée, Hayyim sut qu'elle deviendrait la muse de sa taverne, la plus sollicitée de ses danseuses. Et il avait eu raison : ses mains, soigneusement peintes de henné, révélaient le raffinement de son éducation et claironnaient aux hommes les dons qu'elle avait reçus pour le plaisir.

– Cette nuit ou jamais, répéta-t-elle dans un murmure.

Nadia était prête pour sa première danse. D'un coup d'œil elle s'assura que les musiciens étaient concentrés, et vérifia le fragile tissu qui ceignait ses reins : cousu de piécettes, il devait tinter à chaque balancement de ses hanches. Elle avait encore un peu de temps : le numéro annoncé était celui de Leil Yabu el-Layali, une autre danseuse nubienne. « La Parfaite », déjà, ne pensa plus à son interprétation, alertée par un nouvel hennissement d'Omar Ben Abiff, venu du fond de la taverne. Il gesticulait avec préciosité, dessinant dans l'air un cercle avec ses bras.

– Ce que ces imbéciles d'étrangers ne savent pas, c'est qu'il n'y a pas à Biban el-Moulouk[1] un seul trou que je n'ai déjà fouillé. Vous imaginez ? Des cohortes de soldats, fondant sous le soleil du désert dans leurs uniformes de laine, cherchant des tombes déjà saccagées par mes propres hommes !

Une nouvelle fois, il éclata de rire alors qu'un groupe de fellahs un peu éméchés, portant leur tunique des jours de fête ourlée de fines broderies, applaudissait à son aplomb. « La Parfaite » se surprit à calculer le temps nécessaire pour que leur esprit ne tombe sous l'emprise enivrante de la fumée de haschisch.

– Oh, je connais bien ceux qui commandent leurs ouvriers : l'un d'eux s'appelle Jean-Baptiste Prosper Jollois, l'autre René Édouard de Villiers du Terrage. Deux noms bien compliqués pour deux parfaits imbéciles, croyez-moi ! Des gamins !

---

1. *N.D.A.* : Les Arabes appelaient ainsi l'actuelle « Vallée des Rois ».

Omar Ben Abiff était certes un Égyptien à la peau couleur de bronze florentin, au nez droit, aux lèvres fines et aux traits marquant son origine du Koush, la Nubie australe, mais il prononça leurs noms dans un français si parfait qu'étrangement ils sonnèrent faux dans son arabe de bistrot. Pendant un instant, le silence s'imposa et certains fellahs regardèrent frileusement autour d'eux. Ils voulaient s'assurer qu'il n'y avait là nul soldat étranger. Même s'ils savaient qu'aucun d'entre eux ne comprenait l'arabe, il suffisait qu'ils entendent prononcer le nom de l'un des leurs pour devenir méfiants.

Ces précautions remontaient à huit mois auparavant, lorsque le général de l'expédition vers le sud Louis-Charles des Aix de Veygoux – connu sous le sobriquet de « Desaix » – débarqua à Thèbes. De petits groupes d'hommes, armés jusqu'aux dents, étaient restés dans chacune des villes importantes au-dessous de la sixième cataracte. À ce qu'ils disaient, pour « remplir leur devoir », à savoir : protéger des savants comme Jollois ou de Villiers, ensorcelés par l'exploration de la Vallée des Rois et des ruines alentours ; rappeler aux gouverneurs musulmans qui étaient maintenant les maîtres du pays ; et surtout surveiller tous les mouvements de troupes du fugitif Mourad Bey, ce sanguinaire Mamelouk qui avait fait de Desaix la risée de toute la haute Égypte.

Précaution superflue. La salle était « propre ».

Le bouge d'Hayyim, le premier à avoir été légalisé par les autorités françaises, était à peine plus vaste que le pont de ces felouques traversant le Nil quotidiennement. Le propriétaire avait fait de véritables efforts pour décorer ses murs blancs et délabrés de morceaux vaguement géométriques d'alfa et de lanternes de cuivre assorties aux bougies de couleur. Au fond, contre un pan de torchis, se dressaient les quelques planches de la modeste scène où, nuit après nuit, « La Parfaite » s'exhibait. Leil Yabu el-Layali avait terminé ses trémoussements, Nadia s'avança vers l'espace éclairé.

– Par Allah, quelle putain…, murmura Omar quand les trois musiciens commencèrent à frapper en rythme sur leur tambour.

– Par la barbe du Prophète ! N'étais-tu pas l'homme capable de voler tout l'or de Thèbes pour un baiser de Nadia ?

La question de Tarek, l'un des fellahs les mieux vêtus accompagnant Omar, résonna. L'insinuation suscita une série d'éclats de rire. Le Nubien rougit, contrarié, et répondit, plein d'amertume :

– Allah m'est témoin que j'ai su cette nuit que tu traitais avec les Français. Pis, l'un de ces fils de chienne a bloqué les accès à Biban el-Moulouk. Tu l'as fait dans le but de ruiner ma carrière…

Le rythme des tambours augmenta. Nadia allait apparaître dans la lumière. Un autre convive, aspirant la fumée aromatique de sa pipe, s'esclaffa :

– Sans doute ce Français était-il plus beau que toi, Omar !

– Et qu'il a moins de ventre ! lança un troisième du fond de la salle.

Omar Ben Abiff, les yeux rougis et larmoyants, serrant les dents de colère, chercha le dernier railleur du regard. Ces pauvres diables, qui se moquaient de son ventre, étaient incapables d'apprécier l'art de Nadia. Il savait pourtant qu'ils étaient aussi avides que lui de poser leurs mains sales sur le corps doux et parfumé de « La Parfaite ». Cela ne les aurait pas gênés le moins du monde d'écarter de leur chemin celui qui jusqu'ici s'était prétendu son amant, quand bien même aurait-il été leur irascible et terrible chef. Omar commença à bouillir et, rapidement, tout se précipita.

Hayyim, voyant que les esprits s'échauffaient à vive allure, s'empressa de trouver quelques boulettes et, armé d'un tison incandescent, ralluma les pipes des clients alentours.

– Courtoisie de la maison, souriait-il.

Mais le temps lui manqua : Ben Abiff, blessé, avait déjà terminé son *karkadé* et se leva des coussins. Il fit front à celui qui s'était moqué de son ventre puis le coinça en le poussant près de la porte d'entrée. Le regard enflammé, il empoigna par le col Salaj, l'auteur de la maladroite saillie, et entreprit de l'étrangler.

– Personne, m'entends-tu, personne parmi les vivants ne se moque du sort d'Omar Ben Abiff. Personne !

Alors, dégainant sa dague de Constantinople incrustée de pierres, il la planta dans l'abdomen du malheureux fellah et l'éventra du nombril au sternum, sans cesser de fixer le regard de sa victime, les lèvres figées en un horrible rictus.

Salaj était le plus jeune des pilleurs de tombes qui travaillaient pour Omar. Il resta un instant inerte, laissant le Nubien aux yeux de feu faire quelques pas en arrière. Alors seulement, il sentit l'onde de chaleur qui remontait de sa ceinture, lui emplissait la gorge d'une saveur amère et sèche. Il baissa les yeux sur sa tunique de coton, coupée en deux, dont les pans retenaient à grand-peine la masse bleutée et malodorante de ses entrailles palpitantes qui se déversaient hors de son corps. Un flot de sang poisseux se répandait sur le sol. La sensation le fit s'évanouir en même temps que sa vie coulait, irrémédiablement. Puis il s'écroula face contre terre, sachant qu'il ne rouvrirait jamais les yeux.

Nadia n'en crut pas sa chance. Même si les musiciens, impavides, jouaient déjà à la flûte les premières mesures accompagnant son entrée sur scène, toute la clientèle du café se pressa autour d'Omar et de Salaj, lui tournant le dos. Hayyim, désespéré, agitant les bras, demandant de l'aide, tenta de sauver la vie déjà perdue du pauvre diable. Les fellahs, abasourdis, étaient figés comme des statues de sel… Fatima, celle du numéro de Leil Yabu el-Layali, lui murmura à l'oreille :

– Si tu veux fuir, c'est le moment !

Elle l'embrassa doucement sur la joue en souriant : Fatima avait percé à jour ses intentions.

– Va-t'en ! Ils mettront du temps avant de remarquer ton absence. Je te couvrirai.

Nadia attrapa à la volée un châle, dont elle drapa son costume de scène, et vola jusqu'à la porte de la cour. Quand la fragile silhouette de la danseuse traversa l'arrière-cour et arriva dans la rue, elle était vide et sombre. À environ deux cents mètres de là, les lampes à huile accrochées aux embarcadères près du Nil étaient les seules sources de lumière.

– Qu'Allah daigne me protéger !

« La Parfaite », craintive, se mit aussitôt à courir, descendant la venelle en laissant se perdre dans son dos les cris qui commençaient à jaillir de l'antre d'Hayyim. Elle avait l'intention de fuir vers la garnison des Français, cantonnés au sud du temple de Louksor. Au-delà des colosses du grand Ramsès et de ses deux obélisques de granit blanc, situés avant ceux d'Amenhotep, s'élevait la palissade de dattiers qui protégeait le campement où Philippe, son soupirant français, si galant, la sauverait sûrement. Du moins le pensait-elle.

Elle courut encore pendant quelques minutes, puis à la croisée de Nag Hammadi et Dendérah, elle vit quelque chose qui la surprit. D'abord, elle n'y prêta pas grande attention mais ensuite, au fur et à mesure qu'elle s'approchait de l'entrée du temple, cet éclat de lumière l'intrigua de plus en plus. Qui pouvait déambuler dans les couloirs et les allées du temple de Louksor à cette heure tardive ?

Ensemble écrasant de colonnes et de murs dressés en solides pierres de taille, le lieu imposait le respect et la dévotion. Plantés au milieu de la ville, à quelques pas du Nil, les obscurs recoins de pierre séculaires étaient ordinairement déserts la nuit. Tous les habitants de Louksor, ceux de toujours et ceux de passage, savaient qu'assurément les esprits habitaient encore le temple, spectres des puissants prêtres de Pharaon. Tous évitaient donc de regarder trop fixement ces parois imprégnées d'indéchiffrables formules de sortilèges. Allah Lui-même semblait avoir laissé hors de Sa juridiction ces parages obscurs.

Qui donc pouvait se trouver ici, au milieu de la nuit ?

– Les Français !

La certitude de Nadia la fit presque pleurer d'émotion. Si elle arrivait à se rapprocher suffisamment d'une patrouille, ni Omar, ni Hayyim, pas plus qu'aucun de leurs acolytes, n'oserait lever la main sur elle. Elle décida aussitôt de couper par les ruines. Le long chemin restant pour contourner le temple qui la séparait encore du campement pouvait donner aux fellahs du gros Nubien le temps nécessaire pour la rattraper. Le châtiment qu'Hayyim lui réserverait, en cas de capture, était sans aucun doute la lapidation. Elle n'avait donc pas le choix et, sans y réfléchir davantage, « la Parfaite » serra son châle en cachant ses cheveux et ses jambes de gazelle nues, puis accéléra le pas vers le « Harem du Sud », *Ipet Resyt*, ainsi que l'appelaient les Arabes. Elle chassa bien vite cette pensée de son esprit. Elle était certaine au fond que ces murs sacrés n'avaient jamais abrité de harem.

CHAPITRE IV

Louksor,
29 Safar, an 1214 après l'hégire
(2 août 1799)

Nadia, originaire de la Nubie, savait que ses ascendants étaient connus dans toute la région comme une puissante lignée de mages. Ils avaient eu de nombreux conflits avec les imams des mosquées de Louksor qui prétendaient les obliger à renoncer à leurs pratiques parce qu'ils les savaient efficaces et puissantes, tant pour la santé que pour les récoltes. Les mages de Nubie utilisaient tous les jours leurs sortilèges à la grande satisfaction de leurs voisins, en dépit de l'interdiction des imams.

Voyant la lumière des torches qui dansait à l'une des extrémités de l'enceinte, elle sut fort bien d'où elle provenait. Gabriel, son grand-père, l'avait souvent amenée ici. Même lorsque le temple, abattu depuis des siècles, était à la merci des séismes et des pilleurs, il insistait toujours en soutenant que ce lieu était vivant. Il n'employait pas une image mais le disait au sens littéral, murmurant avec passion à l'oreille de sa petite-fille :

– Il est vivant, Nadia. Il palpite. Écoute son cœur !

Et Nadia, étonnée, appuyait sa tête çà et là pour entendre ces battements particuliers et uniques que semblaient émettre les bas-reliefs. La dernière fois que son grand-père l'avait accompagnée à *Ipet Resyt*, c'était peu de temps avant sa mort. Que de souvenirs ! Le grand mage devait pressentir quelque chose parce qu'il avait conduit Nadia dans une salle étroite, à côté du saint des saints dont la construction avait été commandée par Alexandre le Grand, et la fit s'asseoir, au pied d'un énorme mur, face à une scène gravée au ciseau avec un soin infini. Il lui avait alors dit, avec une gravité pesée :

– Regarde-les bien, ma fille. Dans ces dessins se trouve le secret le mieux gardé de nos ancêtres. Aucun homme, depuis l'époque des pharaons, n'a su déchiffrer l'énigme qu'ils contiennent. Même moi, à mon âge, je n'ai pas pu.

Il avait ajouté, accablé :

– Si je mourais avant de réussir à la lire, et ton père après moi, il serait de ta responsabilité d'étudier ces parois, de résoudre leurs mystères, de conserver leurs secrets. Le feras-tu ?

Les souvenirs remontaient à la mémoire de « La Parfaite ». Si son intuition ne la trompait pas, les lumières arrivaient précisément de cette salle particulière que son grand-père appelait *mammisi* : la chambre de la « Naissance ». Elle se souvenait de ces murs, hauts comme une maison de quatre étages, entièrement recouverts de scènes où hommes et dieux pratiquaient une sorte de rituel compliqué. En fermant les yeux, elle pouvait les reconstituer clairement, se les remémorant les unes à la suite des autres. Du haut en bas, de droite à gauche, ces scènes donnaient l'impression de narrer les étapes de grossesse, de mise au monde et d'éducation d'un prince. Chaque dieu s'occupait d'une activité : Khnoum, à la tête de bélier, modelait deux figurines d'un enfant en argile, l'une représentait Amenhotep III et l'autre son *Kâ* ou double astral ; Sur le bloc contigu, Isis donnait sa bénédiction au fils de Rê pendant qu'Amon et Khnoum délibéraient sur l'avenir de l'enfant, un rang plus bas.

Songeant à ses souvenirs, elle crut qu'on lui chuchotait :

– Le jeune prince que tu vois ici est le même que celui qui ordonna que soient sculptés les deux géants de pierre qui gardent l'entrée de la Vallée des Rois.

Nadia avait l'impression d'entendre les explications de son grand-père : *Souviens-toi bien du nom de ce roi, mon enfant. Notre destin est uni au sien.*

Pieds nus, sans prendre garde aux délicates arabesques de henné qui y étaient peintes et qui se délitaient dans la poussière, « La Parfaite » accéléra le pas jusqu'au *mammisi.* Elle se glissa le long du mur ouest de l'enceinte comme une chatte prudente, sans le moindre bruit. Ses yeux, maintenant accoutumés à l'obscurité, commencèrent à percevoir des ombres suspectes un peu partout.

Mais elle y était habituée. Comme toutes les parois de l'extraordinaire *Ipet Resyt*, les galeries qu'elle traversa et les colonnes qu'elle contourna montraient d'admirables séries de bas-reliefs. Les armées semblaient sur le point de bondir hors des pierres, les prêtres vacillaient sous le poids des barques sacrées sur leurs épaules, on pouvait entendre les rythmes des musiciens qui frappaient des tambours de guerre ou de plaisir… Tous paraissaient vivants.

Mais plus que la célébration des victoires de Pharaon, ces scènes avaient été gravées pour rappeler aux fidèles qu'en ce lieu se livrait l'éternelle lutte du bien contre le mal, de la lumière contre les ombres. Aux temps glorieux de l'Égypte, aucun homme, hormis les prêtres et les rois, n'osait franchir ces murs et contempler le triomphe de ces dessins, de leurs sculptures. Personne, car tous savaient que les rituels qui se pratiquaient à l'intérieur du temple appartenaient à une magie puissante et occulte qu'ils ne pouvaient profaner. D'ailleurs, avant que les cultes antiques ne fussent détruits par les premiers coptes, aucun Égyptien « moderne » n'avait jamais pu contempler l'intérieur d' *Ipet Resyt*, le Harem du Sud.

Un craquement, peut-être un faux pas, claqua entre les colonnes. Une voix masculine résonna quelque part derrière le panneau des batailles. Nadia, effrayée à l'idée de s'être heurtée à l'un des esprits du lieu ou à l'un des acolytes d'Omar, refoula les angoisses qui cherchaient à l'assaillir. Elle s'approcha en tapinois et, enfin, elle vit : à l'intérieur du *mammisi*, trois hommes discutaient vivement en considérant l'un des bas-reliefs inférieurs. Parmi eux, il y avait un Nubien, comme elle. Les deux autres portaient l'uniforme bleu de l'armée de Napoléon. Tous lui tournaient le dos, regardant avec attention une scène insolite courant sur la paroi : une divinité masculine, la peau peinte d'un étrange bleu, tenait la main d'une femme. Au-dessous d'eux, Nadia reconnut à leur coiffe les deux déesses qui soutenaient le trône sur lequel le couple divin reposait. Le Nubien, tout en posant sa lanterne sur le sol, prit la parole :

– Avez-vous trouvé sa tombe ?

Les Français acquiescèrent.

– Et avez-vous vu le cartouche royal , ce dessin encadré qui indique le nom de Pharaon ?

L'un des officiers, le plus jeune, montra un fragment du relief sculpté et le compara avec des croquis sortis d'un grand dossier.

– Oui, il était comme celui-ci.

– Parfait, parfait... Et c'est arrivé lors des dons de Hâpy[1] ?

– Tu veux dire : les crues du fleuve ? reprit le plus âgé des deux Français. En effet, oui. C'est un signe encourageant, n'est-ce pas, Mohammed ?

La lueur des trois lanternes, posées sur les dalles, projetait jusqu'au plafond les profils majestueux des dieux. Le Nubien, sans relever la question, poursuivit son enquête :

– Dites-moi... Savez-vous qui est ce roi ? Avez-vous vérifié qui fut inhumé à cet endroit ?

Les deux militaires restèrent muets.

– Il s'agit de l'Horus d'or, le Taureau puissant, radieux avec Maât, Celui dont la puissance frappa les Asiatiques, Celui qui fixa les lois du double pays, Nebmaâtrê[2], fils de Rê, roi de haute et basse Égypte, Amenhotep le troisième.

– Amenhotep III ?

Nadia ne put réprimer un sourire devant l'ignorance des Français. Elle aurait pu faire la réponse du jeune Mohammed :

1. *N.D.A.* : Le dieu égyptien du Nil.

2. Nom complet, ou titulature, porté sur les cartouches royaux.

– Ce nom signifie « Amon est satisfait ». Il était le fils de la plus belle des reines nubiennes, Moutemouia, et du dieu Amon. Leur union divine est représentée ici, sur ce mur que vous contemplez.

– Comment ! Vous pouvez lire ce que disent ces pierres, Mohammed ?

L'Arabe sourit, énigmatique, sans répondre. Elle ne pouvait pas bien distinguer son visage mais « La Parfaite » perçut l'éclat brillant de ses dents bien alignées. Un indice de son rang : il devait être de bonne famille pour avoir une pareille dentition.

– Que pouvez-vous nous dire d'autre ?

– Que votre long voyage méritait la peine qu'il a coûtée ! C'est ici, dans cette salle même, que se cache la formule chiffrée que votre sultan « Bounabart » vous a ordonné de trouver. Je vous l'expliquerai… mais toute révélation a un prix qu'il vous faudra être disposé à payer…

– Ce que vous voulez, Mohammed. Napoléon payera généreusement vos services si vous lui offrez ce qu'il cherche.

– Affaire conclue… J'ai entendu parler de la magnificence de votre sultan.

– Soyez assuré qu'il n'a qu'un désir : étudier et faire connaître en Europe la grandeur de votre peuple. C'est pour cela que nous récupérons tous les documents, traités ou formules que nous pouvons trouver, et c'est pour cette raison qu'il a fondé l'Institut d'Égypte au Caire…

Le Nubien se pencha vers sa lanterne et Nadia put entrapercevoir, malgré le turban indigo, les épais sourcils noirs qui barraient son front. Soudain, il jeta un coup d'œil par-dessus son épaule, comme s'il avait senti une présence qui les observait. Nadia, sachant que le seul reflet de ses yeux pouvait révéler sa présence, réagit promptement et cacha son visage contre le sol. Mohammed revint aux Français :

– Bounabart est un sage. Allah le protège. Cette caverne de Biban el-Moulouk où vous êtes entrés aujourd'hui est le lieu de repos éternel d'Amenhotep, l'un des pharaons les plus grands et les plus beaux que l'Égypte ait connu. C'est lui qui a ordonné l'édification de ce temple. Et c'est à lui que nous devons quelques-unes des plus fabuleuses constructions que vous avez pu voir sur ces terres…

Le Nubien hésita avant de continuer :

– Mais peu sont capables de lire ces symboles sacrés qui se souviennent de sa naissance. Elle fut accompagnée de beaucoup de prodiges. Observez avec attention ce bas-relief et vous comprendrez vite son importance.

Il désignait un fragment que Nadia connaissait.

Il les laissa observer avant de poursuivre :

– Tout est raconté ici, pour peu que vous regardiez attentivement. Le dieu Amon, à droite, tient une des mains de la reine Moutemouia, mère d'Amenhotep. De la main droite, Amon l'Occulte introduit le souffle divin dans le corps de la reine pendant que les déesses Selkit, coiffée d'un scorpion, et Neith, coiffée de flèches, empêchent que les époux ne touchent le sol : un symbole évident de la valeur spirituelle de ce moment.

L'un des Français se dressa sur ses ergots.

– Êtes-vous en train de nous dire que cet Amenhotep fut un… demi-dieu ? une sorte de… créature biblique, fils d'un ange et né d'une femme ?

L'Arabe répondit avec une pointe de malice :

– C'est vous qui l'avez dit, et non moi…

Mohammed, les yeux mi-clos, paraissait chercher les mots justes, enfouis quelque part dans sa mémoire. Nadia le scrutait avec le plus grand intérêt : le ton de sa voix, ses manières lui étaient familier, ils lui rappelaient son grand-père ou même son père. Sa gestuelle face à ceux qui l'accompagnaient, sa façon de croiser les mains notamment, lui laissait peu de doutes quant à la véritable origine de cet homme. Il reprit :

– Observez la couleur utilisée pour dessiner Amon. Bleu, comme le ciel… et comme le sang de son fils, Amenhotep.

– Superstitions, Mohammed ! Ce sont des superstitions !

Le jeune Français, outré, en avait posé au sol sa sacoche pleine de dessins, comme pour protester plus énergiquement. Son compagnon l'épaula avec la même passion :

– En France, nous avons guillotiné ceux qui se targuaient d'avoir du sang bleu dans les veines. Et savez-vous ce que nous avons découvert ? Leur sang était rouge. Rouge ! Comme le vôtre, comme le nôtre. Comprenez-vous, Mohammed ? Nous sommes tous égaux ! Identiques !

– Non, *Monsieur**[1] Jollois… Pas tous, non.

Le Nubien fixa de son regard sombre son dernier interlocuteur. Il n'était pas disposé à écouter un nouveau plaidoyer révolutionnaire, tel que les militaires français en faisaient à la moindre occasion. Il poursuivit, sans ciller :

– Vous-même, en privé, admettez que votre sultan Bounabart est un homme différent des autres, un être touché par le destin.

– Bien, Mohammed, *touché**. Mais nous le disons au sens figuré.

– De même que le sang bleu des peintures est symbolique, *Monsieur**. C'est la manière que nous avons, nous les anciens, de signaler que certaines personnes sont issues d'une famille particulière, différente. Peut-être une famille d'essence divine.

– Encore des mythes !

Le Nubien ne put réprimer un sourire sarcastique.

– Ah non ! Pas plus que n'est un mythe la naissance de votre sultan : elle fut annoncée par une étoile de feu. De même, en Nubie, nous savons que son but ultime est d'égaler la gloire des pharaons. Nous savons ce que Bounabart cherche, sur la terre noire d'Égypte…

– Dites-le-nous, dans ce cas.

– Il cherche l'élixir de l'immortalité.

Les derniers mots de l'Arabe, prononcés d'une voix forte, résonnèrent dans la salle, réveillant un groupe de chauves-

1. *N.D.T.* : Les mots en italique suivis d'un astérisque sont en français dans le texte original.

souris qui virevolta au-dessus d'eux dans la lumière vacillante des lanternes. Les deux Français frissonnèrent, avant de protester avec véhémence :

– Balivernes ! De quoi parlez-vous ?Bonaparte est uniquement intéressé par la science de vos ancêtres, non par ces supercheries.

Mohammed murmura en sifflant comme un serpent :

– Il y a donc quelque chose de lui que vous ignorez... Pendant que vous retourniez le sol sacré de Biban el-Moulouk, votre sultan a suivi pour son compte les pas de Jésus dans notre pays, essayant de savoir ce que le prophète avait appris ici.

– Jésus ? Ici ?

– Oui ; cela vous surprend ?

– Je n'y crois pas une minute ! affirma le plus âgé des deux hommes.

– Vous devriez, pourtant. Jésus n'est-il pas né, lui aussi, d'un souffle divin apporté à une femme aussi humaine que la mère d'Amenhotep, n'est-il pas vrai ? De plus, Yeshua[1] a passé son enfance en Égypte mais peut-être le saviez-vous ?

– Nous ne sommes pas prêtres mais ingénieurs. Il reste peu de religieux en France, nous ne connaissons pas grand-chose de la religion, Mohammed.

– Alors, laissez-moi vous le conter. C'est sur cette terre que Jésus apprit, durant son enfance, à accomplir les miracles que rapporte votre Livre Saint : faire renaître les morts et ressusciter lui-même. Il découvrit ici que dans ses veines coulait le même sang bleu qu'Amenhotep, celui d'Amon, et celui d'Osiris, le premier à être revenu d'entre les morts !

Nadia pâlit, ramassée sur elle-même derrière son parapet de pierre. Elle avait déjà entendu cela, longtemps auparavant.

– Insinuez-vous que notre général aurait conquis l'Égypte dans l'unique but de trouver la source de ce « sang bleu » ? Sornettes !

1. *N.D.T.* : Nom hébreu de Jésus.

– La source, non, monsieur Jollois. Elle s'est perdue dans les ramifications complexes des arbres généalogiques des familles royales égyptiennes. Ce que cherche Bounabart, ce sont les héritiers actuels de cette source, ceux dans les veines desquels coule aujourd'hui cet élixir… Et moi, moyennant une honnête rétribution, je peux vous conduire jusqu'à eux. Pourquoi sinon m'auriez-vous écouté avec une telle attention ? pourquoi adjoindre mes modestes commentaires à vos découvertes « scientifiques » ?

Nadia s'en souvenait à présent, son grand-père lui avait dit quelque chose à propos d'un secret mais il n'avait jamais mentionné de source. Elle en était convaincue : ce Mohammed devait être l'un des mages nubiens de sa lignée, un initié ayant la même origine qu'elle. Mais qui ? Et comment osait-il révéler un tel secret à des étrangers ? Et en échange de quoi ? Un frisson la parcourut. Elle devait fuir immédiatement. Elle en avait suffisamment entendu pour savoir que ces deux Français n'avaient aucun intérêt à garantir sa sécurité contre les fellahs d'Omar. Si ce Mohammed la reconnaissait, il leur demanderait de la neutraliser. Qui plus est, le temps jouait contre elle. À la taverne d'Hayyim, on devait depuis un bon moment déjà s'être rendu compte de sa disparition.

Que devait-elle faire ? Qu'aurait fait son père ou son grand-père face à une telle menace ? Ne valait-il pas mieux fuir Louksor au plus vite et se mettre à l'abri des représailles de son irascible maître ? Parviendrait-elle à Dendérah, devant son clan, pour confondre ce traître qui se faisait appeler Mohammed ?

Dans la cour du grand Ramsès toute proche, une ombre agile et furtive se glissait entre les pierres, celle d'un djinn qui détenait toutes ces réponses : elles lui seraient bientôt révélées. Le temple – Nadia aurait dû se rappeler – ne laissait jamais une question en suspens.

Jamais.

Mammisi de Louksor

CHAPITRE V

Gizeh,
quintidi 25, IIIe décade de Thermidor, an VII
(12 août 1799)

Brusquement, les souvenirs jaillirent de son esprit, aussi transparents que le cristal. Comme s'ils se projetaient hors de lui pour qu'il puisse les contempler avec le même recul qu'un spectateur ordinaire. Même cela ne lui sembla pas étrange.

Au début, le Corse songea à une réaction naturelle provoquée par le silence, l'obscurité et l'étrangeté de ce sarcophage. Mais il en rejeta l'idée. Même si cette tombe de pierre lui était étonnamment commode, cela n'expliquait en rien ce qu'il lui arrivait. On l'avait averti que la pyramide pouvait exercer une puissante influence sur celui qui osait la défier.

Jamais, jusqu'à présent, le général Bonaparte n'avait pensé à sa propre mort. Là, bien calé à l'intérieur du sarcophage de granit, ce moment de printemps lui revint en mémoire. Les images de ce passé, pourtant récent, étaient enfouies au plus profond de son âme. Elles commencèrent à revenir, d'abord lentement, puis avec aisance.

C'était durant la IIIe décade de Germinal. « Un tiède avril », ainsi que l'auraient dit les ennemis de la Révolution. Quatre mois avant de se retrouver englouti dans les entrailles obscures de la Grande Pyramide. Une éternité.

La première chose qu'il « vit » – si tant est qu'il percevait bien cela par ses yeux – fut un homme maigre vêtu de l'uniforme des officiers français. Pantalon de laine, veste de drap bleu recouverte, poches ouvertes, d'une redingote de même couleur aux épaulettes frangées d'or et de soie. L'homme tournait autour d'une table chargée de cartes, examinant avec attention l'une d'entre elles sur laquelle un étroit défilé était porté, marqué d'une légende : *Cou de Jacob*. Il gesticulait pour appuyer les mots qu'il assénait aux autres officiers, debout près de lui :

– Jamais nous ne prendrons Acre si nous ne réussissons pas à faire sortir l'ennemi de ses murailles…

Les officiers, des généraux de division, ne savaient que répondre.

Il y avait quelque chose de familier chez cet individu petit, sec et nerveux. Sa façon de marcher, ses cheveux mi-longs en bataille, son menton volontaire, la moue de ses lèvres, ses pommettes saillantes…

Il mit un certain temps pour l'identifier, mais alors, une étrange jouissance l'envahit : il connaissait cet homme mieux que personne. Il s'agissait de Napoléon Bonaparte. Il se voyait lui-même ! Comme s'il était un dieu ou un mage ! Un mage…

Il constata, non sans appréhension, que cette dernière pensée avait comme résonné contre les parois du cercueil improvisé. Durant un bref instant, il eut le sentiment d'être à l'intérieur d'une matrice, d'un ventre humide et confortable : la pierre avait perdu son caractère minéral pour se transformer en une fine membrane de chair que le moindre mouvement faisait palpiter. Abasourdi, le Corse resta immobile, attentif au moindre événement…

*
* *

En excellent stratège, le général Kléber avait installé ses cantonnements près de Nazareth. Mais il savait que l'ennemi l'observait de près. Depuis les collines, un petit groupe d'espions à cheval, impossible à intercepter ou à contrôler, suivait chacun de ses pas. Il se doutait bien que, depuis sa sortie d'Acre, aucun de ses mouvements n'avait échappé au « Boucher ».

En ce splendide quintidi 25, IIIe décade de Germinal, an VII[1], le printemps répandait ses bénédictions sur la Terre sainte et sur la vallée que la Bible appelait « Jezraël ». Un guide lui avait traduit ce nom : « Dieu sème ». Un nom paradoxal alors même que la mort en imprégnait chaque pierre, perçant jusqu'aux os les troupes effrayées par un destin incertain. Aujourd'hui serait peut-être *le* jour. Ou bien ce serait demain, ou le surlendemain ? Sextidi ou septidi...

En réalité, cela n'avait pas beaucoup d'importance. Les hommes, résignés, supportaient tout cela comme des marins qui affronteraient une tempête sur le pont de leur navire.

Kléber, prudent, avait divisé en trois colonnes les quelque trois mille soldats qu'il commandait. La 75e demi-brigade, sous les ordres du général Verdier, était placée à gauche du corps de troupe, formant un carré d'hommes et de marchandises parfaitement défendu. La cavalerie, forte d'une centaine de dragons, était disposée au centre. Le reste dessinait un autre carré sur la droite, avec consigne de protéger ce flanc d'une éventuelle attaque des Mamelouks.

Kléber aperçut la silhouette de Junot, tête nue. Il avait perdu son bicorne, deux jours auparavant, à cause d'une balle turque qui lui avait causé au passage un impressionnant hématome sur le front. Il n'en dirigeait pas moins les hommes qui lui étaient assignés d'une main ferme. Les pensées du jeune général, comme celles sans doute de Verdier sur le flanc gauche, devaient osciller entre appréhension et désir de revanche.

Car tous étaient dans l'expectative. Les observations des éclaireurs, revenus de leur exploration des environs du mont Thabor, coïncidaient en tous points : plus de quarante mille hommes, menés par Ahmet Pacha lui-même,

1. *N.D.A.* : 14 avril 1799

n'attendaient que son ordre pour se jeter sur les Français, avec toute la sauvagerie dont ces derniers les savaient capables. Une information peu encourageante avait couru parmi les troupes :

– Ils le nomment *Djezzar* Pacha.

– *Djezzar* ? Qu'est-ce que cela veut dire ?

– « Le Boucher… »

Les soldats d'Ahmet Pacha étaient réputés pour leur armement, leur discipline et… leur cruauté ! Avant de trancher la tête des malheureux prisonniers tombés entre leurs mains, ils n'hésitaient pas à les violer et à les mutiler sans pitié. À l'occasion, ils laissaient partir un survivant dont le témoignage était censé démoraliser leurs ennemis. Libéré quelques jours auparavant près de Nazareth, un jeune gars de Lyon racontait comment, après avoir assisté à l'exécution de bon nombre de ses compagnons, ses gardiens l'avaient sodomisé en ricanant avant de le laisser fuir en pleurs, les chausses sur les mollets. Le malheureux entendait encore les cris de ses camarades qui avaient été écartelés entre quatre chevaux.

– Y a-t-il une mort plus douloureuse que celle-ci ?

Kléber, fort des informations qu'il recevait toutes les heures de ses éclaireurs, eut tôt fait d'estimer les forces réelles de son adversaire : ils combattraient à dix-sept Mamelouks pour un Français. « Beaucoup trop, évidemment », se disait-il avec fatalisme.

Cette nuit-là, qui courait du quintidi au sextidi de la IIIe décade de Germinal[1], l'officier, accablé, prit l'une des décisions les plus difficiles de sa carrière, peut-être la dernière. Il fit se regrouper ses troupes, réunit ses généraux et ses aides de camp, et ordonna un assaut frontal et sans quartiers sur les armées de Damas, escomptant désespérément que cette attaque-surprise les mettrait en déroute. Vers minuit, avant de s'avancer sur le champ de

1. *N.D.A.* : du 14 au 15 avril.

bataille et occuper la meilleure position afin de diriger la percée de la dernière chance, il fit mander le maréchal des logis Jean-Yves Battista et lui confia un pli, scellé à la cire. La missive devait parvenir, à l'aube au plus tard, entre les mains de Napoléon lui-même. Le cavalier devait, sans escorte, atteindre Acre et le campement du général Bon pour délivrer le message à Bonaparte, accompagné d'un présent. Un présent dont l'étrangeté fit sourciller le maréchal des logis, mais… « les ordres étaient les ordres ».

*

*   *

Étrange prodige : Napoléon put, du fond de son caveau de granit, « revoir » une scène à laquelle il n'avait jamais assisté. Il n'avait jamais plus pensé, depuis ce jour-là, à ce cavalier et à son cadeau…

*

*   *

Battista, jeune dragon de vingt-deux ans aux yeux ronds et lunaires, était svelte et souple comme un roseau : il se coulait, sans prendre garde aux à-coups, dans le galop de son cheval. La course effrénée et solitaire du maréchal des logis, dans cet obscur et hostile désert, se déroula sans encombre. Il avait gardé les yeux fixés sur Sirius, cette étoile à l'horizon qui lui avait servi de guide tout au long de cette interminable nuit. Il entra enfin sous la tente du Corse, précédé du capitaine de la garde. L'officier, à cause de l'heure très matinale, avait rechigné à déranger le général. Sa voix était chargée de compassion pour le sommeil qu'il chassait en secouant l'épaule de Napoléon :

– Monsieur… Monsieur ! Ce soldat vient d'arriver du front de Nazareth. Il porte un message urgent pour vous.

Le général mit un temps très bref pour s'apprêter et sortir

de sa moustiquaire. Battista fit un pas vers lui. Il n'avait jamais vu Napoléon de si près. Avec sa barbe naissante, sa chemise déboutonnée sur sa poitrine, son regard comme absent aux choses de ce monde, il lui semblait un héros grec campant sous les remparts de Troie. Une image inespérée de son chef, guère plus vieux que lui, mais dont la jeunesse semblait dissimuler une sagesse d'un autre âge. Il le fixa de ses yeux gris, et lâcha sèchement :

– Merci, soldat.

Battista hésita à prendre la parole en tendant son pli cacheté, mais il ne put se retenir de murmurer :

– Mon général… Ils sont dix-sept contre un ! Dix-sept Mamelouks pour un des nôtres.

Le Corse ne broncha pas. S'emparant de la missive, il désigna au maréchal des logis, de l'un de ses mouvements de tête sévères, la sortie de sa tente. Puis, s'adressant au capitaine de la garde, il commanda qu'un repas soit servi au soldat, et une litière de paille mise à sa disposition.

– Et faites mander le général Bon, immédiatement...

Le murmure inquiet de ce jeune dragon avait laissé Napoléon pensif. De quoi ses hommes avaient-ils peur ? N'avaient-ils pas déjà démontré de nombreuses fois leur supériorité stratégique sur l'ennemi ? N'avaient-ils pas, grâce à son idée de l'artillerie légère, humilié les Mamelouks à la bataille des Pyramides, il y avait presque un an de cela ? Pourquoi Kléber lui faisait-il parvenir un message à une heure aussi indue ?

Napoléon caressa le pli, sans l'ouvrir, et jeta un coup d'œil incrédule à l'intérieur du panier d'osier que le citoyen Battista avait apporté de Nazareth avec la lettre. Un panier certes singulier, qui contenait trois œufs blancs et durs reposant sur un lit de joncs fraîchement coupés. Trois œufs, du jonc. Il s'entendit marmonner, non sans une pointe d'impatience :

– Décidément, Kléber aime par trop ce genre de devinettes.

Le contenu du pli était tout aussi énigmatique : rien, pas un papier, en dehors d'une simple carte, sans la moindre ligne manuscrite, qui semblait jaunie par le soleil et la chaleur et dont les bords étaient abîmés par un usage aussi fréquent que mystérieux. Elle représentait une image d'inspiration clairement égyptienne : un pharaon levant sa cape du bras gauche, cachant la flamme d'une petite lanterne. Une inscription dessinée, en français, indiquait : *La Lampe voilée**.

Le stratège considérait la chose d'un air intrigué quand Louis-André Bon, général de brigade, entra sous la tente du Corse. Son quintal de bonhomie et d'humanité, torture pour n'importe quelle monture d'Afrique ou d'Europe, se tendit vers son supérieur en un salut martial. Napoléon, absorbé, lui donna la carte avec un certain agacement.

– Comprenez-vous cela, général Bon ?

Le bedonnant militaire observa la carte, après avoir jeté un œil rapide vers l'intérieur du panier, avec ses trois œufs. Il écoutait surtout Bonaparte pester :

– L'obsession de Kléber pour le cryptage de ses messages lui fait recourir à des énigmes de plus en plus absurdes. Quel fichu esprit compliqué ! Savez-vous qu'à Arcole, il est allé, avant de me l'envoyer, jusqu'à tondre l'un de ses hommes, faire écrire sur sa tête un fragment du second livre d'Hérodote et laisser repousser ses cheveux... juste pour mettre à l'épreuve mon ingéniosité ?

Napoléon tournait en rond, fulminant, autour de la table chargée de cartes. Bon n'avait évidemment jamais eu vent de cet épisode. Amusé, il demanda :

– Et comment avez-vous résolu cette énigme ?

– Par chance, simplement... Son messager apportait avec lui un vers, qui disait quelque chose comme :

Si ton jugement prévaut,
À toi mon secret nouveau.
XVI, 17.

– Mais... *XVI*, 17, qu'est-ce que cela signifiait ?

Le Corse le regarda avec commisération :

– C'était la clef de la devinette, évidemment. Ces deux

chiffres, n'ayant aucun sens en eux-mêmes, devaient bien conduire à quelque chose. Ce ne pouvait pas être un recours stylistique.

– Ça ne l'était pas ?

– Non. Jean-Baptiste Kléber ayant été éduqué dans une famille catholique stricte de Strasbourg, j'ai supposé qu'en me référant à ce passé, je pouvais déchiffrer son énigme. C'est alors que j'ai pensé à la numérotation des versets de la Bible. Plus précisément au *Livre des Juges*.

– Pourquoi justement le *Livre des Juges*, mon général ?

– Pour le « *Si ton jugement prévaut* », naturellement !

– Ah !... oui, bien sûr.

Napoléon poursuivait :

– *Juges,* XVI, 17, c'est le passage où Samson confie à Dalila que le secret de sa force réside dans ses cheveux : *Si j'étais rasé, ma force m'abandonnerait, je deviendrais faible*, etc. Sans aller plus avant, j'ai ordonné que notre homme soit rasé et, en effet, j'ai trouvé le message.

Le général Bon acquiesça en se disant que, définitivement, ce jeu de devinettes ne pouvait fonctionner qu'entre Napoléon et Jean-Baptiste. Personne, et surtout pas *Djezzar* Pacha, n'aurait jamais pu déchiffrer un code échangé entre deux hommes utilisant de tels arcanes. Pour le reste, il était évident que ce nouvel envoi bizarre appartenait à cette sorte de rébus… Brusquement, Bon fit une grimace. Il leva son double menton alors que ses yeux de jais perdaient la lueur d'amusement qui les éclairait un instant auparavant : pourquoi Napoléon avait-il exigé qu'il se présentât si tôt devant lui ? Le Corse, ayant noté le changement d'attitude de son général, devança sa question :

– Pour que vous m'aidiez, je vous ai fait venir parce que j'ai besoin d'aide, Louis… Cette fois, l'énigme est trop ardue pour moi. Inutile de considérer encore longtemps ce dernier message pour me rendre compte que le code de Kléber est plus compliqué qu'à son habitude. Je ne sais pas par où commencer pour le déchiffrer.

– Je ne vois pas, mon général, en quoi mon aide...

– Vous connaissez Kléber aussi bien que moi : vous avez étudié ensemble à l'Académie. Il y a peut-être, dans ce mystère, quelque chose qui m'échappe et qui, pour deux généraux qui ont une expérience commune, est sans doute évident.

L'encouragement de Napoléon le rassura. Bon, désireux d'aider son supérieur, serra le nœud de la ceinture tricolore qui soutenait ses énormes chausses blanches et examina de nouveau la carte en détail.

La lampe voilée

– Hum… Voyons.

Bon fit courir le bout de ses doigts potelés sur le carton, comme s'il pouvait sentir ce que ses yeux ne discernaient pas.

– On croirait une carte de tarot.

– De tarot ? Sérieusement ? Je n'ai jamais vu de tarot pareil.

Louis Bon, sans cesser de regarder le document, murmura :

– Pas si rare que ça...

– Que voulez-vous dire ?

– Savez-vous que Kléber est un grand collectionneur de tarots ? Durant notre traversée vers l'Égypte, lui et moi avons passé de nombreuses heures, sur le pont de l'*Orient*[1], à nous

1. *N.D.A.* : Navire amiral de la flotte française qui, en juillet 1798, débarqua à Aboukir les troupes napoléoniennes.

entretenir de quantité de sujets, dont celui-là. Il m'a parlé de l'œuvre d'un certain Antoine Court de Gébelin, qui expliquait qu'il avait retrouvé les vingt-deux arcanes majeurs du tarot, les figures principales si vous voulez, sous la forme de hiéroglyphes dans les pages d'un livre, le *Livre de Thot*, disparu depuis l'Antiquité.

– Hiéroglyphes ? Vous n'insinuez tout de même pas que Jean-Baptiste sait lire cette écriture du Diable et qu'il me l'ait tenu secret tout ce temps ?

– Oh non, non ! Ce que j'essaie de dire, c'est que Kléber pense que chacune des cartes de ce tarot hiéroglyphique – et celle-ci en est une sans doute – contient un fragment de la sagesse des pharaons. C'est en tout cas en ces termes qu'il m'en a parlé…

L'officier prit une profonde inspiration, emplissant à n'en plus finir sa panse de baleine.

– Je crois donc, mon général, que Kléber vous incite à déchiffrer cet arcane pour saisir son message. Peut-être que, si nous réussissions à savoir ce que signifie cette carte…

– Il se trouve que nous avons autre chose à faire actuellement que d'étudier les œuvres de ce Court de Gébelin ! D'ailleurs, nous n'entendons rien aux symboles des anciens Égyptiens et nous ignorons tout de la science des rois du Nil. Même ces savants de l'Institut d'Égypte reconnaissent leur incapacité à assimiler aussi rapidement une culture si importante… Jean-Baptiste connaît nos carences : pourquoi alors m'envoyer une telle devinette ?

– Assurément, mon général, Kléber sait tout cela. Pour ce qui est de Court de Gébelin, son travail ne nous serait donc d'aucune utilité : Jean-Baptiste m'a expliqué qu'il n'avait pas dessiné ce jeu. D'après lui, c'est un noble, un certain comte de Saint-Germain, qui le dessina suivant des indications que même Kléber ne comprenait pas.

– D'accord, d'accord. Dites-moi si vous croyez, oui ou non, que nous pourrons interpréter cette carte !

Bon ne releva pas : il était probablement l'un des seuls

généraux de Napoléon à être insensible à ses brusques accès d'impatience. Il se concentra à nouveau. C'était son ingéniosité qui lui avait fait gagner des batailles, pas une agilité dont il était totalement dépourvu. Il ne voulait pas décevoir Bonaparte. Il prit *La Lampe voilée* pour l'examiner une troisième fois :

– Voyons… Cet homme qu'on apperçoit sur la carte est forcément un antique Égyptien…

– C'est cette sorte de barbe qui vous permet de l'affirmer ?

– La barbe, oui. Nous avons donc affaire avec cette forme de sagesse antique. Il tient une lanterne qu'il cache à l'intérieur de sa cape et il en masque la lumière en quelque sorte, comme pour être discret… Mais voyez : la carte présente, dans la partie supérieure du dessin, deux symboles astrologiques.

– Astrologiques, vraiment ?

Napoléon s'approcha de Bon pour compulser de nouveau le mystérieux morceau de carton.

– Astrologiques, oui, mon général. Le premier est le symbole qui désigne le signe du Lion. Vous le voyez ? Cinquième du zodiaque. Et c'est là, sans aucun doute, une allusion claire à votre propre signe de naissance. L'autre symbole correspond à Jupiter, dieu de la Raison et de la Volonté. Un autre symbole qui vous va comme un gant, mon général.

– Oui, admettons… Et où cela nous mène-t-il ?

– Eh bien… Je n'en suis pas sûr, mon général.

– Vous n'en êtes pas sûr ?

Bon ne prêta pas attention à l'ironie du ton de Bonaparte qui, de nouveau, lui tournait le dos. Soudain l'officier replet, la sueur perlant déjà sur son front poupin, décoda l'énigme. Son sens caché devint une certitude brutale, presque instantanée. Comme si la carte elle-même s'était illuminée.

– C'est une sorte de manuel d'instructions !

Napoléon fronça les sourcils sans comprendre sur quoi son interlocuteur appuyait son affirmation.

– Et si cela voulait dire : « Approchez la lumière de la cape pour que le secret soit révélé » ?

Bonaparte mit un moment à suivre le raisonnement de Bon

puis, tout d'un coup, son esprit s'éclaircit à son tour. Quelques secondes s'écoulèrent en silence, les deux hommes se regardant, puis le Corse se jeta sans un mot de plus sur le panier aux trois œufs pendant que Bon cherchait une lampe pour pouvoir les examiner à la lumière.

Les deux premiers ne présentaient rien de particulier. Leurs coquilles blanches, figées par la cuisson, étaient parfaitement muettes. Le dernier, en revanche, laissait entrevoir quelques taches ténues et foncées, disposées en files ordonnées. Napoléon cria, triomphant :

– Un message ! Regardez, là ! Il y a un message !

Prestement, le Corse écala l'œuf et découvrit ce que l'ultime subtilité de Kléber lui avait caché. Sous la coquille, parfaitement lisible dans le blanc de l'œuf, s'étalait l'accablante nouvelle :

Général Bonaparte,

Plus d'autre option : nous attaquerons à l'aube le pacha de Damas. Ils sont quarante mille. Nous arrivons à moins de trois mille. Que Dieu nous aide dans la bataille, et qu'Il vous donne la sagesse. Nous nous reverrons au Ciel.

Napoléon, éperdu, croisa le regard de Louis Bon qui, ne sachant quoi dire, balbutia quelque chose à propos d'une ancienne solution à base d'encre et de vinaigre permettant aux lettres tracées sur une coquille d'œuf de pénétrer jusqu'à l'albumine.

– Et il n'y a aucune trace à l'extérieur, c'est très... Enfin... C'est…

– C'est un suicide, Kléber va au massacre.

Bonaparte n'avait pas écouté un seul mot de cette explication scientifique. Pour la première fois, « l'Invincible » redouta la défaite. Si les Turcs venaient à bout du fier Jean-Baptiste, ses derniers remparts tombaient : ils seraient les prochains sur la liste. Contenir quarante mille Mamelouks, enflammés par une victoire à Nazareth contre les Français, aurait été impossible.

Était-il prêt à mourir ? Certainement pas !

Comment pouvait-il encore, dans ce cas, changer son destin ?

CHAPITRE VI

Siège d'Acre,
sextidi 26, IIIe décade de Germinal, an VII
(15 avril 1799)

Louis-André Bon convoqua sous la tente de Bonaparte le colonel Jacotin, chef des cartographes de l'expédition, dès que le code du message de Kléber fut percé. Ils étudièrent ensemble un plan d'urgence.

Le jeune général savait désormais que son avenir, sa vie elle-même se jouaient ici. Il hésita, indécis sur la conduite à tenir.

Cela faisait près d'un mois maintenant que ses troupes campaient devant les murs d'Acre, s'entêtant à faire le siège de la ville. Saint-Jean-d'Acre, l'épopée des Croisades… Napoléon avait beaucoup lu sur ce sujet avant de s'embarquer pour l'Égypte et, d'une certaine façon, cette position faisait de lui une sorte de vengeur, élu par la Providence pour réinstaller les Européens dans une ville que le sultan Kalache leur avait dérobée en mars 1289. Il savait que la perte d'Acre avait sonné le glas des expéditions des croisés et de toutes les possessions chèrement acquises par la chrétienté en Terre sainte. Depuis cette date, aucun militaire occidental n'avait osé revenir ici. Personne, sauf lui.

Sa situation ne correspondait absolument pas à celle dont Kalache avait joui, cinq siècles auparavant. À la tête d'une armée composée de dizaines de milliers de musulmans fervents, le chef militaire du Caire commandait à des hommes qui monteraient à l'assaut des murs de la forteresse, alors beaucoup moins bien défendue qu'aujourd'hui, quoi qu'il puisse leur en coûter, même au prix de leur vie. Les Français, acculés en Égypte par la perte de leur flotte, n'iraient pas jusque-là.

Le sultan, fort de dix-neuf catapultes, avait surtout utilisé le roulement assourdissant de ses mille tambours pour faire trembler de peur jusqu'au dernier des templiers. Si les catapultes des Maures, rustiques et peu efficaces, avaient été remplacées par des canons d'une redoutable précision, les tambours français, à l'évidence, n'avaient pas un tel pouvoir d'intimidation.

Pourtant, le Corse pensait toujours qu'un triomphe sous ces murs était inscrit dans sa destinée. Il restait persuadé que, de l'autre côté de ces tours, Ahmet *Djezzar* Pacha, tout Boucher qu'il était, peaufinait déjà, terrorisé, les termes d'une trêve.

Pouvait-il se permettre le luxe d'abandonner maintenant ses positions, de relâcher la tension d'un siège pour voler au secours du téméraire Kléber, alors même que la victoire lui semblait si proche ? Tous savaient que, s'ils diminuaient, ne fusse que quelques jours, le harcèlement des défenses d'Acre, la conquête ne serait ensuite plus possible avant l'automne. L'écrasant soleil d'été allait modifier le rapport de force : les assiégeants pâtiraient de la chaleur accablante quand les assiégés se tiendraient à l'ombre de leurs murs, changeant un siège tout prêt d'aboutir en un échec militaire retentissant.

Il s'approcha de la table des cartes et interrogea Jacotin du regard. Ce dernier semblait sérieusement inquiet.

– Nous n'avons guère d'autre solution, mon général. Nous devons l'aider immédiatement.

– Pourquoi le pensez-vous ?

– Mon général, reprit le cartographe, Kléber ne connaît pas bien la zone. Il ne possède même pas de plans précis du mont Thabor ou de ses alentours : il peut tomber dans une embuscade à tout moment. Ici, ici ou même là…

Napoléon le laissa désigner des points sur la carte, puis considéra le colonel avec une moue de dépit, celle qu'il avait chaque fois que quelqu'un l'informait de nouvelles désagréables ou qui allaient contre ses propres plans. Le général Bon appuya sans réserve l'avis de Jacotin :

– Nous avons déjà perdu beaucoup d'hommes durant cette campagne, mon général. Pouvons-nous en laisser périr trois mille de plus ? Ce serait notre fin et celle de notre mission.

Napoléon arpenta lentement l'espace étroit de sa tente. Il finit par demander :

– Que suggérez-vous ?

– Que nous partions à sa rencontre sans tarder, même au risque de ne pouvoir prendre Acre… Du moins, pour le moment.

Le Corse hésita encore, tout en sachant qu'il n'avait pas le choix. Et cela surtout l'agaçait. Il restait convaincu qu'Ahmet « le Boucher » avait prévu tout cela : cette chausse-trappe devant les pieds de Kléber, à l'avant-garde, n'était destinée qu'à l'obliger à abandonner Acre. Mais laisser délibérément se sacrifier l'un de ses plus valeureux officiers, cela revenait à clore sa carrière militaire de stratège. Quant à ses *autres* plans, ils seraient tout simplement ruinés.

Il devait prendre une décision, et c'est ce qu'il fit.

Il se pencha sur la carte qu'il connaissait peut-être mieux que Jacotin lui-même et commença à réfléchir...

Au soir même de cette funeste journée, sans prendre le temps de se reposer, Bonaparte fit les préparatifs pour envoyer des renforts à Kléber. Il mobilisa la division du Général Bon, ordonna que huit canons de douze livres, ainsi que la totalité de la cavalerie les accompagnent à marche forcée, et signa au début de la nuit l'ordre de mission pour le mont Hermon. Cette vallée étroite et couronnée de rochers escarpés, que ses ennemis nommaient Djebel el-Dahy, était selon lui l'endroit le plus probable pour que le piège d'Ahmet *Djezzar* Pacha se referme sur Kléber.

Il sentait que son instinct était plus aiguisé que jamais.

À la première heure de septidi de la IIIe décade de

Germinal, an VII[1], après avoir divisé ses troupes en quatre unités séparées d'environ huit cents mètres, le général Bonaparte prit à revers les positions du Boucher, balayant son campement alors que les Mamelouks se lançaient à l'assaut des premières lignes défensives de Kléber, retranché derrière une forêt de baïonnettes.

La brutalité de l'attaque, dans le fracas des canons et la poussière des charges de cavalerie, fut impossible à endiguer pour des troupes turques complètement prises au dépourvu. De lignes de défense, les baïonnettes de Kléber se firent régiments montant à l'assaut de positions affaiblies par le doute : derrière elles, sous les boulets inattendus, les dépôts de poudre commençaient à sauter ; sous les coups de boutoir de renforts au comble de l'excitation, les tentes prenaient feu en formant une énorme colonne de fumée. Pris dans les mâchoires de son propre piège, Ahmet *Djezzar* Pacha ordonna une retraite immédiate, et les survivants de la si puissante colonne turque s'égayèrent en désordre sur les contreforts du Djebel el-Dahy et dans la vallée de Jezraël, poursuivis par une cavalerie ivre de vengeance.

Le triomphe fut total. Trois cents chameaux en guise de butin de guerre, plus d'un millier de tentes incendiées, plusieurs mois de provisions de poudre et d'eau détruits par l'artillerie et surtout quelque cinq cents prisonniers capturés en moins de deux heures.

Pendant plusieurs jours encore, les pilleurs, spectateurs avides des batailles, retrouvèrent des dizaines de morts turcs, tous vêtus de leurs magnifiques soies de Damas, certains portant encore leurs armes rehaussées de fils d'argent. Ils étaient découverts, ou débusqués, près des puits, sous les ponts, n'importe où sur les berges du Jourdain et dans les bosquets des environs.

À Jezraël, en effet, Dieu avait semé. Mais c'est la mort qu'on récoltait…

1. 16 avril 1799.

*
* *

La poussière de la bataille n'était pas encore retombée sur les vainqueurs quand, au mitan de ce jour historique de la IIIe décade de Germinal, an VII, Napoléon fit une chose que personne ne s'expliqua.

Au lieu de retourner sous les murs d'Acre pour continuer à harceler le Boucher, il chargea son aide de camp de lui fournir une escorte pour se rendre sans attendre jusqu'à Nazareth. Il paraissait pressé, comme s'il lui fallait tenir un engagement qu'il ne pouvait remettre à plus tard. Engagement qui, sans aucun doute, était d'un ordre supérieur à ses obligations militaires.

Élias Buqtur, le fidèle interprète à l'éternelle tunique noire qui le suivait depuis le débarquement d'Aboukir, était du voyage. Certes, Napoléon connaissait son regard mélancolique, mais il ne l'avait jamais vu si sérieux ni si grave, presque préoccupé malgré l'euphorie de cette victoire. Pénétrant dans le défilé qui conduisait à la ville mythique, le copte porta son âne à la hauteur du petit cheval arabe que montait le général.

– L'imam a dit qu'il nous attendrait près du puits de Myriam. Son émissaire a juré qu'il avait quelque chose de très important à vous communiquer et qu'il devait le faire en personne.

– Tu sembles craindre quelque chose, Élias…

– Seulement pour la rédemption de mon âme, mon général.

– Alors… je ne vois pas ce qui te préoccupe tant, mon ami !

– J'ai l'intuition que cette réunion sera essentielle… pour vous. Il n'est pas fréquent que l'imam des Collines sacrées reçoive un étranger, infidèle de surcroît.

– Ta diligence à m'en informer est louable, mais sans doute nos récents succès militaires y sont pour quelque chose. Il aura été impressionné.

– Sauf votre respect, mon général, ces sages du désert connaissent les aléas des fortunes de guerre : ils ne jugent jamais sur un seul acte. Ils savent observer pendant le temps nécessaire à établir leur verdict, toute une vie s'il le faut, et c'est seulement alors qu'ils agissent en conséquence : lorsqu'ils croient que l'heure est arrivée.

– Dans ce cas, mon bon Élias, cet imam aura apprécié que le destin me soit favorable. Il aura vu que l'étoile du triomphe m'accompagne.

Buqtur voulut répondre mais, presque par surprise, Nazareth apparut au détour d'une sinuosité. L'aide de camp vint aux ordres, interrompant la conversation.

Depuis le tertre où ils se trouvaient, ils pouvaient parfaitement distinguer les trois secteurs de la ville. Le musulman, du côté occidental, avec ses toiles tendues au-dessus des ruelles pour préserver les habitants de la chaleur. Le quartier chrétien, au centre, regroupé autour du clocher de briques de l'église franciscaine de l'Annonciation. L'orthodoxe enfin, le plus oriental, chargé de coupoles basses blanchies à la chaux qui paraissaient immaculées sous le soleil. Malgré cette abondance de tours et de minarets, Bonaparte constata un peu déçu que Nazareth, la ville dont les venelles portaient peut-être encore l'empreinte des pas du Christ, était à peine plus grande et spectaculaire qu'un bourg du sud de la France. Avec une assurance tranquille, Élias indiqua leur objectif :

– Le puits de Myriam est par ici, dans le quartier musulman. Voyez-vous ce minaret bleu ? Il est sur la place devant la mosquée.

– Sait-on encore où vécut Jésus ?

Le copte regarda, non sans surprise, ce général « invincible » et si naïf. Un sourire, sans la moindre trace d'ironie, éclaira son visage pendant qu'il désignait de l'index la partie opposée de la ville, esquissant un vague cercle au-dessus des toits.

– Peut-être au-delà du quartier chrétien, par-là. Mais il n'y a rien de certain… Presque deux mille ans se sont écoulés depuis, mon général.

L'escorte de Napoléon comptait à peine une douzaine d'hommes. L'embuscade était toujours possible, mais la nouvelle de l'éclatante victoire sur Ahmet Pacha les avait vraisemblablement précédés : il n'y avait pas le moindre soldat du *Djezzar* pour occuper Nazareth. Personne n'osant faire face à la poignée de fusils des Français, ils s'enfoncèrent dans une ville qui paraissait vide. Les rayons du soleil, lourds et implacables, frappaient sans pitié la prudente expédition. Finalement, ils entrèrent enfin sur la petite place où se dressait la margelle d'un puits, devant une mosquée aux mosaïques azur. L'endroit semblait aussi désert que le reste.

Une exploration rapide des alentours confirma les premières impressions : il n'y avait rien à craindre. Aucune des petites maisons d'argile n'avait une hauteur suffisante pour garantir un bon angle de tir à un franc-tireur, par ailleurs improbable, car aucun de ces toits plats, faits de roseaux ou de paille, n'aurait résisté au poids d'un homme adulte. La zone paraissait sûre. Ils prirent enfin le temps de descendre de cheval, d'humecter leurs lèvres desséchées et de secouer la poussière de leur uniforme. Suivant les indications d'Élias, on disposa des couvertures sous une vaste hutte qui jouxtait le puits. Enfin, sous les ordres du maréchal, les hommes prirent position. Il ne restait plus qu'à attendre en silence l'arrivée de leur hôte.

L'attente fut brève. Quelques minutes plus tard, en direction de l'est, trois individus s'approchèrent d'eux d'un pas résolu. Ils étaient minces et grands, vêtus à la façon des Berbères, le visage partiellement dissimulé sous un turban bleu. Ils portaient, attaché sur leur flanc, une sorte de baluchon safran. Pas d'indice de montures, ni bien sûr d'armes…

Lorsque celui qui venait en tête se fut suffisamment approché des premiers dragons français, il leva le bras droit en une sorte de salut. Élias Buqtur répondit immédiatement, tout aussi laconique, avant de se tourner vers Napoléon, l'air satisfait.

– Ce sont eux, mon général.

Napoléon sut immédiatement lequel des trois était l'imam. L'homme ôta son turban, laissant apparaître un visage effilé aux rides profondes ; sa barbe blanche et bien taillée soulignait un regard perçant.

– Qu'Allah soit avec toi, sultan Bounabart.

Napoléon sourit en lui tendant la main. C'était à l'évidence un être d'exception. Son œil bleu, clair comme le cristal, laissait sourdre une pureté d'esprit telle que le Corse n'en avait jamais vu. Sans avoir besoin de se présenter plus longuement, il prit la parole, d'une voix posée, Élias traduisant au fur et à mesure :

– Votre triomphe sur *Djezzar* est un signe supplémentaire qui confirme nos visions. Vous êtes assurément celui que nous attendions.

– Celui que… vous attendiez ?

– Oui, l'envoyé capable de retrouver un antique trésor : un savoir volé au peuple d'Égypte voici près de deux mille ans. Vous, Bounabart, avez été choisi afin de remplir cette mission divine.

Le Corse chercha à accrocher le regard de son interprète :

– Élias ! Tu ne m'as jamais parlé d'aucun… « trésor » !

Mais le copte était comme absent, se limitant à traduire mécaniquement ce que disaient les uns et les autres. Étrangement, il évitait de croiser les yeux des nouveaux venus, comme s'il éprouvait une crainte respectueuse. Sans chercher plus avant, Bonaparte poursuivit, à l'adresse de l'imam :

– Malheureusement, si je ne connais pas le trésor dont vous parlez, je pourrai difficilement aider à sa restitution. Ma mission ici est d'une autre nature. Elle se borne à libérer le vénérable peuple d'Égypte du joug ottoman, et à tenter de restaurer sa gloire passée.

Les trois Bédouins se regardèrent surpris. Élias traduisit machinalement l'étonnement de l'un d'entre eux :

– Rien d'autre ?

Ils semblaient, soudain, se méfier des paroles de cet étranger. L'imam reprit :

– Êtes-vous réellement Bounabart ? Celui qui mit en déroute les Mamelouks face aux pyramides de Gizeh ? Celui qui a promis dans les mosquées du Caire de préserver la religion du Prophète ?

Napoléon soupira, sans répondre. Le plus jeune de ces hommes du désert l'interrogea :

– Si vous l'êtes vraiment, nous savons qu'il y a autre chose qui vous obsède, Bounabart…

Posant la main sur le bras du jeune homme, l'imam l'interrompit :

– Vous êtes cet élu, sans aucun doute.

Même sans la traduction d'Élias, Napoléon aurait compris. L'homme à la barbe blanche reprit, fixant à nouveau son extraordinaire regard sur le général :

– Il n'y a pas que votre mission officielle. Il en est une autre, Bounabart, plus personnelle, celle concernant votre besoin de vaincre la mort.

Napoléon tressaillit mais laissa l'imam poursuivre :

– Vous la craignez déjà comme le seul de vos ennemis capable de vous vaincre. Mais vous êtes intelligent : c'est aujourd'hui, alors qu'un sang jeune coule encore dans vos veines, que vous êtes venu sur ces terres pour leur arracher ce secret qui vous permettra, demain, de la combattre.

– Quel homme ne chercherait pas un tel secret ? Ce n'est sûrement pas cela qui fait de moi l'être différent que vous cherchez…

Ce fut encore le plus jeune d'entre eux, celui aux yeux d'obsidienne, qui continua :

– Nul besoin de votre accord, ô puissant sultan de l'Occident. Si votre destin est bien « celui qui est écrit », c'est le moment de clarifier votre esprit avant de continuer le chemin.

Élias Buqtur convia les trois Bédouins à s'asseoir sur les couvertures. Napoléon, encore impressionné par la sérénité de l'imam et de ses compagnons, attendit que ceux-ci prennent place avant de s'asseoir lui-même.

Il apprit que le plus âgé se nommait Balasan et, quoique personne ne le crût, il prétendait avoir cent dix ans. Ses disciples, Tagar et Titipai, étaient considérablement plus jeunes. Tous deux offrirent immédiatement leur aide aux Français pour préparer un déjeuner improvisé.

Les hommes de Bonaparte étaient affamés, ils avaient été désignés pour escorter leur général immédiatement après les combats, et n'avaient pas même pris le temps de s'alimenter. Quelques-uns, à l'intérieur des maisons désertées autour de la place, avaient déjà trouvé quelques victuailles. Ils les lavèrent à l'eau du puits et, une fois propres, ils trièrent le meilleur pour Bonaparte. Un peu de miel, du pain azyme et surtout quatre gros hérons déjà plumés et préparés pour être rôtis, qui bientôt tournèrent sur un feu improvisé. L'imam, avec la même gestuelle sévère, refusa la viande et se limita à prendre quelques fruits dans l'un des paniers qui lui étaient tendus. Tout en mangeant, il donna d'une voix chaude et aimable quelques explications :

– Il est juste que vous le sachiez : nous appartenons à une confrérie qui protège l'endroit où vécut Yeshua, l'un des prophètes reconnus par le Coran que vous appelez Jésus. Il y a des siècles que nous étudions son héritage, sans nous impliquer dans les affrontements qui opposent chrétiens et musulmans. Si, aujourd'hui, vous acceptez de nous accompagner, seul, nous vous instruirons sur Lui et nous vous montrerons ce que nous avons appris de ses pouvoirs sur la mort.

Élias Buqtur, après avoir traduit la proposition, se pencha vers Bonaparte et lui murmura, sans que les Bédouins puissent entendre, quelques mots à l'oreille. Le Corse acquiesça et observa attentivement son interlocuteur.

– J'accepte… si vous répondez à une question, vénérable patriarche. Un « oui » ou un « non » me suffira.

– Parlez, Bounabart…

Napoléon humecta sa bouche d'un peu d'eau fraîche, avant de demander à brûle-pourpoint :

– Êtes-vous certain de connaître la formule pour revenir de la mort ?

Un sourire de satisfaction illumina le visage de l'imam. Il n'y avait désormais plus de doute : le magnifique sultan blanc qu'ils attendaient depuis si longtemps se trouvait devant eux.

CHAPITRE VII

Le vieux Caire,
28 Abib, an 1515 de l'ère des Martyrs
(2 août 1799)

Le mépris de Marc VIII, son départ précipité achevèrent d'exaspérer le père Cyril.

Le vieux copte ferma d'abord les yeux, essayant de dissimuler la faiblesse qui quelquefois s'emparait de son corps moulu par les années. Puis il se saisit du petit rosaire qui ne quittait jamais ses poches et le serra avec une telle hargne qu'il fut sur le point de le briser. Alors seulement, il laissa éclater sa colère :

– Par tous les saints ! Il faut qu'il m'écoute ! Ce livre est extrêmement dangereux… C'est une arme, une tentation !

Takla courba l'échine devant le brusque accès de rage de son maître, qui fit craquer toutes les boiseries du temple. Le vieil érudit était écarlate, ratatiné sur lui-même comme une éponge desséchée. Un autre homme ! S'il ne s'était trouvé au beau milieu d'un lieu saint, s'il ne connaissait pas la sainteté de son professeur, Takla aurait cru à une spectaculaire manifestation du Diable…

Une fois écartées ses premières craintes, Takla s'avança pour tenter de le calmer, mais le vieillard avait déjà bondi sur ses pieds. Sans un mot, pas même une seule de ses plaintes habituelles sur la fragilité de ses jambes, il prit au pas de charge la direction de la porte de l'église Saint-Serge que Marc VIII venait de franchir, en agitant les bras au-dessus de sa tête.

La nuit dehors était tombée, et un vent frais avait vidé les ruelles, leur donnant une fausse impression de paix. Sous la pâle lueur d'une lune presque pleine, il aperçut la silhouette rebondie du patriarche se dirigeant vers ses appartements. Il le héla :

– Votre Sainteté ! Attendez… Je dois vous avertir d'une autre chose ! Vous devez m'écouter, je vous en prie !

Marc s'arrêta net et se tourna vers le vieux Cyril qui s'approchait de lui à grandes enjambées. Il haletait quand il parvint enfin à sa hauteur. Le patriarche lui demanda, un peu agacé :

– Qu'y a-t-il encore, père Cyril ? Je croyais avoir été clair. J'ai bien saisi l'importance de ce que tu m'as appris… Et mon intention reste de prendre le recul nécessaire, avant de décider quoi que ce soit à propos du livre que tu m'as remis.

– Et surtout… surtout, vous devez suivre ce que votre conscience vous dicte.

– Écoute, Cyril… Je suis convaincu de la singularité de ce texte, et de sa provenance. Je lirai, sans hâte et avec toute la conscience souhaitée, les étapes de la Résurrection du Christ. Ton travail est, j'en suis sûr…

– Non, non… Je ne me suis pas fait correctement comprendre… Je voulais que vous preniez en compte un autre élément... Quelque chose que, peut-être, je n'ai pas su expliquer avec la solennité indispensable.

– Oh… Ce n'est plus l'heure.

– Si ! Bon sang, c'est l'heure ! Qui parle d'heure pour une pareille chose ?

– Père Cyril, je te rappelle que tu me dois le respect.

– Et c'est bien par respect, tout à la fois pour vous et pour l'Église, que je suis obligé de vous parler ainsi. Par respect et par amour… Par tous les saints, écoutez-moi !

Devant l'insistance de son vieux maître, Marc VIII céda. Son visage, comme argenté sous la lune, paraissait même plus conciliant.

– D'accord, Cyril. Dis-moi donc ce qu'il me faut, à ton avis, absolument prendre en considération.

– Le livre, Votre Sainteté, dissimule une sorte de manuel. C'est un genre de traité de… mécanique, si vous m'autorisez la comparaison. Chaque parabole, chaque allusion, chaque image doit être considérée comme une métaphore cryptée, qu'il faut décoder. Prises ensemble, elles cachent un savoir inestimable…

Marc haussa les épaules aux arguties du père.

– Inestimable, dis-tu ? Quel genre de savoir ?

Après sa course, Cyril respirait encore mal, mais il essaya de dominer son souffle.

– Un savoir qui garantit la résurrection de la chair. Votre Sainteté… Le livre que j'ai traduit pour vous n'est rien moins qu'un manuel pour rendre la vie aux morts… Bien entendu, certaines conditions déterminées doivent être respectées.

– C'est impossible. Tu auras mal compris... Ou bien ta foi t'aura égaré…

– Je ne le crois pas. J'ai fait cette découverte en relisant la *koiné* originale, vous savez, ce grec qui…

– Oui, oui, je sais…

– Je me suis alors rendu compte que certains mots se répétaient constamment, comme un code…

Le patriarche hésita. Vu son âge et l'important effort qu'avait dû représenter cette traduction, il n'était pas improbable que Cyril ait perdu son bon sens. Au reste, il était difficile de démêler les explications confuses du vieux professeur qui, visiblement excité, continua à parler au milieu des ruelles et des jardins déserts du quartier copte :

– La clef est symbolique, Votre Sainteté… Tout est dans les symboles. Rappelez-vous la façon dont saint Marc était représenté du temps des premiers chrétiens ?

– Comme un lion ?

– Exact. Or, le lion a une signification céleste très concrète : pour les Anciens, y compris les astronomes de Pharaon, il existait dans les cieux un lion divin, que nous identifions aujourd'hui comme la constellation du Lion. Eh bien, chaque fois que le Lion apparaît à l'horizon… là, à l'est ! juste avant que ne pointe le Soleil, c'est précisément le moment où cette formule pour rendre la vie agit effectivement. N'importe qui saurait quand il faudrait utiliser le livre, pour peu qu'il apprenne à lire ce signe dans le ciel, et…

– À l'est ? À l'aube ? Mais quelle sorte de plaisanterie est-ce là, père Cyril ?

– Celle que saint Marc lui-même décrit dans son Évangile secret, Votre Sainteté. Quand il débarqua en Égypte, il découvrit que les cérémonies les plus anciennes des pharaons concernaient leur retour à la vie : ils momifiaient les rois défunts dans l'unique but de préparer leur résurrection le moment venu. Ces cérémonies, aussi, ne se déroulaient qu'à certaines périodes, lorsque des étoiles bien déterminées dominaient le firmament.

– Je ne vois pas bien comment l'astronomie…

– Mais le *Temps* ! Votre Sainteté… Le *Temps*, celui-là même auquel Marc fait référence, est justement un cycle astronomique.

– Je continue à ne pas comprendre.

– Saint Marc s'aperçut que tout, dans l'ancienne Égypte, était astronomie. Leur calendrier était fondé sur les mouvements périodiques des étoiles et du Soleil. À l'est, le point cardinal du lever du Soleil était « lieu de résurrection ». L'aube était le moment exact marquant la renaissance cyclique de l'astre roi. Pour revenir au Lion, chaque fois que les étoiles de cette constellation dessinent le lion céleste, elles se situent à l'est et on cesse de les voir au moment précis où émergent les premiers rayons du Soleil. C'est alors que les anciens Égyptiens commençaient leurs rituels de vie les plus sacrés.

– Et saint Marc le vérifia ?

– Plus que cela ! Saint Marc fut initié à ces secrets. Vous le lirez dans le livre. Et il les consigna par écrit, sachant que quelqu'un, dans le futur, le comprendrait enfin…

– Insinues-tu que saint Marc eût accès à un savoir initiatique égyptien, et qu'il l'adaptât à l'Évangile que tu as traduit ?

Le doute qui perçait dans la voix du Saint-Père enthousiasma Cyril de Bologne.

– En quoi cela vous surprend-il ? Notre vénéré Clément d'Alexandrie n'a-t-il pas écrit qu'il avait eu accès aux mythiques quarante-deux livres perdus du dieu Thot, le dieu égyptien de la Connaissance ?

– Dans le livre IV des *Stromates*, oui, je m'en souviens. Mais tu t'aventures dans…

– N'est-ce pas lui, également, qui a découvert dans ces mêmes textes des allusions à un *Temps* futur, annonçant la venue d'hommes qui saisiraient ces secrets ?

Le patriarche frémit à l'hérésie. Il posa délicatement les mains sur les épaules de son ancien maître et le fixa, le regard plein de pitié. Son geste, pour affectueux, ne laissait aucun doute quant à ses motivations.

– Cyril… Tu es en train de t'éloigner dangereusement de ta foi, et le pire, sans doute, est que tu utilises les armes qu'elle t'offre pour te détourner d'elle. Tu dois être fatigué. Tu es un disciple du Christ, comme Marc. Et tu lui dois admiration et respect pour avoir été si près de Notre Seigneur.

– Vous ne comprenez pas, Votre Sainteté. Le *Livre de Thot* parle de l'avènement d'un *Temps*, Marc parle d'un *Temps*, Clément parle d'un *Temps*. Et ce *Temps*-là est arrivé : les symboles célestes le montrent.

– Un *Temps* ?

– Regardez le ciel, et rendez-vous compte par vous-même !

Marc VIII leva les yeux vers le firmament. La silhouette sombre de la coupole d'Abou-Sarga dessinait comme un trou sans étoiles dans la voûte céleste. Le reste du ciel en était parsemé. La Voie lactée, au sud-ouest, divisait le firmament en deux. Et même si la Lune brillait avec intensité, les points de lumière se comptaient par milliers. Cyril de Bologne, les yeux grands ouverts, indiqua une direction vers l'obscurité.

– D'ici quelques heures, quand le jour poindra à l'orient, vers les pyramides, la dernière étoile visible formera la tête de la constellation du Lion… Au sud, l'étoile à l'horizon, l'œil de la constellation du Phénix[1] cessera de briller à la même heure. Vous rendez-vous compte maintenant de la signification de ces symboles ?

– Non.

– Dans la mythologie grecque, le Phénix est l'oiseau solaire de la résurrection, capable de renaître de ses propres cendres.

– Et alors ? C'est un mythe, Cyril. Un mythe païen.

– Peut-être, mais il marque le début de ce *Temps*. Ne le voyez-vous pas ? Le Lion annonce le Phénix : et Marc nous avise que le *Temps* de la résurrection est arrivé. Tout coïncide !

Le patriarche poussa un long soupir.

– Il suffit, Cyril… Personne ne peut ressusciter, excepté Dieu. Aucun livre, pour saint qu'il soit, ne peut expliquer les procédés du Très-Haut et donner à un homme un pouvoir qui nous était interdit bien avant même notre création. Il m'est difficile de penser que tu aies pu perdre de vue un enseignement aussi élémentaire.

– Ce livre est différent, Votre Sainteté. Si par malheur vous l'employiez mal… Ou s'il tombait entre des mains peu scrupuleuses...

– Il suffit, j'ai dit ! J'en ai assez entendu pour aujourd'hui.

– Mais, Votre Sainteté…

– Silence ! Va-t'en !

À grand-peine, le vieux copte se contint. Il recula d'un pas, obéissant aux ordres de son supérieur mais non sans siffler entre ses dents quelque chose dont Takla lui-même, depuis la porte du temple, perçut très clairement le ton menaçant :

1. C'est l'astronome allemand Johann Bayer qui donna officiellement à cette constellation le nom de « Phénix », dans son *Uranométrie* (1603) qui contient les premières cartes de la voûte céleste de l'histoire moderne, et inaugure une nouvelle ère dans la cartographie astronomique. Il est certain que Bayer s'inscrivait dans la très antique tradition des observateurs arabes et chinois qui voyaient dans ce groupe d'étoiles la forme d'un oiseau.

– Vous ne me laissez pas le choix, Votre Sainteté. Je vous démontrerai le pouvoir du livre et, bientôt, vous aurez besoin de moi pour le garder.

Marc VIII ne daigna pas répondre. Il se perdait déjà dans l'ombre du couvent.

CHAPITRE VIII

Le vieux Caire'
29 Abib, an 1515 de l'ère des Martyrs
(3 août 1799)

Des derniers jours du Seigneur sur la Terre.

À lui seul ce titre, sonore et intrigant, promettait déjà une lecture édifiante. Le patriarche observa avec satisfaction que l'écriture du père Cyril, en dépit de son âge, était aussi nette qu'au temps où il était professeur au séminaire.

Parvenu dans ses appartements, il s'était assuré de sa parfaite intimité et avait, sans tarder, sorti le manuscrit traduit par le vieux copte de Sainte-Catherine. Il dépassait au total la centaine de feuilles, couvertes de cette écriture petite et serrée que Marc VIII aurait reconnue entre toutes. Il contempla avec appétit le paquet, plein de mystères sous la lumière tremblante du candélabre.

Pourquoi Cyril insistait-il autant sur le « danger » qu'il représentait ? Quel mal aurait pu faire un texte rédigé dix-huit siècles plus tôt ? Et surtout à lui, avec sa culture et sa position ?

Le Saint-Père ne dormit pas de la nuit. Impossible. Les yeux grands ouverts, il dévora en quelques heures chacune des pages que Cyril lui avait remises, se laissant enivrer par un texte dont une force fascinante émanait de chaque mot.

Le document, précédé d'une lettre de Marc à l'un de ses disciples, probablement un émissaire envoyé à Rome, expliquait pourquoi l'évangéliste s'était exilé si tôt au Caire.

Il semblerait que Simon Pierre, déjà installé dans la Ville éternelle pour diriger les premières communautés chrétiennes, était intrigué par le genre de formation qu'avait reçue le Christ en Égypte, durant les années où il fuyait Hérode. Non seulement c'était une obsession chez lui, mais tout ce qui était relatif à Jésus était devenu, presque du jour au lendemain, objet de spéculations et de controverses entre les premiers chrétiens. Et donc de première importance pour la jeune Église : si on voulait la construire solide, sans fissure et inattaquable ainsi que le préconisait Saül de Tarse, il fallait avoir le contrôle de toutes les informations susceptibles d'être utilisées contre les chrétiens.

Pierre était un stratège en la matière.

Dès lors, la présence de Marc au Caire était impérative : il fallait qu'il s'assure de cette rumeur incontrôlée selon laquelle Jésus avait été initié aux mystères d'Isis et d'Osiris. Dans les petites et tumultueuses communautés romaines, on en était arrivé à dire que le Fils avait plagié jusqu'aux plus intimes secrets de la religion des pharaons, pour les exporter ensuite à Jérusalem comme quelque chose qui venait de lui.

Marc et Pierre pensèrent au pire. Ils savaient mieux que personne que le Maître avait en effet passé six longues années en Égypte : ces influences, historiquement possibles, pouvaient tout remettre en cause.

Bien qu'étant enfant à cette époque, Jésus pouvait avoir reçu des enseignements supérieurs qui, potentiellement, auraient été déterminants pour la suite de son existence, et de ses actes saints. Même si personne n'était en mesure de dire de quelle initiation il se serait agi, le moindre soupçon concernant une influence des mystères d'Isis pouvait saper les bases de la nouvelle Église.

L'ancien et rude pêcheur de Galilée était certain d'une chose : si ces accusations étaient fondées, il fallait faire l'impossible pour en éliminer toutes les preuves. C'était cela, ou la fin de l'idée d'un Sauveur originel, d'un nouveau Messie « indépendant ».

Le meilleur choix pour mener à bien cette mission, et en finir avec ces doutes, était le jeune et sagace Jean Marc. C'est ainsi que, durant l'été 66 après la naissance du Messie, le futur évangéliste s'embarqua vers l'Égypte, province romaine, avec la mission la plus risquée de sa vie.

Marc VIII tournait les pages avec avidité ; venait ensuite une longue lettre introductive où Marc expliquait à Pierre comment il en était arrivé à faire ces découvertes, puis à rédiger cet Évangile secret.

Au début de 67, Jean Marc s'était installé dans une maison d'hôtes adossée à la muraille de la forteresse qui entourait le vieux Caire :

C'était un endroit que tous connaissaient sous le nom de Babylone ou Babylonie, même si en réalité il s'agissait d'un ancien nom égyptien que les étrangers prononçaient mal : Pi-Hâpy-on, la « demeure de Hâpy », dieu du Nil.

L'évangéliste travaillait comme comptable dans une maison juive de prêts que Pierre lui avait recommandée et, quand le commerce était calme, il profitait de son temps libre pour enquêter sans éveiller trop de soupçons. Il fallut des mois au jeune Marc pour s'habituer à ce lieu étrange où se pratiquaient des cultes pour lui incompréhensibles. Le Caire était un creuset de croyances. Disciples de Mitra, rites mystérieux d'Adonis, d'Orphée et même de Pythagore, converti en Messie d'une communauté croissante d'exaltés, pullulaient dans les rues de la ville, recrutant chaque jour de nouveaux adeptes pour leurs doctrines.

Dans cette ambiance stimulante, il supposait qu'il ne serait pas trop difficile de rechercher les maîtres du Fils de Myriam, qu'on l'appelle « Jésus » ou « Yeshua ». Il essaya toutes les formes sous lesquelles il pensait que la Sainte Famille aurait pu se présenter. Mais personne, curieusement, ne paraissait se souvenir de ces trois exilés venus de Galilée, depuis déjà plus d'un demi-siècle.

Marc vérifia aussi dans les deux synagogues de la ville, sans plus de succès : les rabbins n'avaient pas non plus entendu parler de Jésus ou de sa famille. Il passa même deux semaines, durant la saison des pluies, avec un groupe de commerçants grecs desquels il tira quelque espoir quant au séjour du Maître, mais finalement, ils finirent par se moquer de lui et lui volèrent les quelques sesterces destinés à financer sa mission. L'évangéliste s'apprêtait à renoncer mais sa foi en Notre Seigneur lui donna le courage de poursuivre.

Pierre, par le biais de tel ou tel voyageur, lui envoyait de temps en temps un peu d'argent, et des lettres l'exhortant à ne pas baisser les bras. Certes, plus de cinquante ans s'étaient écoulés, mais il devait être possible de trouver quelqu'un, un survivant, qui aurait connu Jésus enfant sur les terres d'Égypte.

Six mois plus tard, Marc parvint enfin à recueillir les fruits de sa patience et de sa ténacité. Il faisait part à Pierre de la piste d'un ancien maître d'œuvre du temple délabré de Bennou, une ville proche d'Héliopolis, qui semblait fiable :

Râ-Mose, ainsi que se nomme l'ancien contremaître du temple, se souvient parfaitement du charpentier et maçon juif qui l'a aidé à la réfection de la toiture du saint des saints du Palais du Phénix. Son récit coïncide avec ce que nous savons de Jésus, et cela m'a tellement bouleversé que je lui ai offert sans réserve mes services, et une partie de ma solde en échange du gîte durant quelques jours, afin de l'écouter avec la plus grande attention. Râ-Mose est très âgé, plus de soixante-dix ans, dit-il. Mais pendant les veillées que nous avons partagées, il s'exprime comme si sa mémoire était celle d'un homme de mon âge. Il m'a raconté que ce charpentier allait fréquemment à Héliopolis accompagné de son fils de quatre ans, un enfant éveillé et curieux qui a déambulé librement dans le temple durant des semaines. Le grand prêtre Neb-Sen avait beaucoup d'affection pour lui.

Cet enfant ne peut être que Notre Seigneur.

Jean Marc, plus loin, donnait toutefois les limites de son informateur :

Râ-Mose ne me dit jamais si Neb-Sen enseigna quelque chose à cet enfant, pas plus qu'il ne m'éclaira sur le fait de savoir si cet être éveillé et curieux était Notre Bien-Aimé. Je ne lui ai pas davantage expliqué ce que je savais. Mais le peu qu'il reconnut se souvenir de ce cas était, de tout ce que j'avais entendu jusque-là, le plus chargé d'espoir. »

La lettre de l'évangéliste, pour émouvante, n'en fit pas moins sursauter le patriarche des coptes.

Elle continuait en expliquant comment Jean Marc, après cinq jours passés chez Râ-Mose, se déplaça jusqu'à la ville voisine d'Héliopolis à la recherche d'autres informations. Il narrait aussi comment ce qu'il y trouva n'était que ruines et désolation. Neb-Sen était mort depuis des années et, dès lors, les cultes au Disque solaire d'Héliopolis avaient été petit à petit délaissés.

À Babylone, mon quartier du Caire, on m'avait parlé de l'origine de cette ville. Les Égyptiens l'appelaient Innou, qui signifie « Pilier », car sur ces terres aujourd'hui désertes, il fut un temps lointain où était érigé un énorme obélisque sur lequel trônait un oiseau divinisé que tous nommaient Bennou.

Marc VIII, un instant horrifié par tant de paganisme absurde chez un saint évangéliste, continua toutefois sa lecture :

Mais je n'ai pas trouvé non plus de trace du pilier Innou, ni de l'oiseau Bennou. J'appris en revanche que les Grecs le nommaient Phénix, et que le culte principal pratiqué en ce très saint lieu était destiné à la résurrection. Selon ce qu'il m'a été conté, environ tous les trente ans, l'oiseau Bennou s'immolait sur un bûcher qu'il avait lui-même soigneusement préparé, réunissant des branches sèches avec son bec. Après avoir brûlé jusqu'à se consumer, l'oiseau renaissait rajeuni après trois jours, émergeant de ses propres cendres…

Le patriarche lisait sans ciller, mais la suite était plus alarmante encore :

Les prêtres, qui protégeaient ce secret au prix de leur vie, savaient que tous les oiseaux n'étaient pas des oiseaux Bennou, au même titre que tous les humains ne possédaient pas l'essence divine nécessaire pour arriver à une telle régénération. Osiris la réussit grâce aux mystères qu'Isis étudia dans le Temple du Phénix. Elle fut capable de redonner le souffle à son frère et époux, qui avait été sacrifié par les forces de l'obscurité et dépecé par son propre frère en quatorze morceaux. Jésus enfant, si c'était bien lui qui accompagnait le charpentier juif qui aida Râ-Mose, dut probablement être initié à un savoir si secret. Tout se déroula juste pendant les semaines que durèrent les réparations du temple, avec le consentement exprès de Joseph et Marie.

En parcourant ce texte, Marc VIII se souvint que le « Jour des Rois » de la tradition chrétienne était le même jour que celui que les anciens Égyptiens appelaient « Journée d'Osiris ». Poursuivant sa lecture, il apprit que les païens priaient le dieu et recueillaient l'eau du Nil en grandes quantités, avec la conviction que cela les purifiait de leurs péchés pour le reste de l'année. Durant ces mêmes heures d'obscurité, Osiris pouvait aussi favoriser certaines familles en changeant leur eau… en vin ! Ainsi que l'avait fait Jésus aux noces de Cana.

Jean Marc nota toutes ses révélations avec un soin particulier. Son texte abondait en détails, apparemment insignifiants, sur la vie quotidienne des prêtres et des hôtes du temple de Bennou, recueillis aussi bien auprès de Râ-Mose que d'autres informateurs dont il gagna peu à peu la confiance. Il mettait l'accent sur l'un d'eux : Sulaymân. Un marchand de tissus, extravagant et membre du clan des Rashid, originaire de l'ancienne colonie de Memphis, à une quarantaine de kilomètres d'Héliopolis, avec qui il se lia d'amitié immédiatement.

Il apparaît que Sulaymân est un homme agréable aux manières raffinées. Après s'être informé sur mes origines, et m'être confié à lui de la nature de ma foi en un Dieu unique qui avait fait homme son premier Fils pour nous racheter de nos péchés et nous montrer que la résurrection de la chair était possible, il m'accepta comme un membre de sa famille. Il me dit que son nom était le même que celui du Roi Sage des juifs, Salomon, même si, à la différence de ceux-ci, son dieu n'était pas Yahvé mais le vieil Osiris. Ce fut lui qui m'instruisit des mystères que je vais révéler dans ces pages et qui, selon ce qu'il m'assura, furent les mêmes que ceux livrés par Neb-Sen au fils du charpentier.

Marc interrompait là sa description par une sorte d'avertissement au lecteur, qui prit le patriarche au dépourvu :

Sulaymân me disait : « Je sais que mon culte aux secrets d'Osiris se meurt et que le savoir de mes ancêtres se diluera bientôt en d'autres croyances comme le Nil bleu se fond avec le Nil blanc. Ma famille fut cependant choisie, pour veiller bien plus que la simple foi. Notre clan garde le secret de la résurrection de l'oiseau Bennou et protégera son nid hors de Kemet, la sainte terre noire d'Égypte, jusqu'à ce que, cher disciple, le Temps arrive et que l'oiseau puisse de nouveau être vu sur Gizeh et Héliopolis. »

Marc ajoutait ensuite :

Et moi, je te le transmets : ce sont les révélations de Sulaymân ; ce que j'appris par la suite sur Jésus et sur son retour d'entre les morts, un prodige réalisé grâce à ce que Lui, à son heure, reçut du grand prêtre Neb-Sen. Veille à ce secret jusqu'à ce que, comme il a été écrit, le Temps *arrive.*

– Jusqu'à ce que le *Temps* arrive…, se répéta le patriarche entre ses dents, déconcerté par ce dernier commentaire.

Il attaqua enfin le texte lui-même, et quand il cessa de lire, il ne restait plus grand-chose de ses bougies, ni guère de vin dans son verre. De toute façon, sa gorge était si serrée qu'il n'aurait rien pu avaler. D'autres questions le préoccupaient :

pourquoi, dans ce passage retranscrit par Marc, Sulaymân appelait-il le saint évangéliste « *cher disciple* » ? Était-ce le Diable, ce Sulaymân, qui avait converti Marc à son étrange foi ?

Que Marc ait ainsi pu succomber à la tentation, que son saint patron fût par-là le plus pervers des paganistes lui donna des aigreurs d'estomac. Maintenant, il comprenait mieux Cyril de Bologne : mal employé, le texte pouvait s'avérer pire que la peste. Il avait entre les mains une arme susceptible détruire toute l'Église, pas seulement celle des coptes, car, bien guidée par le Malin, elle entraînerait le reste de la chrétienté dans l'abîme.

Marc VIII respira profondément. Le soleil du jour naissant commençait à poindre entre les sycomores du jardin sur lequel donnaient les appartements pontificaux, près d'Abou-Sarga. Le pontife rumina pendant un bon moment ces étranges révélations, oubliant que la constellation du Lion venait de disparaître juste sur l'horizon oriental de Gizeh. En fait, il était si absorbé dans ses réflexions qu'il vit à peine que quelqu'un était entré sans s'annoncer. L'homme n'était autre que l'administrateur Théodore. Il avait les yeux exorbités, en proie à une terreur évidente.

– Votre Sainteté, c'est le père Cyril…

Il gesticulait, agitant les mains devant le visage impassible du patriarche.

– Vous devez m'accompagner ! Immédiatement !

CHAPITRE IX

Louksor,
29 Safar, an 1214 après l'hégire
(2 août 1799)

La cour érigée par le grand Ramsès était vide. Plus une seule de ces immenses colonnes en forme de papyrus, commandées par Pharaon près de trente siècles auparavant, ne se dressait maintenant en un lieu qu'il avait voulu plein de majesté. Il n'y avait guère que les renards du désert, et les génies, pour se réjouir et profiter seuls, pendant les nuits obscures comme celle-ci, du chaos qui enveloppait depuis si longtemps ce large espace.

Mais les bêtes furtives, ou celles de l'autre monde, n'étaient pas ce soir-là les uniques créatures à rôder aux alentours d'*Ipet Resyt*.

Une ombre allongée, vêtue d'une *galabieh* brune, avançait vers l'entrée de l'enceinte. Ses pieds semblèrent ne pas toucher le sol, le caressant sans lever la moindre poussière, comme s'ils volaient au ras du pavement. La silhouette était celle d'un homme d'âge moyen dont la façon de bouger ne correspondait en rien aux lourds pas des gardiens du temple. Un djinn, peut-être.

Deux pas à l'est, cinq au nord... Avec une précision millimétrique et silencieuse, le spectre se glissa jusqu'à la chapelle construite par les Romains au temps de Dioclétien. Sans reprendre son souffle, il traversa le saint des saints d'Alexandre le Grand, puis parvint à bout de la montagne de sable qui ensevelissait la partie la plus occidentale de l'enceinte. Avec grand soin, et la patience d'un chat, il s'approcha d'un objectif connu de lui seul.

Soudain, un bras d'ébène, long et musclé, se tendit dans un souffle pour crocher le cou de « La Parfaite ». L'autre main du spectre, grande et forte, s'étira comme la corde d'un arc pour se plaquer sur sa bouche. Nadia entendit dans son cou un murmure qui sonnait comme un ordre :

– Silence ! Je suis Ali. N'aie pas peur.

Nadia, laquelle un instant plus tôt se croyait invisible, recroquevillée dans sa cachette, en eut le sang glacé Ali ? À la voix, il s'agissait d'Ali Ben Rashid. Mais que faisait ici son oncle de Dendérah ?

Avec une agilité surprenante, le plus jeune des membres du clan des Ben Rashid chargea la fragile Nadia sur ses épaules et la sortit du périmètre du temple avec la rapidité d'un félin.

Ensuite, sans un mot, il la fit monter sur la croupe de son cheval, et s'enfuit avec elle vers l'orient. En quelques minutes, ils laissèrent derrière eux les dernières maisons habitées de Louksor, contournèrent le campement français dressé en face de la splendide île des Crocodiles, et s'engagèrent dans un sentier muletier qui se perdait entre les plantations de lentilles et de riz.

– Tu nous as mis dans un beau pétrin, Nadia. Un casse-tête phénoménal…

Son oncle Ali était un homme de trente et quelques années, aux épaules larges, au regard pénétrant. Avec son crâne rasé, il était l'image même des antiques prêtres peints sur les murs des temples. Depuis qu'elle était enfant, Nadia se souvenait de lui, toujours entouré de la même étrange aura de solennité. Cela faisait des années qu'elle ne l'avait pas vu d'aussi près ! Mais quel était le but de sa présence dans les parages à cette heure-ci de la nuit ? L'avait-il suivie ? La protégeait-il d'Omar… ou peut-être, comme presque tous à Louksor, travaillait-il aussi pour son compte ?

Ils parvinrent à une masure au milieu des champs et Ali sauta au bas de son cheval, forçant la jeune femme à le précéder dans la cahute. Il grogna, les dents serrées :

– Rappelle-moi pour quelle raison nous avons fait le sacrifice de te vendre à cet aubergiste ?

– Pour surveiller de près Omar et ses complices… Mais…

– Assez ! Tu étais notre oreille dans le monde des infidèles. Même le sachant, tu as manqué à ta mission sacrée. Pourquoi t'es-tu enfuie ?

Nadia baissa la tête. Le ton des reproches allait crescendo :

– Réponds ! Pourquoi as-tu trahi les tiens ?

– Je n'en pouvais plus, mon oncle. J'en avais assez de…

« La Parfaite » n'eut pas le temps de finir sa phrase. La large main du Nubien lui infligea une violente gifle qui la fit tomber sur le sol d'argile. Il fulminait, crachant par terre avec une moue de dégoût :

– Traîtresse ! Qui donc surveillera ce profanateur maintenant ? Ce pilleur de tombes. Qui va distraire ce rapace de sa voracité pour nos morts ?

Nadia, le visage en feu et les yeux humides, murmura en essayant de ravaler ses larmes :

– Oncle Ali… Comment avez-vous pu me forcer à m'exhiber, devant ces porcs, dans des danses profanes ? J'en avais assez d'être une *a'hira*[1] pour cet Omar, fatiguée d'entendre ses inepties. Est-ce si difficile à comprendre ?

– « Inepties », dis-tu ? Que les Français soient en train de fouiller la Vallée des Rois, est-ce une ineptie ? Que ce matin même ils aient trouvé une nouvelle tombe entre les pierres de la montagne sacrée : encore une ineptie ?

« La Parfaite » sursauta.

– Et comment sais-tu cela ?

– C'était à toi de nous en informer, sans tarder ! Ta compagne, Fatima, me l'a dit… Le clan ne t'a jamais abandonnée, même si tu sembles ne pas le croire. Fatima était chargée de te protéger si quelque chose tournait mal. C'est

1. *N.D.A.* : « Prostituée ».

elle qui nous a prévenus de ta fugue. J'étais en ville pour les jours du rite, le fleuve est en crue.

Nadia se remit sur ses pieds, tentant de mettre un semblant d'ordre dans son costume de scène bon à jeter. Ali semblait revenu à des dispositions sinon meilleures, au moins plus calmes.

– Aviez-vous si peu confiance en moi que vous ayez jugé utile de m'adjoindre un chaperon ?

– Nous veillions sur toi, sotte. Tu es très importante pour notre famille, et tu le sais fort bien. Si ce n'était pas le cas, tu aurais déjà payé cette trahison de ta vie…

– Je l'aurais presque préféré.

– Ne dis jamais cela, même en plaisantant.

Sans un mot, il remonta à cheval et tendit la main pour faire remonter Nadia en croupe. Ils n'échangèrent plus une parole de toute la nuit. Au petit matin, Ali changea de cheval dans un petit village situé près de l'un des affluents du Nil. Nadia put trouver un vêtement plus conforme à la longue chevauchée que son oncle lui promettait. De fait, ils ne descendirent pas de leur monture avant l'aube, droit vers le sud.

– Nous n'allons pas à Dendérah, n'est-ce pas ?

L'oncle taciturne ne répondit pas et piqua sa bête pour accélérer l'allure. Le solide cheval échangé résista sans broncher jusqu'aux portes d'Edfou. Ils y entrèrent par le nord, traversant ce qu'ils nommaient « les potagers du Juif ». Ils dessellèrent devant une pension assez mal famée où, enfin, ils s'assirent pour manger quelque chose. Des œufs brouillés – une recette héritée des envahisseurs –, du jus de melon et un peu de lait de chèvre bouilli.

La salle de l'auberge était vide. Quant aux Français en poste à Edfou, restés en guise de maigre réserve pour couvrir les arrières de Desaix, il était peu probable qu'ils vinssent par ici de si bonne heure. Nadia finissait sa part de la collation, les yeux encore rougis du manque de sommeil, la joue gardant le souvenir cuisant de la gifle, quand son oncle se décida enfin à parler :

– Nous allons vers le Delta… À l'ancienne ville des sages.

– Héliopolis ? On[1], la ville maudite ? Mais… nous chevauchons vers le sud ! C'est la direction opposée ! Et pourquoi se rendre à Héliopolis ? Notre famille n'a jamais voulu y entrer…

– Tu poses trop de questions, Nadia.

– C'est sans doute la raison pour laquelle notre famille n'y a jamais répondu… Ne crois-tu pas ? Ils ont toujours estimé que j'étais une petite fille stupide, sans aucun droit à savoir.

– Tu avais choisi ta propre voie.

– Tu te trompes ! J'ai choisi la danse, je n'ai pas choisi de rester en marge des grandes décisions du clan. Mes frères savaient, et moi, rien ! Pourquoi, si je suis si spéciale, si « importante » que tu le dis ?

Soupirant une nouvelle fois devant l'insistance de sa nièce, Ali consentit à se livrer plus avant :

– D'accord… Notre famille est le dépositaire d'un secret ancien, antérieur même à la naissance du Prophète. Cela, tu ne l'ignorais pas…

– Oui.

– Il y a fort longtemps, nous en avons perdu le contrôle. Or, il y a seulement trois nuits de cela, le patriarche Ahmed a été éveillé par un songe…

– Ahmed, le devin aveugle ? J'ai beaucoup entendu parler de lui.

– Donc, dans son rêve, une figure aérienne, un ange divin, lui révéla que ce à quoi notre clan se prépare depuis des siècles était sur le point d'arriver.

– Des siècles ? De quoi parles-tu, Ali ?

Ben Rashid ne tint pas compte de l'impatience de sa nièce et continua son récit :

– Ahmed est un oracle, un devin… Et sa révélation, qui le fit se lever promptement de sa couche, était assez nette pour qu'il se décide à nous éveiller tous pour nous l'annoncer.

1. *N.D.T.* : Nom égyptien de la ville.

Au beau milieu de la nuit, avec les yeux perdus de celui qui a vu la Vérité, il nous a raconté que nous mettrions bientôt à contribution toute notre magie pour enfin récupérer ce précieux héritage... Il est probablement caché à On. Des textes, que nous connaissons depuis longtemps, confirment la vision d'Ahmed.

– Des textes ?

– Par certains papyrus[1], nous savons qu'il y a fort longtemps de cela, il existait une construction à On que tous appelaient « l'Inventaire ». À l'intérieur de celui-ci était construite une chambre de granit, protégeant un grand coffre de silex, dans lequel se trouvait un coffre de bronze, contenant à son tour un troisième coffre d'argent et enfin un dernier d'or. Là, le dieu Thot en personne a déposé cet héritage dont nous sommes les dépositaires et que notre clan cherche à retrouver. Afin que personne ne puisse le dérober, Thot protégea le lieu par une puissante malédiction. Mais le pire n'est pas là...

– Ah non ?

– L'ange apparu à Ahmed lui a confirmé nos craintes : les adeptes du culte solaire ont décidé de prendre d'assaut l'Inventaire... Les adversaires de Thot et de tous les dieux de la nuit veulent en voler le secret et nous éliminer, pour éviter que nous puissions nous le réapproprier avant eux. Ils pensent y parvenir en utilisant contre nous l'avidité des Français.

Nadia avait l'air de ne pas comprendre un traître mot du discours de son oncle.

– Culte solaire ?... « Nous » ?

À travers la semi-pénombre de l'auberge, une étincelle brilla dans les yeux du Nubien. Ses épaules s'étaient imperceptiblement affaissées, comme sous le poids des responsabilités venant s'y amonceler...

---

1. *N.D.A.* : Ces textes, surnommés *Westcar Papyrus*, existent réellement. C'est le philologue allemand Adolf Erman qui en termina la traduction en 1890. Il s'agit d'une série de contes, à caractère magique, qui mentionnent ce lieu à Héliopolis. Le *Westcar Papyrus* est considéré par les égyptologues comme faisant partie des « œuvres de fiction », personne n'ayant encore trouvé de trace archéologique de « l'Inventaire ».

– Ton père est mort trop jeune… Il est probable que, sinon, il t'aurait expliqué tout cela lui-même. Sans doute est-il temps que quelqu'un le fasse…

– M'expliquer enfin les mystères du clan ?

– Oui… Et l'origine de ce conflit dans lequel, petite perle des Ben Rashid, tu joueras un rôle sacré. Si nous avons tourné le dos à notre destination finale, c'est que je voulais que tu m'accompagnes jusqu'ici, à Edfou. Il faut que tu y voies quelque chose. Considère cela comme ton premier jour d'initiation.

Il lui expliqua donc comment le clan des Ben Rashid avait des profondes racines dans la terre noire d'Égypte. Après les conquêtes islamiques, une bonne partie de ses membres avait décidé, pour survivre aux changements religieux, d'adhérer au soufisme, la branche ascétique des adeptes de Mahomet. Sous le couvert de cette recherche d'une union extatique avec Dieu que prônaient les soufis, les Ben Rashid fondèrent l'une des lignées qui continuaient à œuvrer sur les différentes formes de magies héritées de leurs ancêtres égyptiens. Ces explications replongèrent Nadia dans l'ambiance de son enfance. Elle se souvint comment elle fut initiée aux danses et aux rythmes tirés des enseignements de Djalal al-Din Roumi, poète et mystique du XIIIe siècle qui créa l'ordre des *mevlevi*[1]. Ces pratiques, tolérées par l'islam, n'en étaient pas moins à la limite de l'hérésie. Ali lui fit alors comprendre que son dévouement pour la danse était tel, après la mort de son père, que « La Parfaite » ne fut instruite d'aucun des autres savoirs initiatiques de la famille.

Il était clair désormais qu'elle avait manqué là quelque chose de primordial…

---

1. *N.D.A.* : connus aujourd'hui sous le nom de « derviches tourneurs ».

CHAPITRE X

Edfou,
1 Rabi, an 1214 après l'hégire
(3 août 1799)

Dans la fraîcheur du matin, laissant derrière eux les deux mosquées délabrées qui servaient de refuge nocturne aux voyageurs sans le sou, Ali et Nadia s'engagèrent dans la rue du marché du centre d'Edfou. Une odeur de fruits frais et de menthe flottait déjà sur cette journée. Les vendeurs les plus matinaux travaillaient à humidifier le sable, en prévision de la chaleur, et à disposer leurs marchandises sur de pauvres chariots aux couleurs délavées. Cette intense activité matinale fascinait Nadia : à Louksor, après une exténuante nuit de travail dans le bar de Hayyim, elle dormait toujours à cette heure.

Enfin, au milieu d'un quartier de maisons en torchis, ils parvinrent à une enceinte impressionnante dont les murs se dressaient vers le ciel, droits et découpés, plus hauts que les grandes colonnes de la salle hypostyle de Karnak, couverts de reliefs miraculeusement préservés des outrages du temps… Et de ceux des hommes : pour une raison que Nadia ne réussit pas à comprendre sur le moment, ni les Romains, ni les coptes, pas plus que les musulmans ne s'étaient acharnés à marteler les « symboles païens » délicatement ouvragés dans la pierre blanche. La myriade d'oiseaux, d'étoiles et de figures était presque intacte.

« La Parfaite » ne put retenir un soupir admiratif, et Ali murmura pieusement :

– Bienvenue dans la demeure du grand Horus.

Et l'oncle sévère fut pris d'une soudaine exaltation :

– C'est ici que le divin triomphe du profane… Le palais de la résurrection. Un lieu vraiment digne des dieux !

Avant de franchir l'entrée du temple, Ali Ben Rashid s'inclina cérémonieusement. Ils traversèrent la cour qui conduisait à une porte flanquée de deux colossaux faucons de granit, qui semblaient les surveiller.

Le Nubien croisa les bras sur son thorax et mit un genou à terre devant les statues. Puis il commença ses explications, sa voix résonnant sur les murs de l'enceinte, vide encore à cette heure :

– Horus, le dieu à la tête de faucon[1]… Il est fils d'Isis et d'Osiris. Sa mère, après être parvenue à ressusciter Osiris, reçut en son sein la semence divine. Osiris retourna au royaume des morts, mais elle était grosse de ses œuvres… Seth, le frère criminel, sépara le corps de sa victime en quatorze morceaux, qu'il dissémina dans tout le pays afin que la magie d'Isis ne puisse opérer. Celle-ci, aidée de Nephtys, sa sœur, rassembla les membres de son époux. C'est aussi Nephtys qui, cachant le fils posthume dans les roseaux, donna le sein à Horus, l'aida à grandir et le protégea de la colère de Seth. Quand il apprit que le divin Osiris, son père, avait perdu la vie des mains mêmes de Seth, son oncle, il décida de le venger. Ainsi est née la lutte sans merci entre Horus et Seth, entre la Lumière et les Ombres. Ce combat a été au cœur de la foi de nos ancêtres, durant des générations. Ce temple fut érigé pour qu'on se souvienne de cette lutte originelle, mais aussi pour servir d'avertissement à tous les partisans de Seth, l'obscur. Les architectes qui dressèrent ces murs en firent aussi le livre du combat entre Horus et Seth. Les images sont éloquentes : accompagne-moi, je vais te les montrer.

Ali prit Nadia par la main et l'entraîna au-delà du second pylône de l'enceinte. Ils entrèrent alors dans un étroit couloir

1. *N.D.A.* : L'une des manifestations glorieuses de Rê, dieu solaire, est un faucon : l'Horus d'or.

latéral, à ciel ouvert, dont les murs étaient couverts de représentations des différentes séquences d'un affrontement naval très particulier. Il lui désigna l'une d'entre elles dont les reliefs, clairs, ciselés de menus détails, laissèrent Nadia muette d'admiration. Des nefs, dotées d'une seule voile et mues par une petite armée de rameurs, poursuivaient une étrange et menaçante créature aquatique. Sur la proue de la première, un Horus majestueux menaçait le monstre de sa lance.

– Ici, le dieu Faucon blesse Seth d'un coup de lance qui le plongera dans les ténèbres, le mettant ainsi en déroute pour l'éternité. On célébrait dans ce temple, le sixième mois de l'année, les festivités de la Victoire, durant lesquelles on commémorait le triomphe de la Lumière sur les Ombres… Et si je t'ai conduite jusqu'ici, Nadia, c'est pour que tu comprennes que notre clan est avec Seth, le vaincu de cette guerre…

– Nous faisons partie des forces du Mal ?!

– Disons que ce sont les vainqueurs qui écrivent l'histoire. Mais cela ne signifie pas que le vaincu soit pour autant réduit à néant. Ni même que le vainqueur soit le bras de la Justice et le vaincu celui de l'Iniquité. Vois-tu, Nadia, bien avant la trahison de Seth, il est une chose que ces murs ne racontent pas. Osiris, jaloux et possessif, observait avec inquiétude la progression de la race qu'il avait lui-même éduquée : les hommes. Il voyait que leur cœur n'était pas aussi pur qu'il l'aurait espéré, que cette race ne méritait pas de recevoir le précieux don de la vie éternelle. Seth, au contraire, croyait que seul ce privilège pouvait grandir l'âme des hommes. Faute d'avoir obtenu l'accord d'Osiris, il décida de voler ce secret et, avec l'aide de Thot, de le cacher sur la Terre.

– Et il le donna aux hommes ?

– Non. Seth n'était pas stupide. Il ne l'aurait délivré qu'à celui qui l'aurait réellement mérité. À celui qui, avec un esprit noble, l'aurait cherché en prouvant au dieu sa valeur. Mais il disposait néanmoins du secret, ouvrant aux hommes une voie vers l'immortalité. C'est cela qui déclencha cet affrontement sans merci entre Seth et le clan d'Osiris.

– Et comment prouver sa noblesse d'esprit ?

– En découvrant d'abord le secret qui unit la Terre et le Ciel... Dans l'Égypte de nos ancêtres, il n'y avait pas de science plus noble que l'étude du firmament, l'astronomie... Certains optèrent pour l'étude de l'astre solaire, le jour, et d'autres pour celle des étoiles, la nuit. Mais tous étaient à la recherche du précieux laissez-passer pour l'immortalité. La quasi-totalité d'entre eux échoua : leur quête n'avait guère de finalité plus noble que la simple cupidité, et non l'enrichissement de l'esprit.

– Et c'est de cette opposition entre astronomies solaire ou nocturne que naquirent les deux clans, celui d'Osiris et le nôtre ?

– En effet. Et la fissure entre les doctrines ennemies n'a jamais cessé de s'élargir. Les adeptes de Seth érigèrent des temples près du Nil, leur donnant la forme des constellations, assurés qu'ils étaient qu'elles distillaient l'élixir de vie. Les adeptes d'Horus ne firent rien d'autre en alignant leurs propres temples sur la course du Soleil, recherchant certains alignements à certaines périodes de l'année. Mais la principale différence est que le culte solaire, par essence, est monothéiste. Toutes les autres divinités ne sont que des émanations du disque solaire, des parties qui revêtent telle ou telle qualité, non des entités uniques et complètes...

– Mais j'ai toujours cru que...

– Que les Égyptiens adoraient plusieurs dieux ? En réalité, cela n'est arrivé que sous la domination de Seth, il y a fort longtemps. Depuis, les adeptes d'Horus ont jalonné de monuments leurs siècles d'hégémonie politique, érigeant des temples comme celui-ci, à Edfou, ou encore les grandes pyramides, à Gizeh...

Nadia fronça ses sourcils, qui formèrent un arc gracieux sur son front.

– Les pyramides sont aussi l'œuvre des adeptes de Rê ?

– En réalité, deux seulement… Celle de Khephren et celle de Mykérinos, dont les noms et les titres royaux sont associés à Rê et à son culte[1]. La plus ancienne et la plus grande de toutes, celle de Kheops[2], est une prodigieuse réalisation architecturale des adorateurs de Seth. Elle fut construite pour être « la machine de la vie éternelle ». Kheops croyait avoir trouvé l'héritage de Thot à Saqqarah, et il le fit appliquer du mieux qu'il le put à son propre monument.

– Et ça a fonctionné ?

Ali hésita.

– En réalité, nous n'en savons rien. Le corps de Kheops ne fut jamais retrouvé dans la pyramide. Il a disparu, il y a fort longtemps. Les adeptes de Seth furent sévèrement critiqués, et même persécutés. Il ne fait d'ailleurs aucun doute que ces persécutions n'avaient en définitive qu'un but : leur arracher le secret de Kheops. À cette époque, les adorateurs de Rê prirent le pouvoir et placèrent Khephren à leur tête. Ils firent ériger, à leur tour, leurs pyramides, voulant par là démontrer qu'eux aussi pouvaient créer leur propre « machine de vie éternelle ». Et pendant un temps, tout le monde, y compris les adorateurs de Seth décimés et divisés, crut qu'Horus les avait distingués en leur donnant la formule d'immortalité…

« La Parfaite », sans cesser d'admirer les minutieuses scènes de batailles qui décoraient les murs du corridor, écoutait attentivement Ali. Mais ce n'était plus désormais le combat du Bien contre le Mal : le récit de son oncle avait transformé sa vision de la fresque, dans laquelle elle lisait maintenant la persécution de Seth l'hippopotame par l'Horus à tête de faucon. Ali poursuivait son exposé, il soupira :

– Très vite, on découvrit la supercherie : aucun résultat ! Alors que les adeptes de Seth avaient fort bien fait leur travail dans la Grande Pyramide de Kheops. Au point que la religion de Rê, incapable d'imiter cette « demeure d'éternité », se fragilisa. Il apparaissait évident qu'il manquait à Khephren et

1. Les cartouches des titulatures de ces deux pharaons, Kafra et Menkaura en égyptien, se lisent respectivement : « Rê lorsqu'il se lève » et « Stables sont les puissances vitales de Rê ».
2. Ou « Khoufou » dans la langue égyptienne antique, qui signifie « Il me protège ».

Mykérinos les enseignements des astronomes de Seth. Eux savaient comment identifier Isis à l'étoile Sirius, Osiris à la constellation d'Orion, et Thot à l'aimable face de la Lune.

– Seth réussit-il à récupérer le pouvoir ?

Ali ne répondit pas directement à la question :

– Le sang coula. À la fin de la IVe Dynastie, lorsqu'il parut évident au peuple que le grand secret de la vie, qui était censé rendre si puissants les adorateurs de Rê, n'était nullement entre leurs mains, la guerre se déchaîna. Je parle, évidemment, de cette formule qui avait permis de ressusciter Osiris, ainsi que la fécondation d'Isis. Le drame fut terrible. Cette révélation ne servait pas seulement à montrer à Pharaon le chemin de l'immortalité, mais aussi à lui fournir force et énergie nécessaires pour prolonger ses années de règne. Peu à peu, les pharaons de Rê déclinaient, se fragilisant aux yeux de leurs sujets. Ils ne jouissaient plus de la santé, ni de la puissance de leurs prédécesseurs. Et même eux perdirent leur foi en Horus. Dans ces circonstances, les adeptes de Seth n'eurent que peu d'efforts à faire pour reconquérir le pouvoir politique et gouverner à nouveau le double pays.

– Construisirent-ils de nouvelles « machines de vie éternelle » ?

– Non, Nadia. En réalité, tout ce temps loin du pouvoir leur avait fait perdre le secret, à eux aussi. Ses gardiens étaient morts, probablement à l'époque où la répression s'abattait sur eux, sans le transmettre à quiconque. La formule, cachée sur Terre par Thot, avait disparu. Toutefois, ils surent garder bouche close et établirent leur domination sur le double pays pour les deux siècles suivants... Jusqu'à ce qu'un danger imminent...

– Un danger ?

– Il y a quelque trois mille deux cents ans[1], après la mort du pharaon Amenhotep III, le culte solaire retrouva une soudaine et violente vigueur. Les nouveaux prêtres du Soleil

1. Vers 1350 av. J.-C.

semblaient capables de prouesses dont seuls les contes concervaient encore la trace. Pharaon lui-même paraissait plus vigoureux, exultant plus que jamais.

– Ces prêtres avaient retrouvé la formule d'Isis ?

La déduction de sa nièce fit sourire Ali.

– C'est du moins ce que bon nombre d'entre eux croyaient. Mais en réalité, ce retour était le fruit d'une résistance de plus de mille ans, dans l'ombre, méticuleuse et sans faux pas. La peur de perdre le pouvoir réapparut parmi les adeptes de Seth, mais avec elle l'espoir de récupérer la formule qu'ils avaient été incapables de conserver. cette formule d'Isis était désormais à portée de main…

Une lueur vive traversa le regard de Nadia.

– Est-ce bien « Amenhotep », le nom de Pharaon que tu as prononcé ?… Ce roi dont les Français viennent de découvrir la tombe !

– Lui-même. Amenhotep assista, impuissant, à un événement qui laissait présager le bouleversement politique que j'ai évoqué : la conversion de son propre fils à la foi d'Amon Rê. Ce fils méprisa tout à coup tous les anciens dieux et s'adonna au culte exclusif d'Aton, le disque solaire rayonnant[1], avec la conviction qu'il lui révélerait la formule si convoitée, et qui avait été ôtée à son père et aux adeptes de Seth.

– Mais qu'est-ce qui a convaincu le Prince au point de renier la foi de son père ?

– Pour ce que nous en savons, il faut chercher chez certaines peuplades nomades du désert. D'une façon ou d'une autre, les habitants les plus humbles d'Égypte avaient su, depuis l'époque de la genèse des dieux, conserver pour leur propre compte la formule. Sans doute virent-ils dans l'exaltation du fils d'Amenhotep une possibilité de se rapprocher à nouveau des commandes du pays. Même si nous

1. Rê, Amon et Aton sont les différentes formes sous lesquelles le Soleil était adoré. Classées ici par ordre chronologique, ces dénominations coexistaient. Horus et Khépri sont des manifestations (« Neterou ») de la même divinité.

connaissons très peu de chose à leur sujet, il se peut que ces nomades traditionnellement habillés de bleu aient été les protégés de Seth, ou de Thot… ou encore d'un groupe de divinités « rebelles ». Quoi qu'il en soit, l'un de ces « sages bleus » fut le précepteur royal du jeune fils d'Amenhotep. Cet homme portant le même nom que Pharaon, on le distingue en rappelant le nom de son père : Amenhotep, fils de Hapu. Entre autres choses, il fut le grand architecte de la Cour, et surtout le plus haut responsable des fêtes Sed de Pharaon…

– Fêtes Sed ?

Les troublantes informations de son oncle commençaient à lui donner le tournis : luttes de pouvoir nées à l'époque mythique des dieux, intrigues de palais autour d'une formule qui garantissait la vie éternelle, cultes oubliés de rois exaltés… À quelle sorte de religion Ali voulait-il au juste la convertir ? Le Nubien répondit, avec patience :

– Oui, Nadia. Les fêtes Sed, qui se célébraient tous les trente ans, consistaient en une série de rites qui permettait à Pharaon de « renaître en sa jeune eau », de se régénérer lui-même et d'asseoir son règne. D'accéder en somme à l'immortalité en pénétrant le grand mystère hérité d'Isis et d'Osiris. Les fêtes Sed donnèrent un grand prestige aux premiers adeptes du Soleil : le rituel, visiblement, gorgeait de vie les plus vieux pharaons. Mais dès la fin de la IVe dynastie, en perdant le secret, ces rites ne furent plus qu'un spectacle. C'est l'une des raisons pour laquelle les cultes d'Horus et du Disque solaire se dégradèrent… jusqu'au règne d'Amenhotep IV, le fils d'Amenhotep III qui renia la foi en Seth de son père, et changea son nom en Akhenaton, « esprit efficace d'Aton ».

– Qu'advint-il du précepteur, Amenhotep fils de Hapu, le « sage bleu », quand le nouveau Pharaon monta sur le trône ?

– Ce fut très étrange. Les nomades, qui, semble-t-il, rendirent à l'Égypte la formule de vie… se sont volatilisés peu après le couronnement et la profession de foi d'Akhenaton, prince révolutionnaire et traître à sa dynastie…

Et avec ces nomades disparut de même le fils de Hapu, qui n'occupa jamais la tombe préparée pour lui près du temple de Millions d'Années, le tableau d'Amenhotep III.

– Que crois-tu qu'il arriva ?

– Notre famille a quelques soupçons : Akhenaton ne fut pas un si mauvais fils qu'on le croit. En l'an 36 du règne de son père, il ordonna la célébration de magnifiques fêtes Sed en son honneur. Ce fut une cérémonie exceptionnelle en ce sens qu'elle était organisée six ans seulement après celle, normale, qui marquait la trentième année du règne d'Amenhotep III. Mais malgré cette fête « normale », Pharaon restait souffrant, fatigué, sans grande volonté de continuer à porter la double couronne. Akhenaton eut vraisemblablement pitié de son sort et voulut lui redonner plus de vie.

Nadia écarquilla les yeux.

– Plus de vie ?

– Oui... Akhenaton, qui était déjà en contact avec la puissante magie des « sages bleus », détourna la formule au bénéfice de son père...

– Et que firent les « bleus » ?

– Évidemment, ils se sentirent trahis car Akhenaton représentait pour eux un sang nouveau. Et par un incompréhensible sentimentalisme, il livrait une partie au moins du secret à son père moribond.

– Amenhotep III en tira-t-il réellement profit ?

– Suffisamment pour qu'il parvienne jusqu'à sa quarantième année de règne... D'ailleurs, son enthousiasme fut tel, face à la réussite de ces fêtes Sed, que Pharaon prit lui-même en main la direction des travaux de sa tombe près de la Vallée des Rois, faisant réaliser toutes sortes de modifications dans la structure et la décoration. Et il changea profondément sa chambre mortuaire : les écrits, les bas-reliefs, l'ordre des textes qui accompagneraient son ultime voyage... Comme s'il avait voulu dissimuler là ce qu'il venait d'expérimenter.

– Dans sa tombe !

– Oui, Nadia. Cette même tombe que viennent de mettre aujour les Français, celle que connaît si bien Omar Ben Abiff. Comprends-tu maintenant l'importance de la mission qui t'était confiée ? Les uns et les autres soupçonnent qu'Amenhotep III a fait graver, dans sa demeure d'éternité, des informations sur la formule utilisée par Akhenaton, et ils pourraient nous en déposséder… dérober ce qui nous appartient légitimement.

À la façon dont Ali prononça cette dernière phrase, « La Parfaite » sentit combien la surveillance qu'elle avait abandonnée aurait été pratique pour contrôler les mouvements d'Omar. Mais il était trop tard pour se lamenter. Elle lui proposa de retourner à Biban el-Moulouk mais le Nubien refusa sans l'ombre d'une hésitation. La mise au jour du tombeau d'Amenhotep III n'était qu'un signe de plus : quelque chose de capital allait se passer en Égypte. Ali finit par confier ses doutes :

– De nombreux indices nous incitent à penser que les « sages bleus » sont de retour.

Prononçant ces mots, son oncle semblait ouvrir grand les écluses d'un barrage. Sans attendre que la portée de ses paroles atteignît Nadia, il lui prit la main et déclara :

– Le vénérable patriarche Ahmed l'a clairement vu dans son rêve et, par d'autres sources, nous avons su que les « bleus » avaient rencontré le sultan des Français, ce Napoléon Bonaparte, il y a quatre mois de cela. Cette fois, ils sont sortis de leur désert, où ils étaient restés cachés pendant des siècles. Notre clan a des raisons de supposer qu'ils ont l'intention de rétablir l'adoration du Soleil en Égypte… Ils cherchent un nouvel Akhenaton. Et pour l'imposer, ils ont pris pied dans le Delta, et ils étendront leur nouveau credo dans tout le pays. L'oracle d'Ahmed est incontestable.

– Et ils pourront le faire ? Ils pourront imposer leur foi ?

– Oui, s'ils obtiennent l'appui des héritiers actuels d'Akhenaton et scellent une alliance avec eux.

– Tu dis « les héritiers actuels » ? Je croyais qu'Akhenaton fut le premier et le dernier roi de son époque qui défendit le culte solaire et que ses descendants reprirent les anciens cultes.

Ali, qui durant tout ce temps n'avait pas lâché la délicate main de « La Parfaite », lui répondit d'un ton paternel :

– Et il en fut ainsi, belle Nadia. Ce régime sombra sans pour autant perdre son contact avec la véritable source de la sagesse. Sans aucun doute, le mouvement solaire s'est maintenu dans l'ombre, s'infiltrant dans la caste sacerdotale égyptienne, jusqu'à l'arrivée d'un prince étranger destiné à se convertir en un puissant chef spirituel. Nous croyons qu'il appartenait aux « sages bleus » même si cela ne fut jamais confirmé. Ce fut un prince dont les adeptes devinrent forts en peu de temps en Égypte et dont la religion, contre tout pronostic, finit par dominer une bonne partie du monde civilisé…

– Qui, oncle ? Qui fut ce prince ? Ai-je déjà entendu son nom ?

– Son nom était Yeshua.

– Yeshua ? Le ton chantant de « La Parfaite » devint sec d'un seul coup. Tu fais référence au Messie des chrétiens ? À Jésus ?

Le Nubien confirma :

– Je ne sais pas comment cela arriva mais cet émigrant juif réussit l'initiation la plus élevée des terres égyptiennes. Il fut sûrement le dépositaire de la formule de vie d'Isis et l'emporta loin du Nil pour l'appliquer à des mortels… et sur lui-même !

Nadia était stupéfaite.

– Et ses héritiers se cachent parmi les coptes, Nadia. Entre les premiers et véritables disciples de Yeshua qui survivent encore.

« La Parfaite » ne posa plus de question.

CHAPITRE XI

Nazareth,
sextidi 26, IIIe décade de Germinal, an VII
(16 avril 1799)

– Ainsi, vous connaissez réellement la formule pour revenir de la mort ?

Un instant, la question du Corse resta suspendue dans un air lourd, tournant comme un aigle au-dessus de la tête de ses interlocuteurs. Malgré son impatience, Napoléon ne fixait personne en particulier, comme s'il voulait donner à l'un d'entre eux l'opportunité de trouver la réponse adéquate. Mais personne broncha. Jusqu'à ce qu'enfin Élias Buqtur, son interprète, ne se décide à dire du bout des lèvres :

– Mon général… Ces hommes sont descendus des montagnes pour la première fois depuis des siècles dans l'unique but de vous parler. Lorsque tout semblait perdu pour les troupes de Kléber, certains d'entre eux aidèrent discrètement les soldats à trouver de l'eau et des aliments. Ce sont des amis. Mais c'est à vous qu'ils désirent s'adresser, seul à seul.

– Et c'est en effet ce que je suis, Élias… seul avec eux.

Buqtur baissa ses brillants yeux noirs, évitant de croiser le regard de Bonaparte.

– Ce que je veux dire, c'est que leurs réponses n'auront d'intérêt que pour vous, et vous seul. Elles n'en ont aucun pour vos supérieurs et la mission qu'ils vous ont confiée, pas plus que pour vos hommes. Ils veulent vous transmettre quelque chose de plus… personnel. Mais, Monsieur, je suis sûr que les sages qui se tiennent devant vous répondront à la question que vous venez de poser… et à d'autres, sans doute nombreuses.

– C'est ce qu'ils t'ont dit ?

Buqtur fit du menton un geste de dénégation désolée.

– En réalité, non. Mais je puis vous assurer que leur volonté de satisfaire votre curiosité est la seule chose qui explique que ces hommes aient tant insisté pour vous rencontrer. D'une certaine manière, ce sont les véritables seigneurs de ces terres. Ils en connaissent tous les secrets.

Bonaparte resta un temps dans une prudente expectative. Il avait certes une conscience instinctive de ne pouvoir conquérir les Terres saintes qu'à la condition d'avoir de puissants alliés parmi les chefs religieux des différentes factions ; mais il craignait aussi qu'on lui fasse perdre des heures précieuses dans ce village.

– Combien de temps serons-nous retenus à Nazareth, Elias ?

Il s'attendait à ce que l'interprète pose à son tour la question, mais il répondit lui-même, sans l'ombre d'une hésitation :

– Cette nuit, tout au plus, mon général.

– Comment peux-tu être si affirmatif ?

– Parce que l'eau et les aliments qu'ils ont préparés ne leur permettraient pas de rester davantage.

La perspicacité de l'interprète surprit Napoléon, et il considéra d'un autre œil la hutte si soigneusement disposée pour cette étrange rencontre.

Plusieurs nattes de roseau couvraient un sol auparavant humidifié pour alourdir la poussière et l'empêcher de voler. Dans un coin, une jarre et une bassine de cuivre, propres, étaient prêtes à être utilisées à tout moment. Une outre emplie d'eau fraîche était posée près d'eux. Toutes les ouvertures avaient été obturées pour les protéger davantage de la chaleur : la lumière du jour ne filtrait qu'à travers des roseaux du toit. Si les Bédouins avaient souhaité que rien ne transpirât de leurs conversations, ils n'auraient pas choisi meilleur endroit.

Le Corse accepta enfin de s'installer en suivant les indications de l'imam Balasan et de ses disciples, assisté par le précieux Buqtur. Il constata aussi qu'il n'y avait aucune arme, ni aucun objet métallique d'aucune sorte : pas le moindre éperon, ni la plus anodine boucle de ceinture. Le repas était frugal, sans excès d'aromates. Juste un gruau de maïs, des fruits, des légumes. Et, ainsi que l'interprète le lui spécifia, une condition de plus à satisfaire : « l'invincible » devait faire preuve d'un esprit ouvert s'il voulait parvenir à assimiler le message que ses hôtes allaient lui livrer. L'un d'eux, suscitant un resplendissant sourire de Buqtur, promit :

– La formule que vous recherchez se révélera par elle-même, si vous suivez ces simples préceptes.

Sur quoi, un second renchérit :

– Mais avant, nous sommes obligés de vous en exposer l'origine. Il est vital que vous sachiez ce qu'il s'est réellement passé pour accomplir pleinement votre destin.

Balasan était toujours muet quand le premier reprit la parole :

– Yeshua resta à Nazareth jusqu'à ses trente ans. Pourtant, si ce qu'il lui arriva ici jusqu'au début de sa vie publique est un mystère pour les croyants, cela ne l'est pas pour nous...

C'est ainsi que commença un récit circonstancié, plein de péripéties, durant lequel les trois hommes exposèrent à Bonaparte les détails de ll'existence de Jésus en Égypte, et son retour à Nazareth. Ils expliquèrent que le séjour de Yeshua dans le Delta avait duré six longues années, pendant lesquelles Joseph et Marie se dépensèrent sans compter pour donner à leur fils la meilleure des formations. Ce récit, dont Balasan prit rapidement les rênes, paraissait leur tenir particulièrement à cœur et, à dire le vrai, excita bientôt la curiosité du « sultan Bounabart ». Cette période de la vie du Messie de Galilée n'était relatée – il le savait– dans aucun texte copte, chrétien ou arabe. Dans le pire des cas, pensa-t-il pendant qu'il écoutait ces révélations, les informations qui lui étaient offertes par les Bédouins pourraient lui être utiles pour séduire les groupuscules chrétiens qui dominaient encore certaines villes d'Égypte et de la route de Jérusalem...

Balasan scruta le regard sévère de Bonaparte, qui n'avait pas perdu un instant l'intensité de son attention… Il savait que ce soldat n'avait pas mis son sabre de côté uniquement pour écouter quelques superstitions locales, aussi décida-t-il d'aller droit au but :

– Ne vous êtes-vous jamais demandé pourquoi Yeshua attendit d'avoir trente ans pour s'abandonner pleinement à sa mission de *conquérant d'âmes* ?

Le Corse, toujours patient, fit « non » de la tête.

– La réponse est aisée, ô sultan de l'Occident. Il attendait simplement d'avoir accompli son *Heb Sed.*

Titipai, le Bédouin à l'aspect plus malingre, crut bon de préciser :

– L'*Heb Sed* ou « fête Sed » était la plus sacrée et la plus importante des fêtes de l'ancienne Égypte. On ne la célébrait que quand Pharaon avait atteint ses trente ans de règne. Elle consistait en une série de rituels secrets, dont il sortait régénéré, et qui prolongeait sa vie. Privilège exclusif des rois, la cérémonie avait une origine divine.

Napoléon sembla plus attentif.

– Le procédé fonctionnait-il ?

Titipai confirma d'un simple battement de cils, et continua son explication :

– Ces cérémonies comprenaient deux parties. D'une part, le pharaon se soumettait, sous les regards de quelques prêtres, à la puissante magie d'Isis. D'autre part, face au peuple et aux représentations diplomatiques des pays voisins, le roi devait démontrer que sa force était restaurée en surmontant plusieurs épreuves physiques, en un lieu spécialement préparé pour la circonstance. Alors seulement, l'efficacité de la magie égyptienne devenait patente aux yeux de tous. Et la présence des dieux aux côtés de Pharaon était incontestable.

– Il y a quelque chose que je ne comprends pas. Si vous dites que ce rite s'appliquait seulement aux rois, pourquoi avoir accepté que le fils d'un charpentier de Nazareth s'y soumette ?

L'objection de Bonaparte fit taire Titipai, qui se tourna vers l'imam Balasan. Celui-ci semblait s'être désintéressé de la conversation. Soudain, d'un geste de la main incroyablement vif, il attrapa une mouche en plein vol. Puis, toujours inexpressif, il la tua entre ses doigts, faisant désagréablement craquer le corps de l'insecte. Enfin, il consentit à répondre, poursuivant lc cours du dialogue :

– Ne jugez pas trop vite, Bounabart. Yeshua fut instruit en terre pharaonique des arcanes de sa magie parce qu'il avait été reconnu comme l'un des fils d'Horus. Yeshua était de sang royal, une essence divine irriguait ses veines.

– Mais Jésus était juif ! Objecta Napoléon.

– Oui, il prétendait d'ailleurs au titre de « roi des juifs ». Mais la question n'est pas là. Yeshua était surtout le fils de Myriam. Or, Myriam appartenait à la tribu de Judas, dernier fils de Léa. Léa avait été cette épouse, répudiée par Jacob, que Dieu Lui-même féconda et qui enfanta de Lui quatre fils. N'avez-vous pas lu votre propre Bible[1] ?

– Et quel rapport entre la lignée de Léa et l'Égypte ?

– Bien plus considérable que vous ne semblez le croire. Moussa, votre Moïse, naquit des descendants de Lévi, le troisième fils de Léa. Et Moïse a été, au moins, un prince d'Égypte. Et sans aucun doute un grand prêtre initié à tous les secrets de la magie. Comprenez-vous maintenant la raison pour laquelle les héritiers du pouvoir ancestral d'Isis ont livré sans hésiter leurs connaissances à Yeshua ? Ils l'avaient immédiatement identifié comme étant de sang divin. Pouvez-vous imaginer l'exaltation de ces anciens sages, en découvrant que Yeshua, comme Jacob ou Lévi avant lui, était né d'une semence divine fécondant le ventre d'une femme, qu'il était le descendant de Moïse ? Comment auraient-ils pu ne pas l'initier aux fêtes Sed ?

– Continuez, je vous prie.

1. *N.D.A.* : *Genèse* XXIX, 31 à 35.

– Bien avant que Yeshua n'arrive en Égypte, les plus importants pharaons s'étaient soumis à la fête Sed. Quelques-uns n'ont pas vécu suffisamment longtemps pour atteindre le jubilé de leurs trente ans de règne. Certains, voyant leur mort approcher, ont anticipé leur cérémonie de régénération, conscients de sa puissante influence magique.

– … Ils ne moururent pas moins !

– Ah, Bounabart ! Le grand secret est là, nulle part ailleurs. Les fêtes Sed peuvent prolonger l'existence, certes… Mais elles ne peuvent conférer l'immortalité. Amenhotep III, père d'Akhenaton, en subit trois ; Ramsès II le Grand vécut neuf de ces cérémonies... Mais finalement tous les deux ont quitté cette vie terrestre.

Napoléon commençait à penser qu'il était en train de perdre son temps avec ces hommes du désert.

– Alors ? À quoi servent-elles ?

– Le but ultime des fêtes Sed est la régénération de l'âme du défunt. Elles le préparent à sa résurrection. Mais, comme vous devez déjà le savoir, pour ressusciter, il faut d'abord mourir…

L'imam n'avait toujours pas jeté la dépouille de la mouche. Il ouvrit la main, le caressa du bout de l'index… et l'insecte, après quelques convulsions désordonnées, se mit à battre des ailes, lentement d'abord puis avec plus de force. Étranger aux spasmes du minuscule animal, Balasan continua :

– C'est pour cela que le corps des rois était si consciencieusement préparé au cours du rituel d'embaumement. Ceux qui connaissaient la magie appliquée à Osiris croyaient qu'en momifiant leurs défunts, ils obtiendraient que, tôt ou tard, leur enveloppe charnelle soit ressuscitée en employant les puissants sortilèges du *Sed*.

L'imam fixa les yeux marron du Corse avant de poursuivre :

– Mais hélas ! sultan Bounabart, cette magie s'est perdue. Officiellement, cette perte irrémédiable se produisit de nombreuses années avant la naissance de Yeshua. Les rituels d'*Heb sed,* qui depuis la nuit des temps servaient à ressusciter les morts, furent oubliés à un moment de notre passé et rapidement plus personne parmi les Égyptiens ne se souvint des rites à effectuer pour que les monarques reviennent du royaume des morts.

– Et alors… pour Jésus ?

Tagar, le troisième des Bédouins, sursauta :

– Comment ? Ne comprenez-vous toujours pas ? Yeshua fut initié à l'*Heb Sed* dès son plus jeune âge. À trente ans, il accomplit le rituel. Après trois ans de prédication, il mourut. Et au matin du troisième jour : *Il est ressuscité des morts*[1]… Quelqu'un, qui n'avait pas perdu le secret de vie, lui appliqua l'ancienne magie des pharaons !

Titipai intervint, se tournant vers Balasan :

– Peut-être que Bounabart comprendrait mieux si nous lui racontions le conte de Djedefhôr…

Les mains noueuses de l'imam traçaient, dans la fine poussière d'argile de la hutte, les contours d'une pyramide. Le vieillard prit un bâton épointé de bois souple, avec lequel il précisa les sommets de son triangle. Il dirigea ensuite son regard, presque transparent, vers Napoléon Bonaparte.

– Oui… Sans doute l'étranger trouvera-t-il la Vérité dans ce conte.

L'imam se racla la gorge et commença, ses propos aussitôt soulignés par la litanie discrète de la traduction de Buqtur :

– Djedefhôr était le fils de Khoufou, le bâtisseur de la Grande Pyramide que vous appelez « Kheops ». Son nom s'écrit *Khnoum koue foui* : « Khnoum me protège ». Un jour, Khoufou réunit ses princes pour qu'ils lui relatent quelques hauts faits de ses ancêtres. Pharaon était friand de ces histoires, mais il était aussi un homme curieux, chose fréquente dans sa famille. Tous accédèrent à la requête du roi... sauf un. L'un de ses fils désobéit à son désir et n'eut recours à aucun fait lointain. Il se nommait Djedefhôr, l'un des fils aînés de

1. Matthieu XXVII, 64.

Pharaon. Lorsque Djedefhôr prit la parole face à son divin père, il parla à Khoufou d'un mage qui le fascinait et qu'il avait connu peu de temps auparavant dans la ville de Dedsnefu, en remontant le fleuve. Le sorcier avait des capacités extraordinaires : il était capable de joindre les extrémités mutilées d'un corps sans être chirurgien, il pouvait domestiquer un lion sauvage sans être chasseur, et le plus important de tout, il connaissait le nombre exact des chambres secrètes du sanctuaire de Djehouti.

– Qui est ce Djehouti ?

La question de Napoléon fit plaisir à Balasan.

– Tes savants appellent ce dieu « Thot », et ils l'ont sûrement vu représenté en de nombreux sanctuaires d'Égypte sous la forme d'un homme à tête d'ibis, avec un très long bec, tenant toujours un calame ou une palette de scribe. Son pouvoir était grand, son influence extraordinaire. Il fut le dieu de la sagesse, celui qui appris aux hommes l'écriture que vous nommez « hiéroglyphes », celui qui leur donna des lois pour gérer leur communauté et qui leur enseigna comment construire des pyramides.

– Je m'en souviens, on me l'a montré en effet. Continuez : Djedefhôr ?

– En écoutant de la bouche de son fils les prodiges dont ce mage était capable, Khoufou lui ordonna de le faire venir à la cour. Pharaon voulait vérifier par lui-même les merveilles dont il se disait capable. Djedefhôr se plia à son désir sans retard et fit mander Djédi, c'est ainsi se nommait le mage. C'était un personnage plus extraordinaire encore que ce que Pharaon imaginait. À cent dix ans, sa forme physique était enviable pour plus d'un jeune homme. Il prétendait pouvoir manger plus de cinq cents pains, et un demi bœuf, chaque jour, arrosant le tout de cent jarres de bière. Mais quand Djédi se prosterna devant Pharaon, celui-ci voulut le mettre à l'épreuve. Il ordonna que soit amené un prisonnier dont le corps serait coupé en morceaux. À charge pour le sorcier, afin de vérifier l'efficacité de sa magie, de reconstituer le malheureux. Mais Djédi, consterné, s'y refusa catégoriquement, considérant que l'humanité était un « illustre troupeau » avec lequel il ne fallait pas jouer. Il demanda, pour réaliser son prodige, une oie à la place d'un homme.

Le Bédouin laissa à Buqtur le temps de terminer la traduction de la dernière phrase avant de poursuivre :

– Devant Khoufou, dans la salle des Jugements, Djédi trancha le cou de l'animal, déposa la tête de l'oie du côté le plus oriental et son corps, inerte, dans le coin le plus occidental. Après avoir laissé se terminer le dernier spasme et vérifié que l'oiseau était bien mort, le mage psalmodia une mystérieuse incantation…

Napoléon s'attendait à ce que l'imam prononçât la formule magique, mais Balasan n'en fit rien. Il se limita à lever les yeux au ciel, fixant le toit de la hutte en agitant ses doigts crispés.

– Au moment précis où il finissait, le corps sans tête de l'oie se leva et traversa, arrogant, la salle des Jugements du coin le plus occidental au coin le plus oriental. Parvenu devant sa tête inanimée, le corps se pencha délicatement vers elle. Le cou remua, puis sauta pour venir adhérer parfaitement à son ancien corps. L'oie était revenue à la vie.

Balasan soupira profondément.

– Djédi réitéra son miracle avec un flamant rose, puis avec un bœuf. Une fois satisfaites les demandes successives de Khoufou, Pharaon finit par lui poser la question qui lui brûlait les lèvres : « Est-il vrai que tu connaisses le nombre des salles secrètes du sanctuaire de Thot ? J'ai besoin de cette réponse pour terminer mon Horizon. »

– « Horizon » ?

– C'est ainsi que les pharaons de ce temps appelaient la pyramide qui abriterait leur repos éternel.

C'est Titipai qui avait répondu tandis que l'imam Balasan remettait à tracer sur le sol le dessin qu'il avait commencé, lui ajoutant des couloirs et des salles comme s'il s'agissait d'un plan. Il reprit la parole, tout en laissant la pointe du bâton courir avec précision sur le sable.

– Djédi secoua alors la tête et répondit : « Non, mon seigneur. Je ne connais pas ce chiffre. Mais je sais où le trouver. » Pharaon se fit pressant mais le mage rétorque : « Ce que vous cherchez est enfermé depuis des siècles dans un coffre de pierre, à l'intérieur de l'Inventaire, dans le temple sacré d'Héliopolis. Seul l'héritier d'une dynastie royale descendante directe de Rê pourra l'ouvrir. Et celui qui aura ce privilège n'est pas encore né. »

Napoléon retint son souffle. Le vieil imam, sans cesser d'ajouter des détails à son dessin de sable, parvenait au point d'orgue de son récit :

– Djédi apprit à Pharaon que Ruddeddet, l'épouse d'un prêtre du temple d'Héliopolis, était une descendante directe d'Isis, et que cette femme donnerait naissance à la lignée dont serait issu celui qui accéderait au coffre et à tous ses secrets.

– Ce grand coffre existe donc bien ?

Balasan eut un geste d'humeur.

– Grand ou petit, quelle importance !

– Pardon, continuez...

– Selon Djédi, Thot déposa son secret « dans le sanctuaire de l'oiseau Phénix », autrement dit le temple d'Héliopolis, pour qu'il protège les arcanes de la magie d'Isis et d'Osiris.

Mais le Corse l'interrompit :

– Puis-je croire à cette histoire ?

– Vous devez la croire, car la prophétie de Djédi était juste. Le fils de Rê, dont tous espéraient qu'il ouvrirait le coffre, n'était pas le prince héritier de Kheops. Ni son petit-fils. Pas plus que le petit-fils de son petit-fils. Les prêtres durent attendre des siècles pour qu'un lointain parent de ces dynasties réapparût sur leurs terres et fût reconnu comme l'Initié : il avait à peine six ans, ses parents avaient fui en Égypte... Il s'appelait Yeshua.

Ce fut au tour de Napoléon d'avoir un geste d'humeur.

– Ah... Supposons que tout ceci soit tel que vous le dites. Que l'histoire sainte en laquelle toute l'Europe croit soit basée sur une interprétation erronée de la vie de Jésus ...

Napoléon regarda Élias Buqtur avant de terminer sa

phrase. Il était surpris que le copte, en dépit de ces affirmations si lourdes de conséquences sur « ce » Jésus auquel il croyait aussi, ne paraisse pas particulièrement ému.

– Cela est sans doute vrai, mais ce que je n'arrive pas à comprendre, c'est pourquoi vous avez décidé de me révéler tout cela, à moi justement. Je suis un militaire, pas un religieux.

– Les signes vous ont désigné, Bounabart... C'est ainsi.

– Les signes ? Mais quels signes ?

L'imam se leva, laissant ses pieds nus s'aventurer dans la poussière autour des nattes. Même s'il n'était pas très grand, ses quelques empans au-dessus de la tête du Corse, son port majestueux impressionnaient.

– Tous les signes, sultan de l'Occident ! Même si vous ne pouvez encore tous les voir, certains sont évidents, même pour vous... Ainsi, exactement comme pour Osiris et Yeshua, l'apparition d'une étoile dans le ciel, que vous nommez « comète », a précédé votre naissance. Vous êtes arrivé sur cette Terre sainte qui a vu les pas d'Osiris et de Yeshua, alors même que vous allez fêter vos trente ans. C'est-à-dire à l'âge auquel vous êtes prêt à recevoir votre propre initiation *Sed*. Enfin, si cela n'était pas suffisant, vous venez d'un pays où la dernière pyramide de Thot a été construite. Le dernier sanctuaire édifié pour le *Heb Sed*.

– Mais…

Les protestations de Napoléon moururent dans sa gorge. En effet, l'octidi 28, IIIe décade de Thermidor, an VII... enfin, le 15 août 1799, il allait avoir trente ans. Si un jour il parvenait au pouvoir, il se débarrasserait de ce calendrier révolutionnaire si compliqué... L'histoire de la comète aussi était vraie... Comment un Bédouin descendu de sa montagne pouvait savoir des choses si précises sur le général des troupes françaises ? Comment ces modestes nomades du désert pouvaient-ils avoir des espions si bien renseignés ? Enfin, que signifiait cette histoire de la dernière pyramide ? En France ? Où diable avait-il entendu cela ? « L'invincible » secoua la tête, comme pour chasser ses pensées. Balasan se pencha vers lui, lui glissant à l'oreille :

– Vous devez apprendre à vider votre esprit, Bounabart. Vos propres doutes vous conduiront sinon à l'échec. Nous ne sommes venus à votre rencontre que pour vous rappeler que, si vous voulez dominer l'Égypte, vous devez célébrer votre fête Sed personnelle. Notre mission est de vous instruire des quelques principes de base qui vous permettront de réussir votre propre rituel.

– Rituel ? Quel rituel ? N'en serez-vous pas les officiants ?

L'imam confirma de la tête.

– Et où aura-t-il lieu ? Quand ?

– Trois jours avant votre trentième anniversaire ; à Gizeh, au cœur même de la Grande Pyramide de Khoufou.

Un frisson parcourut Napoléon.

– Mais je ne sais rien de votre cérémonial ! Je n'ai aucune idée de ce qu'il faudra que je fasse !

Titipai lâcha d'une voix tranchante :

– C'est très simple : vous poserez votre cœur sur la balance de Maât, la déesse de la Justice, et vous lui demanderez l'autorisation de vous soumettre au *Sed.*

– Je ne sais absolument pas comment parvenir à faire une chose pareille !

Le troisième Bédouin extirpa, des plis de sa *galabieh*, un flacon de cristal sombre, qui semblait contenir un épais liquide. La fiole était bouchée par un tissu safran, censé empêcher que l'étrange arôme acide ne se répandît. Imparfaitement, car la fragrance piquante commençait à emplir la hutte.

– Buvez... Cela vous aidera à passer ce moment.

Napoléon considéra le flacon d'un œil méfiant. L'idée de boire une substance louche offerte par des inconnus n'avait rien de conforme aux usages auxquels devait se conformer un chef d'armée en pays ennemi. Cela pouvait être un poison, une potion incapacitante, n'importe quoi servant ses adversaires... Mais, contre toute attente, Napoléon chassa le doute de son esprit, s'empara de la fiole, ôta le bouchon de tissu et porta le goulot à ses lèvres... Après tout, qu'avait-il à perdre ? La vie éternelle ?

Buqtur, à ses côtés, sourit en regardant Balasan. Un sourire plus énigmatique que jamais.

CHAPITRE XII

Louksor,
1 Rabi, an 1214 après l'hégire
(3 août 1799)

Très tôt ce matin-là, Omar Ben Abiff poussa une porte ornée de moulures en stuc blanc, celle de la mosquée d'Abou al-Haggag. Il était sale, les traits tirés, et posa comme un automate ses sandales sur l'étagère supérieure du meuble de bois près de l'entrée. Machinalement, il remercia Allah de lui permettre de pénétrer dans un refuge si particulier. Al-Haggag était singulière au sens où elle était l'unique mosquée de toute l'Égypte à avoir été construite à l'intérieur même d'une ancienne église d'infidèles, tout en respectant la structure originelle du premier lieu de culte. Un seul autre édifice dans le monde pouvait lui être comparé : la cathédrale de Cordoue qui vint s'enchâsser dans l'ancienne grande mosquée omeyyade après la chute de l'al-Andalous en 1492. Mais à dire vrai, Omar n'eut pas ce matin-là la moindre pensée pour Cordoue, pas plus qu'il n'accorda quelque attention que ce soit aux deux colosses fièrement dressés à une dizaine de mètres du minaret de briques nues qu'il avait contournés après avoir fait le tour, par l'est, du temple de Louksor... Au moment où il entrait dans la maison d'Allah, le Nubien n'avait, de sa vie, jamais éprouvé un sentiment de défaite aussi humiliant. Le fait qu'il dut ce désespoir à une femme ne faisait qu'envenimer son ressentiment.

Par chance pour lui, la mosquée était pratiquement déserte à cette heure matinale. La canicule n'avait pas encore poussé les habitués à venir chercher le frais sous les marbres d'al-Haggag. L'orgueilleux Ben Abiff aurait difficilement supporté que l'un des fidèles le vît en tel appareil, hirsute et négligé, courant à l'intérieur de la mosquée la plus sacrée de la ville. Abattu, les joues creuses encadrant son regard désemparé, il ne se rendit pas compte que Youssef, le vieil imam responsable de l'enceinte, avançait droit sur lui en traversant la salle des prières. Parvenu à sa hauteur, il chuchota à l'oreille du pilleur de tombes :

– Mon fils... Enfin tu es de retour ! Tu es resté dehors toute la nuit sans donner signe de vie. As-tu pu apprendre quelque chose ?

Omar essaya de s'écarter de Youssef, d'éviter ses questions. En vain. Pourtant, cette longue nuit était venue à bout de ses désirs de conversation. Mais, quand il vit à quel point la préoccupation se lisait sur le visage de son protecteur, il se sentit dans l'obligation de lui répondre :

– Je suis désolé, vraiment... Je n'ai pas pu la retrouver, pas encore. À croire que la terre elle-même l'a avalée.

– Avalée par la terre ? Où donc pourrait se réfugier une créature aussi sotte et aussi fragile ?

– Je n'en sais rien...

Le vieil imam ne put retenir un geste d'impatience.

– Tu n'en sais rien ? Mais, par le Prophète, te rends-tu compte de ce que tu as fait, Omar ? Tu as laissé s'échapper Nadia Ben Rashid ! Ce n'est pas n'importe laquelle de tes petites catins, c'est Nadia Ben Rashid !

Le reproche sans détour de Youssef fut comme un coup de massue qui acheva de lui couper les jambes. Ivre de haschisch et de sang, il avait relâché son attention cette nuit... Assez pour que sa maîtresse, la jolie danseuse, lui échappât comme une anguille. Cela faisait des heures maintenant qu'il la cherchait partout. Il était certain qu'elle s'était réfigiée quelque part du côté est de Louksor : la nuit, le temple antique offrait de nombreux endroits où se cacher. Mais à cette heure, il n'en était plus si sûr. Ni lui, ni aucun de ses sicaires, aussi saouls que lui et paralysés par le sort que leur maître avait réservé au jeune Salaj, n'avait été capable d'explorer ces recoins assez soigneusement pour retrouver la fugitive. Youssef, considérant l'impuissance qui se lisait dans le regard décomposé de son disciple, tenta de l'aider afin d'alléger la déception qui l'accablait.

– As-tu fouillé dans le temple de Millions d'Années ?

La question du vieillard fit sursauter Omar.

– La tombe d'Amenhotep ? Mais c'est sur le côté occidental du fleuve ! Bien sûr que nous n'avons pas cherché de ce côté ! Comment veux-tu qu'elle traverse le Nil en pleine nuit sans que personne ne s'en aperçoive ? À la nage ?

– Le doute est permis, je le reconnais... Mais le jour même où les Français ouvrent cette tombe, la cadette des Ben Rashid nous file sous le nez. Étrange coïncidence, non ?

Et il ajouta, soupçonneux :

– Et il me semble que cette coïncidence n'aurait pas dû t'échapper, mon fils, à toi moins qu'à nul autre...

Omar se retint de cracher sur les dalles du lieu saint, mais le rictus qui déforma ses lèvres aurait fait frémir n'importe qui. Il jeta un coup d'œil autour de lui, s'assurant que personne ne les observait, puis passa un bras sur les épaules de l'imam, geste qui aurait pu être anodin, mais dont le poids, cette fois, était lourd de menaces...

– Écoute-moi attentivement, Youssef... Je suis fatigué de cette traque qui a duré toute la nuit, irrité de mon échec et affamé par plusieurs heures de jeûne. Pourquoi ne m'invites-tu pas à manger quelque chose pendant que nous parlons, hum ?

Youssef fronça le nez, puis accepta avec empressement. Il savait Omar capable d'accès de violence incontrôlée. Il convenait de ne pas les attiser. Et puis sa naissance permettait qu'il sache. Enfin, l'imam s'était rendu compte par lui-même que la salle de prières de la mosquée, même à cette heure, n'était pas le meilleur endroit pour évoquer de tels sujets. Il entraîna Omar par le bras vers ses appartements et, le temps de donner ses ordres, installa son invité le plus agréablement possible sur une terrasse d'où l'on pouvait admirer la silhouette caractéristique de la montagne de Thèbes. Depuis ce large balcon de torchis, Omar jouissait d'une vue sans équivalent sur la colline sacrée des Anciens, de l'autre côté d'un fleuve majestueux qui semblait se dérouler à ses pieds. Youssef ne tarda pas à revenir, entraînant une cohorte de gamines portant des plats odorants, dont un mélange de viande hachée, d'oignons et de blé moulu qui libérait un savoureux fumet dans l'air frais du matin. Après les avoir servis, quelques-unes de ces esclaves nubiles restèrent pour agiter l'épaisse couverture d'alfa servant à la fois à abriter les convives du soleil qui pointait, et a chasser les mouches qui déjà s'empressaient autour des mets dans la miraculeuse brise du matin...

– Puisque te voilà dans ma modeste demeure, Omar, j'aimerais offrir à ton regard quelque chose que peu d'hommes ont eu le privilège de contempler. Sur toutes les terres conquises par Mahomet, il n'en existe que deux exemplaires.

Omar ne répondit pas, continuant de mastiquer sa première bouchée de viande et de pain. Mais son regard ne put cacher qu'il était intrigué. Le vieillard avait sorti, de sous l'un des coussins de couleur qui jonchaient la natte, un livre de grand format, dont la reliure de cuir, fort abîmée, tenait avec de la ficelle. L'ouvrage n'était guère épais, comptant tout au plus soixante ou soixante-dix pages, et sentait désagréablement le moisi. Youssef baisa cet incunable avec dévotion, comme s'il s'agissait d'un coran de la main même du Prophète, et le tendit à son invité par-dessus la table basse. Son sourire radieux dévoilait sa dentition ébréchée.

– C'est un antique traité d'alchimie. Tu sais ce qu'est l'alchimie, n'est-ce pas ?

– Oui, Youssef, la science de l'Égypte[1].

---

1. *N.D.A.* : Le mot espagnol *alquimia,* comme le mot français *alchimie,* fut emprunté vers le XIIIe siècle à l'arabe *al kimiyã',* qui désignait la pierre philosophale, et donna en grec tardif *khêmia,* et en copte *chame,* désignant dans l'une et l'autre langue à la fois « noir » et « magie noire » et, par extension, les Égyptiens eux-mêmes, réputés grands magiciens. Les linguistes supposent que ce « noir » fait aussi référence à la couleur des limons que le Nil dépose à chaque crue, base de la richesse du pays. Ainsi donc *l'alchimie*, « l'œuvre au noir », peut se traduire par « l'Égyptienne » ou « la science de l'Égypte ».

– Bien. Dans ce cas, tu apprécieras sans doute la valeur de ce que tu tiens entre les mains. Il est peu probable que cet ouvrage inestimable te conduise à un trésor ni même à quelque antiquité que tu ne connaisses déjà, ou que tu n'aies pas déjà... hum, « empruntée », mais il dissipera quelques-uns de tes doutes parmi les plus humains…

– Je ne comprends pas. De quoi parles-tu ?

Omar, superstitieux, caressait la reliure de vieux cuir sans oser l'ouvrir.

– Ce que tes doigts incrédules caressent fut écrit il y a plus de mille ans, par un sage nommé Jâbir ibn Hayyân, plus connu sous le surnom de Soufi. Il intitula son œuvre *Le Livre des balances*. Il y raconte une partie des nombreux secrets de la science des anciens, auxquels il eut accès à Bagdad alors qu'il était au service du calife Haroun al-Rashid.

En entendant le nom d'Haroun al-Rashid, le Nubien crut que le livre lui brûlait les doigts. Il resta sans voix en songeant à Bagdad, « la splendeur des croyants », et à l'homme qui avait inspiré à la belle Shéhérazade les *Contes des mille et une nuits*. Youssef poursuivait sans prendre garde à l'émoi d'Omar :

– Jâbir ibn Hayyân, s'il vécut près d'un siècle, sut gagner très jeune la confiance de son seigneur Haroun al-Rashid. Il fut aussi le précepteur du successeur du calife, Jafar al-Sadiq. Mais ce n'est qu'au sultan Abdallah al-Mamoun, troisième dans l'ordre de succession, qu'il révéla les secrets appris du calife Haroun. Le vénérable alchimiste avait alors près de quatre-vingt-douze ans.

Omar, agacé par les précautions oratoires du vieillard, ironisa :

– Peut-on savoir de quels secrets formidables il s'agit ? La formule pour fabriquer de l'or, sans doute ?

– Tu aurais aujourd'hui du mal à le croire, mais tu n'en es pas si éloigné... Sache, ô impatient Omar, que Jâbir ibn Hayyân fut le premier homme au monde à fabriquer de l'acier, qu'il dessina le premier alambic connu, qu'il inventa l'eau-forte et qu'il découvrit le chlorure d'ammonium. Mais ses plus grands secrets, ceux qu'Haroun al-Rashid lui avait offerts, sont précisément ceux qu'il décida de dissimuler dans les pages de ce livre. Des secrets qui, oui, avaient à voir avec la pierre philosophale... et avec l'immortalité.

– Alors, il n'y a ici aucun mystère : seul Allah est éternel !

– Non !

– Youssef ! Tu parles comme un infidèle !

– Je… je veux dire : « peut-être que non ». En tout cas, selon ce que le calife Haroun al-Rashid révéla à Jâbir ibn Hayyân, il y eut aussi des hommes extraordinairement vieux qui parvinrent à des âges plus que respectables grâce à ces élixirs dont al-Rashid avait le secret. Le fait est que, ainsi que le sage Jâbir le reconnut, toutes les connaissances alchimiques relatives à la longévité provenaient d'un autre livre, œuvre des antiques dieux égyptiens, qui aurait été emmuré dans la Grande Pyramide. Et c'est un fait que le sultan Abdallah al-Mamoun dut prendre au pied de la lettre ce que le vieil alchimiste lui avait révélé à ce sujet : en l'an 204[1], il fit le voyage vers Le Caire et Gizeh, et envoya ses meilleurs architectes fouiller la Grande Pyramide. Ils avaient pour mission de découvrir la chambre où le puissant livre était enfermé.

– Et ils le trouvèrent ?

– Eh bien... Non. Et ce n'est pas faute d'y avoir travaillé durant de longs mois, mais en pure perte... La structure extérieure du monument était alors lisse comme un œuf, aussi infranchissable que s'il s'était agi d'un seul et unique bloc de roche. Le puissant sultan décida alors de chauffer à blanc les pierres externes, et fit allumer dans ce but de formidables bûchers. Lorsque celles-ci devenaient ardentes, il les faisait arroser de vinaigre froid, afin qu'elles se lézardent. Une fois cet obstacle franchi, il ordonna que l'on creuse une galerie horizontale dans la masse. Au bout de ce tunnel qui éventrait

1. L'an 840 du calendrier grégorien.

l'édifice, les ouvriers du sultan finirent par tomber sur le réseau des passages secrets de la pyramide. Mais, en dépit de leur succès, le sultan ne trouva rien... Ni le livre, ni les trésors que l'on supposait y être cachés.

Entendant le mot « trésor », la vénalité d'Omar lui fit lever un sourcil. Mais il garda toutefois le silence, laissant le vieillard continuer son discours :

– Abdallah al-Mamoun se sentit clairement abusé par le vieux Jâbir, qui avait choisi ce moment précis pour mourir, alors qu'âgé de plus d'un siècle, il paraissait pouvoir enterrer tout le monde. Le sultan se jura à lui-même qu'il surveillerait, avec ses fidèles, tous les descendants d'Haroun al-Rashid jusqu'à ce que l'un d'eux finisse par révéler où, dans la pyramide, se trouvait la chambre contenant *Le Livre de la science de la vie*.

Soudain, le nom du calife de Bagdad résonna d'une étrange façon aux oreilles d'Omar.

– Haroun al-Rashid... Mais... Nadia Ben Rashid ! Est-ce l'une de ses descendantes que j'ai laissée s'échapper ?

– En effet, Omar, tu l'as dit toi-même... Tu as ainsi manqué à un devoir sacré instauré depuis plus de mille ans par le sultan Abdallah al-Mamoun. Avec cette femme, nous avons peut-être raté notre meilleure opportunité depuis des siècles d'accéder aux secrets de sa famille, de découvrir ce lieu où le véritable *Livre de la science de la vie* est caché, encore aujourd'hui... Je veux parler du vrai livre, pas de ce succédané que je conserve précieusement.

Le Nubien posa ses lèvres sur le cuir racorni de l'incunable, pieusement, et le rendit à Youssef, le tenant du bout des doigts comme s'il ne méritait pas de toucher cette relique. Il parvint à dire, amer :

– Je ne suis guère digne d'en savoir plus.

Un instant, la pitié traversa le regard du vieil homme.

– Omar… Je ne t'ai pas montré ce livre, ni même raconté cette histoire pour remuer le fer dans la plaie. Si nous restons, nous autres chiites, attentifs à toute découverte qui pourrait annoncer la récupération du *Livre de la science de la vie*, c'est parce que nous sommes sûrs que le douzième imam de notre famille, al-Muntazar, vit grâce à lui, caché quelque part dans le monde, et que bientôt il reviendra pour hisser au plus haut la parole du Prophète.

– Qu'Allah t'entende !

– Ce que nous ignorons, c'est d'où il viendra et sous quelle forme il apparaîtra.

– « Sous quelle forme » ? Que veux-tu dire ?

– La possibilité qu'il ne se présente nullement comme le saint, notre saint, existe réellement. Il viendra peut-être d'un pays qui ne connaît pas le Coran. Il est peut-être un étranger, un infidèle qui a perdu la mémoire de sa mission sacrée.

Omar avala d'une seule lampée la jarre d'eau fraîche qu'on lui présentait pour arroser son repas épicé, comme si cela pouvait effacer de son esprit la disparition de Nadia, et les remords qu'elle suscitait. Avant même qu'il ne réussisse à saisir toute la dimension de ce que Youssef venait de lui révéler, le vieil homme sortit de ses coussins un autre document, une simple feuille tout à fait ordinaire sur laquelle des caractères arabes étaient très maladroitement tracés aux côtés de mots français. Le Nubien lut sans difficulté :

« *Peuple de l'Égypte, on dira que je viens pour détruire votre religion ; ne le croyez pas ! répondez que je viens vous restituer vos droits, punir les usurpateurs, et que je respecte, plus que les Mameluks, Dieu, Son prophète et l'Alcoran. Dites-leur que tous les hommes sont égaux devant Dieu ; la sagesse, les talents et les vertus mettent seuls la différence entre eux.* »[1]

La proclamation, faisant également état de considérations d'ordre militaire, était signée au Caire par Napoléon Bonaparte et, selon Youssef, elle avait été distribuée et lue par ses troupes dans tous les quartiers et villages de Louksor et de ses alentours.

1. *N.D.T.* : Extrait d'une proclamation du 14 Messidor, an VI (2 juillet 1798).

– Et bien quoi ? De la propagande...

Youssef plissa les yeux, comme si chacun de ses mots était une prière.

– Non, Omar, c'est un signe. Allah nous adresse un message pour nous mener sur le chemin de la foi, pour que nous portions attention au retour prochain de l'imam.

– Par le Prophète, qu'es-tu en train d'insinuer ? Ce damné Napoléon, ce chien d'infidèle, serait le saint que nous appelons de nos vœux !?

– Et pourquoi pas ? Réfléchis, mon fils : n'est-ce pas lui qui nous a libérés de la domination du sultan de Constantinople et qui a promis de restaurer notre souveraineté ?

– Mais, par Allah, c'est un incroyant ! Il ne sait rien de l'alchimie ! Son pays, sa foi, son objectif sont à cent coudées de nos traditions les plus élémentaires ! Et al-Muntazar a disparu, il y a neuf cents ans de cela : qui donc pourra interpréter ses prophéties ?

– Laisse-moi t'expliquer quelque chose que tu ignores, Omar.

Youssef entassa les uns sur les autres les plats à moitié vides qui encombraient la table basse. Du plat de la main, il fit place nette pour poser à nouveau devant Omar l'exemplaire défraîchi du *Livre des balances*. Le volume, bien que fin, fit quand il le posa le bruit du plomb sur le bois, soulevant un imperceptible nuage de poussière. Alors seulement, Youssef continua :

– Lorsque les Romains, qui venaient après les Grecs, envahirent l'Égypte et conquirent cette ville, ils emportèrent de nombreux volumes comme celui-ci, tirés de la bibliothèque d'Alexandrie. En ces temps d'avant la naissance du Prophète, les livres dérobés furent traduits en plusieurs langues impies et gardés dans des lieux peu accessibles pour les non-initiés. Seuls les plus sages parmi les sages de Rome, et plus tard ceux d'autres provinces de l'Empire, accédèrent à la sagesse qu'ils délivraient... et la comprirent. Avec le temps, certains de ces textes, directement inspirés du *Livre de la science de la vie*, celui de la Grande Pyramide, furent étudiés dans ce pays dont Napoléon est issu, la Gaule romaine que l'on appelle aujourd'hui « la France ».

– Et alors ?

– Alors, les descendants d'Haroun al-Rashid, aux premiers siècles de l'ère du Prophète, ont exploré toute la Grèce à la recherche de ces textes et, au-delà, voyagèrent dans toute la Méditerranée, suivant la trace des fragments dispersés de ce savoir millénaire. Ils en trouvèrent quelques-uns dans la bibliothèque de la basilique Sainte-Sophie à Constantinople ou dans celle d'un certain monastère orthodoxe du mont Athos, ou encore dans d'autres retraites similaires. Lorsqu'ils apprirent qu'en France, certains alchimistes travaillaient, même maladroitement, sur des concepts qui ne pouvaient provenir que du *Livre de la science de la vie,* ils s'y rendirent immédiatement.

Omar ne quittait pas l'ouvrage des yeux même si, pas plus que la fois précédente, il n'avait osé l'ouvrir. Dans le même temps, il ne perdait pas une miette des explications du vieil imam :

– Ce que je veux dire, c'est que les Ben Rashid avaient bel et bien localisé ces apprentis alchimistes et qu'ils surveillaient leurs progrès. Finalement, ils instruisirent soigneusement les plus doués, laissant dans leur sillage, en France, des initiés en alchimie, héritiers directs des sciences de l'ancienne Égypte. Et ceux-ci réussirent à susciter, en retour, de l'intérêt pour cette science de ce côté-ci de la Méditerranée. Ils ont même construit dans leur pays de petites pyramides afin de reproduire en leur sein les rites de l'immortalité, parvenant même à ce que certains de leurs adeptes approchent de la vie éternelle.

– Des immortels ? Parmi les infidèles ?

Il semblait qu'Omar ne pouvait parvenir à en admettre plus... Mais l'imam enfonça le clou :

– Et pourquoi pas ? Ne te souviens-tu pas du lieu où, pour la dernière fois en terre d'Islam, on a entendu parler de l'un de ces alchimistes ?

Youssef, ayant entrepris de se curer les dents, attendit patiemment la réponse. Il était certain qu'Omar connaissait aussi bien que lui cette histoire à laquelle il faisait référence. N'était-il pas le fils d'une très ancienne lignée d'architectes qui avait un rapport direct avec toute cette affaire ? La lumière tarda à se faire, mais elle vint enfin envahir la mémoire du pilleur de tombes.

– À Grenade ! Par Allah tout-puissant : à Grenade aux temps d'al-Andalous !

L'imam sourit, découvrant à nouveau ses dents gâtées.

– Fort bien. Et de quoi te souviens-tu ?

– Eh bien, c'est... Rien d'autre qu'une vieille histoire de famille qui se racontait de génération en génération. Je ne la connais que vaguement.

– Peu importe, raconte-la-moi.

– Vers la deux centième année après l'hégire, arriva à la cour nasride de Grenade un vieillard. Il prétendait vivre depuis l'époque du Prophète, et disait même l'avoir connu personnellement. Il se présenta comme étant astrologue et alchimiste. Le sultan al-Hakam, premier du nom, voulut le loger à l'Alhambra mais le vieil homme refusa l'hospitalité et s'installa dans une grotte, demandant juste une lunette assez puissante pour pouvoir observer le mouvement des astres.

– Ton histoire dit-elle d'où venait ce vieillard ?

– Certainement : il venait d'Égypte. Il se prénommait Ibrahim, et il conta au sultan de Grenade qu'il avait découvert, dans la Grande Pyramide, le secret pour prolonger la vie. Il y avait étudié, à ses dires, le livre qu'Allah Lui-même avait offert à Adam. Un livre dont hérita Salomon et qui, d'une façon ou d'une autre, parvint aux mains des antiques Égyptiens.

Omar marqua une courte pause. Le souvenir de ce récit que sa mère lui faisait bien des années auparavant, et qu'il croyait oublié, surgissait maintenant dans sa mémoire, comme un écho lointain. L'imam se rendit compte de son hésitation.

– Cela n'est pas si loin de toi, n'est-ce pas, Omar ?

– Eh bien... non. Mon nom est apparenté à Hiram Abiff, l'architecte qui construisit sur l'ordre de Salomon le Temple de Yahvé à Jérusalem, sur le mont Moriah. Il est probable que mon ancêtre eut accès à ce *Livre de la science de la vie.*

– Cher Omar, vois-tu finalement où je veux en arriver avec tout cela ?

Le Nubien, surpris par la vivacité d'esprit du vieil imam d'al-Haggag, fit « non » de la tête.

– Mon fils, de Grenade ou de Cordoue, sont issus les savoirs alchimiques qui ont transformé l'Europe durant les siècles suivants, faisant de ces pays ce qu'ils sont aujourd'hui. Ceux qui ont eu accès à ce savoir réalisèrent des prouesses aussi spectaculaires que la transformation des métaux, la maîtrise des forces occultes de la nature... voire la longévité.

– Eux aussi ?

– N'as-tu jamais entendu parler de l'alchimiste Nicolas Flamel, à qui l'on attribua plus de deux cents ans d'âge ? Sa dépouille mortelle ne fut jamais retrouvée. J'ai moi-même entendu, de la bouche de l'un des généraux de Bonaparte, mentionner un certain comte de Saint-Germain. Il était réputé, lui aussi, immortel... Eh bien, l'un et l'autre, Omar, sont nés en France. Ce livre devant toi, que tu n'oses ouvrir depuis que je te l'ai tendu, explique une partie de ces secrets.

– Et pourquoi me le montrer, à moi ?

– Tu l'as dit toi-même : parce que tu es un Ben Abiff et que tu as le droit de savoir ce que surent tes ancêtres.

– Je suis juste un... commerçant d'antiquités. Ni un mage, ni un sage.

Et il ajouta, renfrogné :

– De plus, je viens juste de laisser échapper l'héritière des Rashid.

– Raison de plus, Omar ! Puisque Nadia nous manque, il nous faut arriver au *Livre de la science de la vie* par d'autres détours.

– Qu'entends-tu par « autres détours » ?

– *Le Livre des balances* est un écho obscur des rituels de

longévité pratiqués par les antiques Égyptiens. L'un des pharaons qui, après Ramsès II, vécut le plus grand nombre de ces cérémonies est celui dont les Français explorent, en ce moment même, la tombe.

– Amenhotep !

– Amenhotep le troisième, si fait ! Ce pharaon cacha dans sa tombe les indications rituelles nécessaires pour récupérer la formule qui lui a permis de prolonger son existence Il te faut étudier ce traité et répéter le rituel. Peut-être même que la vérité nous sera révélée sans recourir à aucun Ben Rashid.

– Sans l'apport de Nadia ?

– Évidemment. Maintenant, tu peux ouvrir le livre…

CHAPITRE XIII

Le vieux Caire,
29 Abib, an 1515 de l'ère des Martyrs
(3 août 1799)

La fumée était noire comme une colonne d'obsidienne, si compacte qu'elle en paraissait solide.

– Hâtez-vous, Votre Sainteté. C'est ici. Près de l'église Saint-Michel.

Devant l'évidente direction que la fumée noirâtre indiquait, les précisions de Théodore, le fidèle administrateur apostolique de Marc VIII, étaient parfaitement dénuées de sens, comme si en réalité le diacre ne parlait que pour occuper son esprit. Mais l'inutilité de ces quelques mots, loin de tranquilliser le Souverain Pontife, l'alarma plus encore.

Quand frère Théodore était venu interrompre sa lecture, pénétrant comme un forcené dans ses appartements, son regard était aussi désemparé que ses mots étaient incohérents. La chose était grave, à l'évidence. Il avait tout perdu de son habituelle rigueur, laquelle ne lui valait pas que des sympathies au sein du cercle étroit des assistants du patriarche. Il se confirma après ces événements que jamais personne ne l'avait vu paniquer de la sorte, au point que sur le moment tous eurent pitié de l'aliénation passagère qui avait gagné le vicaire.

Il parvint enfin à s'expliquer : près de l'église Saint-Michel, de l'autre côté des jardins qui entouraient la synagogue Ben Ezra, une fumée noire et épaisse montait entre les toits. Un incendie !

Quand il parvint près des lieux du sinistre, le patriarche en personne se sentit pris de vertige. Une foule désordonnée de moines couverts de cendres acheminait au petit bonheur toutes sortes de récipients emplis de l'eau tirée d'une canalisation, derrière le temple. Non loin de là, regroupées sous les dattiers, des femmes inconsolables se lamentaient, recouvertes de l'habituel foulard noir des musulmanes, le *melaya*.

En plus du drame que constituait l'incendie lui-même, tous savaient que la patrouille française qui contrôlait le secteur ouest de la ville ne tarderait pas, et qu'elle ne quitterait pas les lieux avant d'avoir éclairci les faits. Les Français, craignant à juste titre que Le Caire ne se soulève contre eux, avaient été très clairs : ils ne toléreraient aucune émeute.

Marc VIII pressa le pas, laissant sur sa droite le petit cimetière annexe à la synagogue Ben Ezra, et se fraya un chemin à travers le dernier rang de moinillons affolés. Sur le coup, il ne comprit pas la cause d'une telle alarme : une petite construction de deux étages, couverte d'un toit ordinaire de feuilles de palmes, brûlait avec force flammes, assombrissant d'une fumée âcre ce tiède matin du Caire.

C'est alors, consterné, qu'il reconnut le modeste bâtiment : c'était la bibliothèque du diocèse. Le Saint-Père n'en crut pas ses yeux. Ne pouvant les détacher du brasier, il répéta à l'envi, à la limite du blasphème :

–Dieu ne veut pas cela. Il ne peut pas le vouloir...

Mais rapidement, il se rendit à l'évidence : près de cinq siècles de travail patient partaient en fumée sous son regard incrédule. Quelques minutes encore, et il n'en resterait plus rien.

Au pied de la construction, un groupe d'hommes s'efforçait de contenir les murs inférieurs, retardant de quelques instants l'inévitable effondrement. Ils avaient transporté des troncs de palmier dont ils avaient étayé les murs porteurs, mais ceux-ci gonflaient sous l'action de la chaleur et ne tarderaient pas à casser, emportant leurs dérisoires étais. L'un de ces ouvriers, voyant arriver le cortège du patriarche à travers le nuage de fumée délétère et la pluie d'étincelles, abandonna son poste pour se rapprocher d'eux. Le crâne rasé, il était maculé d'une suie noire et gesticulait à l'adresse du souverain pontife comme s'il s'agissait d'une vieille connaissance.

– Frère Takla ? Dieu miséricordieux, est-ce bien toi ?

Le visage juvénile de l'assistant de Cyril de Bologne, fit une forte impression à Sa Sainteté tant il était méconnaissable : couvert de cendres noirâtres, grasses et mêlées de sueur. Ses yeux rougis donnaient l'impression de vouloir sortir de leur orbite, marqués d'épais cernes noirs, les paupières boursouflées.

– Tu as pleuré, mon fils ?

Takla, épuisé, fit « oui » du menton.

– Et que fais-tu ici ? Je pensais que vous étiez sur le chemin du retour pour Sainte-Catherine.

Le jeune copte tomba à genoux, grelottant, et parut puiser dans le peu de forces qu'il lui restait pour trouver le courage de balbutier quelques mots :

– Saint-Père… Cela a été terrible… Terrible !

– Quoi donc, mon fils ? Que s'est-il passé de terrible ?

Malgré sa vive émotion, le souverain pontife se contraignit à adopter un ton calme et posé qui insuffla un peu d'énergie au novice. Du coin de l'œil, Marc VIII chercha auprès de son cortège quelque explication à l'attitude du jeune moine, mais personne ne cilla. Takla lâcha dans un gémissement :

– Cyril… C'est Cyril.

– Cyril, oui… Le père Cyril ? Je ne comprends pas. Explique-toi, mon fils.

– Il… il est entré dans la bibliothèque… il y a deux heures, et… après… après, eh bien, elle était en flammes...

– Le père Cyril est-il encore à l'intérieur ? Est-ce cela que tu dis ?… Parle !

Le pontife s'obligea à respirer profondément avant de continuer :

– Mon fils, est-ce bien ce que tu dis ?

Takla, en larmes, s'agrippait désespérément à la robe du Saint-Père. Il parvint, entre deux sanglots, à confirmer d'un nouveau signe de tête.

Au même moment, un craquement sinistre fit vibrer l'air surchauffé. Le toit venait de s'effondrer, entraînant les poutres de la charpente, les grilles bleues des fenêtres, les décorations de bois et toute la partie supérieure du bâtiment. Le feu avait pris sous ces palmes centenaires et, en à peine plus d'une demi-heure, la bibliothèque était dévastée et seuls deux des quatre murs étaient encore debout. L'un des frères, qui s'était placé à la tête d'un service de pompiers improvisé, hurlait :

– En avant, frères ! Cela ne pourra pas brûler davantage !

Takla, effrayé par cette vision de l'enfer, cacha son visage entre ses mains. Il ne songea même pas que, dans ce brasier, il avait aussi sans doute les notes originales sur l'Évangile secret de saint Marc, de la main du maître de Bologne. Le cortège, regroupé autour de son patriarche, tentait sans succès de le réconforter. L'un des vénérables, un moine sourd presque chauve, murmura dans sa barbe :

– C'est une terrible tragédie…

Et quelqu'un ajouta :

– Une perte irréparable.

Une heure à peine après le début de l'incendie, les flammes consentirent à s'apaiser. Chacun put alors prendre la mesure de ce qu'elles avaient irrémédiablement réduit en cendres grises et fumantes. Neuf des grands rayonnages surchargés de livres rares et de codex antiques n'existaient plus, ainsi qu'une collection unique d'icônes réunie avec persévérance par les moines d'Abou-Sarga depuis des temps immémoriaux…

Les frères jetaient quelques fonds de jarres sur les braises, pendant qu'un groupe de cinq moines, les pieds enveloppés dans des chiffons humides, commençait à fouiller fébrilement les débris calcinés, en se persuadant de l'éventualité, pourtant improbable, qu'il restait quelque chose à sauver... Takla criait, désespéré :

– Cherchez le corps du frère Cyril ! Il devrait être là !

Des volontaires se jetèrent dans les nuages de cendres, remuant tout ce qui pouvait l'être. De temps en temps, l'un d'entre eux émergeait d'un brouillard de fumée et de poussière, et rendait compte des résultats, toujours infructueux, de sa recherche. Chacun en tira la conclusion évidente : le corps noueux du vieux Cyril de Bologne avait dû flamber comme du bois sec. Ses cendres étaient mêlées à celles des plus précieux incunables de l'église du Caire... Le dernier à sortir des ruines lâcha, en guise d'épitaphe :

– Une fin digne du sage qu'il a été...

Takla protesta, la voix brisée par le désespoir :

– Mais c'est impossible ! Il doit bien rester quelque chose, ne serait-ce qu'un seul os. Cherchez le crâne ! N'importe quoi !

Devant l'insistance tenace de Takla, et l'assentiment plein de compassion du pontife, les moines retournèrent vers les débris qu'ils ratissèrent à nouveau, de leurs doigts quelquefois au risque de se brûler sur une braise encore vive. Bientôt, l'un d'eux leva le bras : il avait repéré quelque chose ! C'était un gros anneau d'argent que tous reconnurent pour être celui du père Cyril. Personne n'espérait plus une telle découverte, et on chercha avec plus d'ardeur à cet endroit. L'anneau avait été trouvé sous une planche cuivrée, dans les restes d'une bible roussie enveloppée d'une toile bleu clair et ouverte à un chapitre difficilement identifiable de l'Évangile de Jean. Les pages, racornies sous l'effet de la chaleur, et l'encre, délavée par l'eau des sauveteurs, rendaient impossible toute lecture. Mais même ainsi, au milieu des coulures et des taches, on reconnaissait encore une admirable enluminure à la feuille d'or, représentant saint Jean l'Évangéliste émergeant d'un apocalyptique brasier. Marc VIII apprécia très modérément l'ironie du hasard.

– Aucune trace de Cyril ?

– Rien, Votre Sainteté. Mais… nous avons trouvé autre chose…

C'est frère Benjamin, le plus âgé des cinq moines, celui qui faisait office de cuisinier, qui avait répondu en s'inclinant devant le pontife. Il cherchait à dissimuler son trouble, ne sachant trop comment le Saint-Père allait recevoir la nouvelle qu'il avait à lui annoncer. Il prit enfin sa décision : le plus judicieux était de s'en débarrasser le plus vite possible...

– À l'intérieur de l'édifice, inscrit sur l'un des deux murs encore debout, nous sommes tombés sur un… texte, votre Sainteté…

– Un texte ?

– Il a dû être rédigé peu de temps avant l'incendie.

Marc blêmit.

– Peu de temps ? Pourquoi cela ?

– Eh bien à en juger par son emplacement, bien visible… Aucun d'entre nous ne l'avait jamais vu, Votre Sainteté. Il s'agit d'un passage d'Évangile. Voulez-vous le voir par vous-même ?

On enveloppa les pieds du pontife de toiles humides, et Marc VIII grimpa, non sans difficulté, les escaliers noircis qui ployèrent dangereusement sous sa corpulence, avec des craquements de mauvais augure. Il parvint tout de même jusqu'à ce qui avait été le premier étage de la bibliothèque. À la demande du patriarche, Takla l'accompagnait, au cas où il aurait besoin d'un bras jeune sur lequel s'appuyer.

Ils n'eurent pas à chercher beaucoup. Les lettres se détachaient nettement, malgré la suie, sur le mur ouest, exactement au-dessus de la cage d'escalier. Seul le début de la phrase, rédigée en copte, avait disparu avec l'effondrement d'une partie du mur :

... n vérité, je te le dis,
à moins de naître de nouveau,
nul ne peut voir le Royaume de Dieu. »

Sur les briques léchées par les flammes, les traits appliqués d'un incarnat lumineux se détachaient nettement. La calligraphie soignée évoquait celle des copistes du Moyen Âge, comme dans les œuvres que conservait il y a à peine quelques heures cette bibliothèque, missels uniques et copies de bibles rarissimes désormais disparus en fumée. Il était évident que la phrase avait été écrite avec un objectif précis, sans se préoccuper du temps passé à parfaire la délicatesse du tracé. Les lignes étaient droites, les pleins et les déliés irréprochables… et la citation rigoureusement exacte.

Le souverain pontife la lut encore à deux reprises, ses lèvres formant silencieusement les mots, comme si cela pouvait révéler une explication à ce qui s'était passé.

– C'est l'Évangile de Jean, chapitre III, 3e verset.

Takla acquiesça.

– L'un des textes préférés du père Cyril.

– Ah, c'est curieux ! Je pensais que c'était plutôt l'Évangile de Marc…

– Non, non… Ce n'est pas ce que je voulais dire. Je parlais de ce passage précisément : c'est *l'entretien avec Nicodème* qui raconte la rencontre, à Jérusalem, entre Notre Seigneur et un pharisien. Mon maître Cyril – gloire à son nom – le lisait souvent.

– Et… saurais-tu pour quelle raison ?

– Eh bien, non… Il a fait à plusieurs reprises un commentaire à propos de ce passage de Jean… Il disait que, dans cette conversation, Jésus expliquait à Nicodème que son pouvoir de réaliser des miracles lui venait de la Lumière.

– De la Lumière ?

– Certainement une métaphore, Votre Sainteté.

Une rumeur, venue d'en bas, empêcha Marc VIII d'aller plus loin. Comme il l'avait craint, la patrouille française venait de surgir sur la placette devant le bâtiment sinistré. Elle comptait une dizaine d'hommes vêtus de la casaque bleue et de la *culotte** des troupes de Bonaparte, tous armés de mousquetons, baïonnettes au canon. Ils n'avaient pas vraiment l'air avenant.

Dans un arabe approximatif, le capitaine cria à la cantonade :

– Qu'est-ce qu'il se passe, ici !?

Les moines accourus porter secours et ceux du cortège papal se regardaient les uns les autres, sans savoir exactement si, devant l'évidence du sinistre, une explication était réellement nécessaire. Théodore jeta un œil inquiet au patriarche, et Marc, compte tenu de l'état de nervosité des troupes d'occupation, supposa qu'il était sage d'obtempérer. Il lui fit signe de répondre. L'administrateur apostolique s'avança vers le capitaine et entreprit de lui résumer la situation.

Le soldat, un homme âgé à l'aspect vif, ne saisit visiblement qu'à moitié les propos de Théodore, mais il lui porta toutefois une attention soutenue et, moitié en arabe, moitié en français, dans un sabir appuyé de force gestes, il devina que l'incendie était fortuit et qu'il n'avait rien à voir avec la série d'attentats que la résistance mamelouk faisait subir à la cité. Comprenant qu'il s'agissait d'une possession copte, il s'assura que ceux-ci se chargeraient d'éviter une propagation, toujours possible, de l'incendie.

En fin de compte, le capitaine parut satisfait. Mais, avant de reprendre sa patrouille, il posa une question qui bouleversa profondément le vieil administrateur :

– Je ne vois pas de corps… Il n'y a pas de victime, n'est-ce pas ?

CHAPITRE XIV

Le Caire,
29 Abib, an 1515 de l'ère des Martyrs
(3 août 1799)

Non loin de l'église Saint-Serge d'Abou-Sarga se dressait un ensemble architectural neuf, en pierre, construit quelques mois auparavant sur ordre des Français : la caserne d'Azbakéya.

L'édifice, dans le style militaire hérité de feu la royauté française, était un corps de bâtiments à deux étages, formant un carré parfait qui cernait une grande cour de terre battue. Le casernement, défendu par plusieurs batteries de canons, abritait les troupes chargées du maintien de l'ordre dans la ville et la région du Caire, mais aussi la cambuse et l'intendance, un arsenal assez fourni pour soutenir un siège, une écurie et une « chamellerie », quelques unités ayant adopté les montures locales.

C'est dans cette cour impressionnante et bourdonnante d'activité que pénétrèrent le frère Takla et l'administrateur apostolique Théodore, escortés par la patrouille.

Le capitaine, apprenant que l'incendie avait bien fait une victime, était tenu d'ouvrir une enquête et voulait des détails sur son identité. Sa Sainteté Marc VIII avait donc pris la décision d'envoyer Takla, le plus susceptible de fournir ces détails, avec Théodore comme chaperon. Non seulement l'administrateur avait de bonnes notions de français, acquises au contact des marins du port d'Alexandrie cherchant le réconfort d'une église, mais il avait été nonce plénipotentiaire aux temps difficiles de la domination turque, et cette expérience lui avait donné un flegme de diplomate à toute épreuve. Enfin, sa présence était aussi une façon de prévenir toute défaillance chez le jeune novice, au cas où les interrogatoires malmèneraient trop sa sensibilité.

Ils furent conduits jusqu'au deuxième étage par un premier planton, où on les abandonna sous l'œil d'un second. Assis en silence sur un banc de bois, dans un couloir qui n'avait pas encore reçu sa couche de peinture, ils attendirent durant près de deux heures au milieu d'une furieuse animation. Des soldats venaient aux ordres, des estafettes en amenaient d'autres, et tous ces hommes en uniforme entraient et sortaient des différentes pièces avec le même air pressé, les mains pleines de documents cachetés, courant à hue et à dia en s'apostrophant les uns les autres. Cette activité de ruche était difficilement compréhensible pour les deux coptes, incapables de savoir ce que ces hommes faisaient là, ni même si une telle agitation avait un but.

Enfin, un officier consentit à les recevoir. Il avait la peau délicate, de petites lunettes cerclées, les cheveux blonds bien coiffés et des manières irréprochables. Il se présenta comme étant le lieutenant François Dumont et les invita à entrer dans son bureau.

Entre ses quatre murs badigeonnés de jaune, la pièce était spartiate : une planche posée sur des tréteaux faisant office de table, et trois chaises de bois brut composaient l'ensemble du mobilier. Au mur, en guise de décoration, on avait cloué le drapeau tricolore. Austère, mais suffisant pour les intimider.

L'officier impressionna particulièrement le novice : il ne s'attendait nullement à ce que l'on prît autant d'égards avec eux. Il parlait un peu d'arabe, qu'il mâtinait de grec. Avec tact, il leur offrit du thé chaud, à la menthe, qui réconforta les moines. Il dut déceler leur étonnement et, pour achever de les mettre à l'aise, leur confessa que sa mère était native d'Athènes et que deux de ses ascendants étaient des prêtres orthodoxes qui avaient eu, comme cela était ordinaire dans leur confession, pléthore d'enfants. Les moines sourirent de la boutade, c'était le moment que l'officier attendait pour entamer son interrogatoire :

– Parlons un peu de cette victime, s'il vous plaît. Car le rapport de la patrouille mentionne qu'il y en a une. C'est bien cela ?

– Oui, répliqua sobrement Théodore.

Le lieutenant Dumont prit une plume et du papier, expliquant qu'il leur fallait commencer par les formalités d'état civil. Théodore désigna son compagnon, plus à même que lui de répondre et les yeux de l'officier se dirigèrent vers le novice.

– Bien, frère Takla. Nom du disparu ?

– Cyril de Bologne.

– Âge ?

– Soixante et onze ans.

– Profession ?

– Eh bien… Sage, érudit… Je…

– Quelle était sa principale activité ?

– Il faisait des traductions. Du copte vers le grec ou l'inverse, de l'araméen, de l'hébreu, de l'arabe, de…

– Mettons « traducteur » : qu'en dites-vous ?

– Euh… oui.

– Bien. J'ai besoin que vous me donniez une description physique aussi précise que possible. C'est important pour le procès-verbal et, ultérieurement, pour l'enquête.

La gorge de Takla se serra. Il avait la plus grande peine à imaginer que la mémoire de son maître, ou même l'explication de sa disparition pussent dépendre de la façon dont il serait décrit dans un document de police. Malgré son trouble, il tenta de répondre :

– Personne n'aurait pu croire qu'il était si âgé. Il était pratiquement chauve… Et presque aveugle d'un œil. Mais bien peu, parmi ceux à qui il avait quotidiennement affaire, avaient remarqué cette infirmité. Il avait le regard si vif qu'il ne perdait pas un détail de ce qu'il se passait autour de lui.

Le lieutenant, sentant que l'émotion gagnait le novice, tenta de le ramener à des données plus pragmatiques :

– Combien mesurait-il ?

– Ma taille, plus ou moins… C'est-à-dire ni plus ni moins que n'importe lequel des moines de notre communauté… Mais il avait les épaules un peu voûtées.

– Couleur de peau ?

– Il était blanc.

– Couleur des cheveux ?

– Blancs aussi, pour ceux qui lui restaient : je viens de vous dire qu'il était chauve !

Dumont décela de l'impatience dans la réponse du jeune copte. Ses notes couvraient déjà plus d'une page.

– Où demeurez-vous au Caire ?

– Nous ne vivons pas ici.

– Ah ! Et où alors ?

– Nous sommes moines au monastère Sainte-Catherine, sur le mont Sinaï.

Mais, se rappelant la présence de Théodore qui n'avait pas perdu une miette de la conversation, Takla se reprit aussitôt :

– Je ne veux parler que du père Cyril et de moi-même.

– Dans ce cas, que faisiez-vous en ville ?

– Nous avons été convoqués par notre plus haute autorité.

– Sa Sainteté le patriarche Marc VIII, n'est-ce pas ?

– Oui.

– Dites-moi, frère Takla, êtes-vous bien sûr que, la dernière fois que vous avez vu Cyril de Bologne, il était à l'intérieur du bâtiment qui a brûlé ce matin ?

Takla acquiesça.

– Étiez-vous déjà venu dans ce bâtiment ? Une bibliothèque, je crois…

– Non. C'était la première fois que j'y entrais.

– N'est-il pas possible que Cyril de Bologne ait abandonné la place par une autre sortie ?

– Une autre sortie, Monsieur ? Y en a-t-il une ?

– Pas d'après le rapport, apparemment…

Théodore vint au secours du novice :

– Pardonnez-moi, mon lieutenant, mais… Où voulez-vous en venir ?

– C'est assez simple. Nous ne pouvons pas certifier le décès de Cyril de Bologne : il n'y a pas de cadavre. Pas sur les lieux du sinistre, en tout cas.

– Quelle conclusion en tirez-vous ?

– Il n'est pas impossible que le père Cyril ait organisé cet incendie dans le seul but de disparaître, de faire croire à sa mort. Nous avons établi qu'il était traducteur. Quel genre de textes traduisait-il ?

– Des œuvres ayant trait à la religion.

– Que traduisait-il précisément, hier ?

– Rien qui justifie une telle fuite. Mais comment osez-vous supposer que… ?

Le lieutenant fit la moue et insista, s'adressant à Takla :

– Peut-être que ce jeune homme pourrait nous éclaircir plus précisément, lui… Que traduisait-il ?

Théodore posa un bras paternel sur la bure du novice :

– Réponds. Ce n'est qu'en traquant la Vérité dans ses retranchements les plus secrets que nous parviendrons à savoir ce qui est arrivé au vénérable, quelles qu'en soient les conséquences.

Takla perçut dans la voix de l'administrateur une émotion qu'il ne lui connaissait pas. Il n'avait plus son habituel regard froid, on y lisait même une authentique compassion pour feu le maître de Bologne.

– Bien, père… Maître Cyril travaillait sur un texte très complexe et… délicat. Un texte qui…

– Oui ?

– Qui prophétisait l'arrivée d'un « temps » particulier pour l'Égypte. Un temps nouveau. C'était un document extrêmement ancien et précieux, sacré pour nous, et notre Église.

– Un temps nouveau, dites-vous ?

– En réalité, il faudrait dire « le *Temps* ». Un moment

précis et si particulier qu'il ne se produirait que très rarement. Cyril pensait que « le *Temps* » allait amener aux croyants des révélations de la plus grande importance.

Le lieutenant continuer à noter, un peu fébrile.

– Croyez-vous que l'importance de ces « révélations » puisse justifier le… drame de ce matin ?

C'est Théodore qui répondit, avec une véhémence qui ne lui ressemblait pas :

– Il est possible que quelqu'un ne veuille pas que tout ceci soit connu. Un ennemi acharné de notre Église qui aura voulu nous déposséder d'un texte sacré, fondamental à nos yeux.

– Le père Cyril avait-il toute la confiance de votre Église ?

Takla avala sa salive, blêmissant à cette allusion.

– Comment osez-vous…

– Calmez-vous… Je cherche, j'explore, j'émets des hypothèses… En voici une : si Cyril de Bologne travaillait à une tâche d'une telle ampleur, il a pu s'en ouvrir à une tierce personne, laquelle n'aurait pas dû être mise dans la confidence. Voilà un bon mobile pour… disparaître !

– Frère Cyril n'a pas « disparu », monsieur l'officier. Il a été tué.

– En êtes-vous si sûr ?

Cette question acheva d'anéantir un Takla à bout de force. Le drame, la douleur, cet interrogatoire qui n'en finissait plus, ces insinuations qui salissaient Cyril… L'administrateur Théodore, voyant les larmes affluer dans les yeux rougis du novice, réagit à l'inverse de ce que la patience diplomatique, qui justifiait sa présence, aurait dû lui dicter. Comme mû par un puissant ressort, il se leva brutalement, manquant renverser sa chaise, posa les deux mains bien à plat sur le « bureau » du lieutenant et planta ses yeux dans les siens.

– Vous posez beaucoup de questions, mais pas les bonnes… Répondez plutôt à celles-ci : depuis quand les Français s'intéressent-ils de si près aux moines coptes, au point de rechercher leurs disparus ? pourquoi une si soudaine obsession pour nos affaires internes alors même que vos troupes ne peuvent garantir la sécurité dans nos églises et nos monastères ?

Dumont regarda par-dessus ses lunettes, qu'il venait d'ajuster, surpris de cette violente réaction. Il ne s'attendait guère à ce qu'un paisible religieux, haut dignitaire du clergé, fasse montre d'autant de colère aussi brusquement. Reprenant contenance, il rétorqua calmement :

– Je comprendrais que frère Takla, récemment arrivé au Caire, n'en sache rien. Mais pour votre part, frère Théodore, vous ne sauriez ignorer que, depuis près d'un mois, la ville est sujette à une fâcheuse série d'attentats. En ces circonstances, notre devoir est le maintien de l'ordre. Nous devons donc enquêter sur chaque incident ou accident, chaque disparition et, à plus forte raison, chaque décès qui se produirait dans notre juridiction. Et ce jusqu'à trouver les responsables ou les coupables… Juridiction qui inclut également le secteur administré par l'Église copte. Vous le comprenez, n'est-ce pas, monsieur l'administrateur apostolique ?

Théodore s'assit de nouveau, drapé dans une attitude de dignité outragée. Le jeune moine, prostré sur sa chaise, était tout autant étonné que l'officier de l'éclat de son aîné : ainsi donc la mort de Cyril l'avait touché, lui aussi. L'administrateur incita Dumont à poursuivre ses explications – ce qu'il fit de bonne grâce :

– Dans ces conditions, on pourrait même imaginer que votre coreligionnaire ait été enlevé… Oui, enlevé ! Et que les ravisseurs espèrent que les caisses du patriarche paieront une rançon en échange. apprenez bien que des fanatiques religieux, incontrôlés, errent dans les rues de la ville.

Soudain Takla parut se ranimer, il se souvenait de quelque chose :

– Ces attentats dont vous parlez, ont-ils quelque chose à voir avec la présence d'espions soupçonnée dans notre quartier ?

Le lieutenant sursauta, s'exclamant :

– Ça alors ! Comment savez-vous une chose pareille ?

– Depuis la nuit dernière, on ne parle pas d'autre chose au Caire. Le bruit court que vous les auriez capturés, dans la Citadelle. J'ai entendu discuter de cela dès notre entrée en ville, sur le marché aux épices. Pouvez-vous dire s'ils sont mamelouks ? ou bien anglais peut-être ?

Cette fois, c'est la curiosité du jeune copte qui stupéfia le lieutenant.

– Aucune idée. Nous le saurions peut-être si nous les avions arrêtés, mais ce n'est pas le cas : nous les cherchons encore. Ils sont entrés au Caire par le désert, à l'ouest. Nous savons en revanche, qu'ils ont séjourné dans deux hôtels de la ville, payant en or leurs nuitées et leurs consommations. Ils auraient pris, selon toute vraisemblance, la route vers Héliopolis, après leur séjour dans le centre.

– Sont-ils… dangereux ?

– Par définition, les espions le sont. Mais il semblerait que ceux-ci voyageaient sans armes, si c'est ce que vous voulez dire.

– Et qu'en ferez-vous, si vous les capturez ?

– Nous les livrerons au général Bonaparte. Toutes les instructions viennent expressément de lui. Il a montré un intérêt tout particulier à les capturer vivants.

– Étaient-ils musulmans ?

Le lieutenant Dumont se rendit compte que cette conversation l'avait amené trop loin, il se fit méfiant et décida de reprendre la barre, trop longtemps laissée à elle-même :

– Je vous ai déjà donné des détails que vous n'aviez pas à connaître. Avez-vous la moindre piste qui permettrait aux autorités françaises de retrouver ces fugitifs ?

– Non, aucune…

– Faites attention : vous seriez dans l'obligation de m'en faire part !

– Non, je vous assure, pas la moindre piste…

– Bien… Alors, revenons à ce sinistre et à cette disparition. En dehors de l'absence du corps, avez-vous remarqué autre chose sur les lieux ? Un déchet insolite, quelque chose ?

– Non, non. Rien du tout. L'incendie a tout détruit… Sauf peut-être…

– Oui ?

Les pupilles du lieutenant s'étaient rétrécies derrière ses besicles, au point de n'être plus que deux fentes pleines de curiosité. Takla chercha Théodore du regard, lequel l'encouragea à poursuivre.

– Eh bien… C'était une bible…

– En quoi était-elle insolite, dans les ruines d'une bibliothèque diocésaine ?

– C'est-à-dire qu'elle n'était que partiellement endommagée, alors que nous l'avons retrouvée au cœur même du brasier. Et nous avons découvert à l'intérieur un anneau. Celui que nous connaissions tous pour être la propriété du père Cyril.

– Comment se fait-il qu'elle n'ait pas brûlé comme les autres ouvrages ? Un… miracle ?

– Non ! Les deux objets étaient enveloppés dans un linge bleu, peut-être que…

Dumont posa sa plume, interrompit Takla d'un geste de la main et, ôtant ses lunettes d'un mouvement vif, demanda :

– Bleu ! Vous avez dit que le linge était bleu ? En êtes-vous sûr ?

– Oui, il était bleu… Ce détail est-il intéressant ?

– Eh bien, ce n'est pas impossible… De fait, pour l'instant, tout ce que nous savons de ces espions que nous évoquions, c'est la couleur de leurs turbans… Bleus.

– Est-ce une coïncidence si extraordinaire ? Vous semblez le penser, n'est-ce pas ?

Le lieutenant observa tour à tour le jeune moine et l'administrateur, et il ne sut que répondre.

CHAPITRE XV

Gizeh, Égypte,
quintidi 25, IIIe décade de Thermidor, an VII
(12 août 1799)

Il avait porté la fiole d'élixir à sa bouche ! Revivant ce moment douloureux, le Corse fut parcouru d'un frisson, fugitif mais violent, qui lui sembla ébranler jusqu'au sarcophage dans lequel il s'était étendu. Regrettable : il était presque parvenu à occulter ce douloureux épisode et voilà que toutes les sensations de cet instant lui revenaient en mémoire, réelles ou presque...

Il eut l'impression très nette de revivre cette impression soudaine que son estomac était habité d'une vie propre, saisi par un tourbillon d'amertume. Sa vue s'était rapidement troublée, sa conscience se figeant d'effroi devant l'imprudence de son geste. Une force irrésistible, d'une fermeté sans faille, s'était emparée de lui en quelques secondes. La pauvre hutte de Nazareth où il parlementait depuis des heures avec les Bédouins se métamorphosa en un maelström de couleurs et de formes.

Malgré sa douleur, il s'était astreint à rester droit, au point de grincer des dents. Puis, après lui avoir retourné sans pitié l'estomac, le breuvage commença à produire son effet et il bascula vers l'arrière sans pouvoir articuler un mot. Il songea, dans un sursaut qu'il croyait être le dernier, qu'il avait été empoisonné et que la prochaine convulsion allait l'achever.

Et, comme pour confirmer cette sinistre perspective, un

spasme violent lui fit perdre conscience. Il sentit que son esprit, catapulté dans une sorte de sphère multicolore qui l'entourait de toute part, plongeait à une vitesse vertigineuse au cœur de ses souvenirs les plus profonds.

Même s'il savait maintenant qu'il avait eu raison, pour l'élixir, d'écouter Balasan et Élias, il ne parvenait pas à empêcher le doute de s'immiscer : était-ce une manière de gagner sa confiance pour mieux le trahir, mieux le perdre ici ? Non… Il se refusait à le croire et les tenait toujours, l'un et l'autre, pour d'honnêtes hommes, dignes et sincères… Mais qu'avait voulu dire le vieil imam quand il parlait de « peser son âme sur la balance de Maât » ?

Il se força à respirer profondément, à se laisser envahir par le froid du granit, à retrouver la « réalité » du moment présent… Alors il songea, non sans ironie, que la sensation qu'il avait éprouvée en s'allongeant dans cette tombe n'était pas très éloignée de celle qu'il avait eue en absorbant la mystérieuse potion… Il murmura dans le vide sombre qui le cernait, comme pour s'assurer d'être encore vivant :

– Curieux sortilèges. Est-ce ainsi que l'on « pèse son âme » ? La pyramide, la potion doivent constituer une sorte de « machine à remonter le temps ».

Dans les deux cas, un souvenir le ramenait à une réminiscence plus ancienne encore. Étrange, cette perception de lui-même : le sentiment d'être une poupée russe, comme une succession de figurines polychromes à l'expression identique s'emboîtant l'une dans l'autre.

Cette fois, l'abîme de son esprit débridé le ramena vers un épisode singulier dont, bien des années en arrière, il avait été l'un des protagonistes. Il pensait l'avoir effacé presque complètement de sa mémoire.

À nouveau, il se rappela comment, dans la hutte de Nazareth, il n'avait pas pu empêcher que le breuvage du bédouin ne le transporte à Paris, quatre ans auparavant. Était-ce par hasard que ce souvenir venait le hanter ? Un simple caprice de son subconscient ?

Il avait d'abord « vu » une sorte de déflagration, comme le feu d'une gueule de canon jetant la mort jaune et rouge de sa charge.

Quatre années, déjà…

*
* *

Paris,
quintidi 25, IIIe décade de Thermidor, an III
(12 août 1795)

Une large porte au linteau de pierre, voilée dans la pénombre d'une rue de Paris : 13, rue de l'Estrapade. Le Corse savait fort bien qui recevait à cette adresse.

Napoléon Bonaparte, général de brigade, glorieux chef de l'artillerie au siège de Toulon… Et actuellement « mis en disponibilité », toujours en attente de sa prochaine affectation. Il avait été longtemps fermement décidé à se moquer de son avenir : est-on soldat pour vivre ? Mais aujourd'hui, il s'apprêtait à commettre une sorte de folie... Oui, de folie, du genre de celles que, tant de fois, il avait vu faire dans sa bonne ville d'Ajaccio : il allait consulter un voyant ! Qu'avait-il à perdre en souscrivant à ces superstitions ? Sa seule certitude était que cette escapade devait rester un secret absolu.

Si d'aventure ils l'avaient appris, les gratte-papier de l'état-major et ses anciens camarades de l'Académie militaire en auraient assurément fait leurs gorges chaudes… Ils ne l'aimaient pas et le regardaient depuis longtemps avec une méfiance non dissimulée. Petite noblesse pauvre et provinciale, Jacobin de cœur, on l'avait un temps soupçonné de collusion « robespierriste », une façon sans doute de tenter de l'écarter. Au fond, ils ne supportaient pas son ingéniosité, détestaient son intégrité et haïssaient ses lauriers, trop vite acquis aux yeux des jaloux. Dans un tel contexte, la dernière chose qu'il pouvait se permettre était sans nul doute de donner des arguments à ses nombreux ennemis. Donc, cette affaire devait demeurer secrète…

Ces quelques mois qui avaient couru, du printemps à l'été de 1795, avaient probablement été les plus durs de sa jeune vie. Travaillant la nuit, il lisait et relisait les penseurs et les stratèges, réalisait quantité de cartes pour des campagnes idéales, et donc impossibles, en Italie ou en Turquie. Durant la journée, il faisait bonne figure, tentant de dissimuler sa santé précaire et les migraines qui ne le lâchaient pas. Quel futur pouvait avoir un « général » de vingt-six ans, condamné à la « disponibilité » avec une demi-solde, détesté par ses pairs, mis à l'écart par un état-major uniquement composé de séniles élitistes ?

Le doute le rongeait comme la gangrène dévore le moignon d'un matelot.

En une chaude matinée d'août, il prit sa décision : cerner les contours de son destin ! Quelques jours plus tard, plus souriant qu'à l'accoutumée, il descendait les escaliers de l'Hôtel des Patriotes, rue Saint-Roch, où il avait un garni. Il semblait avoir quelque chose d'important à faire et se dirigea résolument vers le haut de la capitale. Sans le premier sou d'un fiacre, c'est à pied qu'il parvint au point qu'il s'était fixé. Il fouilla anxieusement les pans de sa redingote « bleu de France » et finit par y retrouver la feuille froissée qui, la veille dans un caniveau, avait attiré son attention :

Bonaventure Guyon.

Professeur de mathématique céleste.

Offre consultations infaillibles sur tout ce qui peut vous intéresser, l'avenir heureux ou malheureux des citoyens ou des citoyennes de Paris. Prédit en particulier les futurs triomphes de la Patrie. Révèle aux jeunes filles le séducteur qui les menace et l'époux qui fera leur bonheur. Découvre pour les parents la carrière dans laquelle leurs fils auront le plus de chance et de reconnaissance. Et pour ces prophéties patriotiques n'accepte qu'une rétribution volontaire et uniquement dans le cas où sa science des Choses Futures serait démontrée par une révélation très exacte des Choses Passées.

Consultations au 13, rue de l'Estrapade, du lever au coucher du soleil.

Pourquoi pas ? N'était-ce pas juste ce dont il avait besoin : un « décrypteur » d'avenir ? Alors, pourquoi pas un astrologue habile et, à en juger par la qualité de son imprimé, bon marché ?… Se pourrait-il qu'un tel homme lui indiquât le chemin à suivre ?

Napoléon relut une fois de plus le prospectus, comme pour se donner une dernière motivation avant de franchir le pas. Le texte, même délavé par son séjour dans le ruisseau, ne laissait pas de place au doute : c'était bien cet immeuble. La rue était située au sommet de la montagne Sainte-Geneviève, derrière le Panthéon. La large porte du numéro 13 était fermée par un lourd vantail de chêne, sale et vermoulu, qui s'ébranla sans grande résistance à la première poussée du Corse. Il s'ouvrait sur une large entrée, passablement délabrée. Il s'avança jusqu'au large escalier, tout au fond, et se mit à gravir les marches en évitant de toucher à la rambarde, très oxydée. L'escalier se rétrécissait, passant de la pierre creusée par les pas à un bois qui craquait sous son poids pourtant modeste. Au troisième pallier, il commença à s'inquiéter de n'avoir toujours pas trouvé la moindre indication sur les portes. Il continua jusqu'à un dernier escalier, plus étroit encore, qui conduisait au sixième étage, vers les mansardes. Là, enfin, il put lire le nom du professeur Guyon sur une plaque de cuivre qui n'avait pas été briquée depuis très longtemps… Il paraissait évident qu'on l'avait entendu monter : à peine debout devant l'huis, qui ne tenait à ses gonds que par la force de l'habitude, une voix grogna :

– Entrez, entrez… Aujourd'hui, la première consultation est gratuite…

« Très bon marché, décidément », songea le Corse en posant le pouce sur la clenche. Sans prendre garde aux grincements de l'huisserie mal graissée, il pénétra dans l'antre de l'homme de l'art. Des tables, patinées comme par des siècles d'usage, occupaient quasiment toute la petite pièce. Le « professeur de mathématique céleste » disparaissait derrière l'amoncellement de cartes du firmament, froissées et posées au petit bonheur sur des piles incertaines de livres et de liasses jaunies. Des feuillets de toutes tailles débordaient encore de ce fatras, sur lesquels on reconnaissait pêle-mêle des schémas de constellations, des additions complexes, des listes de degrés et des fragments d'éphémérides… Au milieu de tout cela, sur les quelques coins de table libres, sur les poutres de la charpente, s'étalait la cire de moignons des chandelles consumées, dont on aurait pu lire l'âge en comparant l'épaisseur de la poussière qui s'y était déposée.

Guyon se leva. Il avait le visage rond, d'un blanc crayeux de parchemin, marqué de profondes rides et posé sur un goitre qui débordait du col sale d'une robe de velours bleue, élimée et tachée. Malgré sa piètre allure, Guyon donnait l'impression de contrôler ce désordre amphigourique comme un maréchal dominait son champ de bataille...

– Entrez, jeune homme. N'ayez pas peur...

Napoléon ne répondit pas et fit un pas en avant en regardant la dentition ébréchée et jaunâtre que le sourire de bienvenue laissait apparaître. Guyon lui désigna d'un geste le moins encombré des deux sièges.

– Asseyez-vous où vous le pouvez, je m'occupe de votre cas.

Toujours sans un mot, le jeune homme rassembla les quelques papiers épars sur le siège qu'on lui désignait, et s'y assit avec une méfiance visible.

– Oh... je sais déjà ce que vous pensez. Vous dites : « Voilà bien un pauvre vieux, devenu fou à force d'être enfermé dans ce taudis aussi chaud qu'un four à pain ! »

Napoléon s'aperçut que, sans s'en rendre compte, il avait

défait le premier bouton de sa vareuse réglementaire. Peut-être même s'était-il essuyé le front d'un revers de manche ? La chaleur, il est vrai, était écrasante. Toujours muet, il se cala dans le fauteuil en continuant d'observer Guyon. Sans doute étaient-ce ses gestes qui avaient provoqué la remarque du vieil homme.

– Eh oui, eh oui… Les feuilles de plomb qui doublent ma volige sont bien pratiques dès les premiers frimas : elles conservent un peu de chaleur ! Mais en été, par ces canicules, elles deviennent des ennemis implacables.

– Excusez-moi, Monsieur, mais... Êtes-vous le professeur Guyon ?

La question mit fin aux jérémiades du vieillard. Il se dressa de toute sa hauteur, et toisa son interlocuteur en bombant la poitrine.

– Qui d'autre, jeune homme ? Je suis bien Adémar Guyon de La Barthe, dit « Bonaventure » ! Ci-devant astrologue du Roy ! J'ai conseillé Louis le seizième comme je vous parle aujourd'hui... Je veux bien comprendre que la chose soit malaisée à concevoir désormais, me voyant pauvre comme Job, mais il fut un temps où j'étais riche et respecté.

– Même si le Comité de salut public ne moissonne plus, n'est-ce pas là une référence un peu dangereuse ?

– Si fait, jeune patriote, si fait. Mais vous devez être l'un des rares à ne pas savoir que je suis tombé en disgrâce pour avoir prédit au « serrurier du Palais-Royal » qu'il finirait plus court d'une tête…

– Vous ne dites pas que vous avez prédit à Louis XVI que...

– Oh que si ! Et ma franchise me perdit, voyez-vous. Elle me perdit doublement... Après le reniement ingrat de Sa Majesté, on aurait pu supposer que les « enragés » et les « sans-culottes » m'auraient fait bon accueil, mais... que nenni ! J'avais eu l'impudence de leur annoncer le peu d'intérêt d'un régicide. Pauvre Louis XVI... Il tirait sans cesse le seizième arcane du tarot... Connaissez-vous le nom de cet arcane ?

– Je ne sais rien de ces affaires, Monsieur.

– Le croiriez-vous : il s'appelle « la tour décapitée ». Point n'est besoin d'être grand clerc... Enfin ! Je dois la vie à la fuite... et à la discrétion de ma logeuse. Je n'exerce sous mon nom que depuis peu. Seul l'avènement de la troisième Convention me l'a permis.

– Le roseau ploie mieux que le chêne. Ainsi va la politique, Monsieur. J'ai eu moi-même à subir ses revirements.

Guyon cessa soudain de remuer machinalement la paperasse accumulée sur sa table de travail et, se raclant la gorge, scruta son client.

– Êtes-vous... hum, un politicien ? Comment avez-vous dit que vous vous appeliez ?

– Je ne l'ai pas encore dit.

– Ah ? Et vous êtes donc M… ?

– Bonaparte, Napoléon Bonaparte. Rassurez-vous, je ne suis pas politicien, je suis général de brigade.

L'astrologue détourna les yeux, sourcils froncés, fixant une poutre au-dessus de lui, comme absorbé par une intense réflexion. En réalité, il se reprochait sa distraction : il avait observé scrupuleusement les gestes, les attitudes, les regards de son interlocuteur... Sans voir le plus flagrant : son uniforme impeccable ! Sans se départir de son air docte, il attrapa un feuillet moins griffonné que les autres, le retourna pour trouver un coin vierge et, se saisissant de la mine qui disparaissait sous la plénitude généreuse de son oreille droite, se mit à écrire « à haute voix », séparant les syllabes d'une lippe gourmande :

– *Bo-na-par-te, Na-po-lé-on Bona-parte…* Boña-parté... Voyons, voyons... Oh, mais voilà ! Quelle affaire ! Que voilà un bon début ! Vous ne devriez pas vous préoccuper de votre futur, impatient général. Le vôtre est ficelé et bien ficelé, presque autant que celui du pauvre Louis.

Guyon, son large visage fendu de part en part par un sourire triomphal, s'empara d'un bout de craie, puis d'une plaque d'ardoise qu'il essuya d'un revers de manche. D'une écriture étonnamment élégante, il y traça les quelques lettres d'une phrase, sous l'œil étonné du militaire.

– Voyez donc cela : votre nom compose presque parfaitement une phrase latine : *Napoleo bona parte fruitir*... Qu'on pourrait traduire par « Napoléon se fait avec la bonne part ». La part du lion, en somme. Ne seriez-vous pas, par hasard, né sous le signe du Lion ?

Le Corse se caressait le menton, amusé.

– C'est le cas, en effet. Mon anniversaire est dans trois jours.

– Un 15 août ! Merveilleux... En quelle année, où et à quelle heure, s'il vous plaît ? Et faites-moi grâce du formalisme révolutionnaire : donnez-moi la date grégorienne.

– 1769. Ajaccio. À midi.

– Ajaccio ?

– En Corse...

– Italien ?

– L'île est devenue française cette même année.

– Ah oui ? Tiens donc. Ainsi, nous aurions donc envahi cette île ?

L'insulaire ne répondit pas. Ce n'était d'ailleurs pas une véritable question. Le regard soudain plus vif, Guyon farfouilla dans une pile de papiers, avant d'entreprendre une série de calculs dont il portait les résultats sur une feuille. Napoléon espérait qu'il fût plus calé dans la mathématique que dans la géographie. Puis l'astrologue se perdit dans la contemplation de ses chiffres. Profondément concentré, il se balançait sur sa chaise comme s'il souffrait de quelque maladie compulsive. Haletant comme un poisson hors de l'eau, il essuyait sans cesse son front avec un mouchoir douteux. Enfin, il posa la main sur un épais livre, noirci par l'usage. Il l'ouvrit avec respect et parcourut du doigt les colonnes de ses éphémérides. Et là, il fit une découverte qui parut illuminer son visage.

– Ça alors, comme c'est curieux ! Sept jours avant votre naissance, une comète a traversé le ciel occidental de l'Europe, de Paris à Cadix. Elle a ensuite disparu au-dessus de Ténériffe.

Il hésita un instant, puis ajouta d'un ton mystérieux :

– Voilà qui est intéressant… Cette comète, qui était particulièrement grande et lumineuse, est sortie des limbes dans la constellation du Bélier. Parfait, parfait... Un excellent augure, en vérité.

– Que voulez-vous dire ? Soyez plus clair !

– Allons, allons... N'ayez pas tant d'impatience, je vous prie... L'astrologie est une science complexe qui requiert de longs calculs.

Armé d'un rapporteur et d'une règle, et sans perdre de vue ses tables d'éphémérides pour l'année 1769, Guyon entreprit de tracer, avec la main sûre de l'habitude, le thème astral de Napoléon. Autour d'un triangle parfait d'autres figures plus petites finirent par former un galimatias de lignes et d'angles qui, à plusieurs reprises, fit sourciller d'incrédulité le Professeur.

– Voyons... Dans un premier temps, je puis déjà vous affirmer que votre jour de naissance, le 15 août, correspond au vingt-troisième degré du calendrier thébaïque. Celui du Lion ! En conséquence... vous avez d'énormes possibilités d'obtenir promotion et richesse. « L'étoile reine » indique que vous êtes un aventurier et un ambitieux. Vous amasserez une grande fortune…

– Nul besoin de me flatter, monsieur Guyon. Ce n'est pas ce que je viens chercher. J'espérais quelque chose de plus concret de votre science.

– Votre espoir n'est pas vain, général ! Votre nom, les astres... Tout concorde ! Vous êtes détenteur de la force du Lion.

Il avait répondu sans même lever les yeux de son croquis. Il fronça les sourcils et demanda :

– Êtes-vous bien sûr d'être né un 15 août ? et à midi ?

Le Corse confirma du bout des lèvres. Il commençait à douter fortement que ce vieux fou soit capable de lui dévoiler quoi que ce soit sur son avenir, ou que puisse surgir quelque chose de ce fouillis.

– Alors... Vous êtes Lion, ascendant Scorpion. Votre Lune en Capricorne entre en opposition à Saturne. Mars est fort bien situé dans la Vierge. Cela fait que vous serez un excellent stratège, général Bonaparte !

– Oui ... et quoi d'autre ?

Guyon hésita un instant avant de poursuivre :

– Eh bien… Ne voyez là aucune flagornerie, Monsieur, mais l'union de Neptune et Mars dans votre thème fait de vous un... homme de génie ! Vous devez seulement vous protéger de votre tendance au fatalisme. L'opposition entre la Lune et Saturne révèle que c'est le point faible de votre personnalité.

– Continuez.

– Vous semblez dubitatif, jeune homme. Sachez que cette carte, que l'on nomme « thème astral », représente la position des étoiles, des planètes et des constellations au moment de votre naissance, comprenez-vous ? Ma science me permet d'y lire leur influence sur le cours de votre existence.

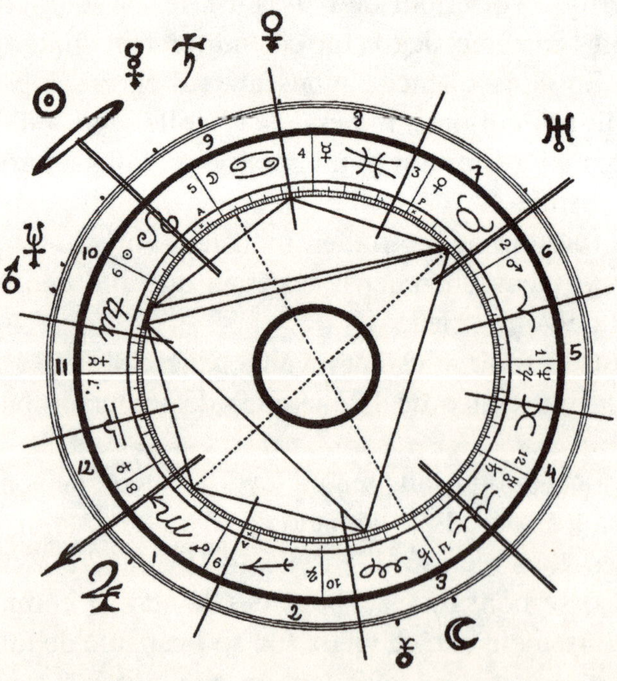

Thème astral de Napoléon Bonaparte

Napoléon, même incrédule, n'en observait pas moins avec attention le schéma complexe que réalisait Guyon. Si ce qu'il disait était exact, cette feuille de papier représentait une sorte de reflet mathématique de sa personnalité. Mais aussi son passé, son présent... et son avenir incertain.

Au fur et à mesure que les calculs de « Bonaventure » avançaient, celui-ci marmonnait entre ses dents les résultats de ces analyses... Mais sa voix allait s'amenuisant, alors qu'il se perdait dans les arcanes de ses projections, et il semblait parler plus à lui-même qu'à son client, et il alla encore decrescendo, parvenant aux limites de l'audible :

– Il y a là, de toute évidence, le reflet d'un homme très actif. Si j'en crois l'influence de Jupiter sur votre ascendant, vous paraissez aussi vous intéresser aux sciences de l'occulte, mais seulement dans la mesure où elles peuvent vous aider à conquérir le pouvoir. Votre thème montre également le caractère solaire nettement affirmé de votre personnalité... L'influence du Lion est prépondérante, le Soleil est au zénith de sa course, et favorise chez vous la force et le magnétisme du grand félin...

« Toutefois... se dit-il cette fois in petto en remuant à peine les lèvres cela fait de lui un être peu diplomate, mais... S'il y a bien quelques ombres néfastes, rien ne semble pouvoir l'atteindre, lui... Rien ? Étrange. »

– Plus fort, s'il vous plait...

– Oui, pardonnez-moi...

– Voyez-vous quelque chose qui vous déplaise, monsieur Guyon ?

– Non, non... C'est... c'est-à-dire que je n'ai pas rencontré un thème aussi bénéfique depuis…

La phrase du vieil homme se perdit dans sa barbe... Il avait l'air absent, fixant une nouvelle fois l'une des poutres de sa mansarde. Napoléon se rendit compte que quelque chose n'allait pas.

*

* *

Toujours silencieux, Guyon se leva pesamment et se tourna vers le mur oriental, face à des étagères dont deux au moins ployaient sous la charge d'une théorie de bocaux, étiquetés et rangés avec soin, contenant des plantes séchées, du moins à ce que Bonaparte pouvait supposer. Les autres planches ressemblaient un peu plus au désordre ambiant, mêlant cornues, lampes à huile, mortiers et flacons. Il avait agi comme si, brusquement, il s'était souvenu de pouvoir dénicher là une chose capitale.

– Depuis quand, Monsieur ? Expliquez-vous !

La question du Corse stoppa immédiatement les quelques pas qu'il avait amorcés.

– Depuis... depuis l'époque où j'étais prieur à l'abbaye de Trappes, général.

– Vous ! Auriez-vous appartenu au clergé ? Et trappiste de surcroît ?

En un éclair, Guyon fut sur la défensive :

– Et alors ?... Ce n'est plus un délit que je sache. Dois-je vous rappeler, Monsieur, que la Convention a rétabli la liberté de culte ! Resterait-il un jacobin pour me trancher le cou ?

– Oh, c'est probable... Mais je ne suis pas celui-là, soyez sans crainte. Vous pouvez avoir confiance en moi : à mes yeux, votre passé religieux n'a aucune importance. J'ai d'ailleurs intérêt à ce que notre entrevue demeure secrète... Je n'ai pas la moindre velléité de vous dénoncer, croyez-moi, cela ne favoriserait en rien ma carrière. Au contraire, toute l'Académie militaire saurait en quelques jours que je suis allé consulter un « ennemi de la Révolution » et pis : l'un de ces diseurs de bonne aventure... Euh, soit dit sans jeus de mots, bien entendu ! Alors, pouvez-vous m'expliquer maintenant ?

Adémar Guyon de La Barthe dit « Bonaventure », ci-devant curé défroqué et clandestin de la Révolution, regarda son interlocuteur. Peu diplomate mais fiable, d'après son thème. Le professeur perdit un peu de sa méfiance.

– Si vous y tenez... Toutefois, je doute que cela puisse vous intéresser.

– J'en prends le risque. Peu de chose ne m'intéresse pas.

Le professeur se laissa aller à sourire. Le jeune homme était curieux, certes. Mais avide d'apprendre ou bien d'en savoir plus que les autres ?

– Vous l'aurez voulu. J'ai étudié l'astrologie avec les bibliothécaires de l'abbaye de Lagny. Ils m'initièrent aussi au tarot et à la cabale. Au fil des très nombreuses années que je consacrais à ces sciences, je fis la preuve de mes talents. Au point que Monseigneur Rohan...

– Qui donc ?

– Le prince de Rohan-Guéméné ; il n'était alors que le coadjuteur de son oncle, l'évêque de Strasbourg. Mais il était déjà très influent à la cour de Louis XV...

– Le cardinal de Rohan ? Celui qui mena si belle vie à Vienne qu'on lui retira son ambassade ?

– Celui-là même. Me laisserez-vous finir ?

– Pardon...

– Donc, Monseigneur Rohan me pria de venir à la Cour, pour y être le professeur de mathématique céleste du Roy.

– Que voilà une litote coquette...

– Moins sanglante que d'appeler « Comité de salut public » un gouvernement d'assassins !

Bonaparte sourit à son tour, goûtant le venin de la répartie, mais Guyon continuait :

– C'est précisément à la Cour que je vis pour la dernière fois un thème astral comparable au vôtre... Je l'avais établi pour un certain comte de Saint-Germain, un riche gentilhomme qui avait charmé la moitié du Palais-Royal. Je ne parvenais pas à obtenir de lui sa date de naissance. Impossible dans ces conditions d'établir quoi que ce soit. Mais il me confia qu'il était âgé de plus de deux cents ans. Il...

– Deux cents ans ! Quel fabulateur...

– Je l'ai cru aussi, général. Toutefois, le duc de Choiseul...

– En voilà un que je connais !

– Étiez-vous vraiment des amis du duc ? Paix à son âme...

Cette fois, Napoléon rit de bon cœur :

– Non... Je suis bien trop jeune pour cela ! Et de trop petite noblesse... C'est lui qui a annexé la Corse un an avant ma naissance, monsieur Guyon, tout simplement...

– Oh, c'est cela !... Enfin, à cette époque, il exerçait le portefeuille des Affaires étrangères, si je ne m'abuse, ou de la Marine. Quoi qu'il en soit, il était très proche du Roy et avait à son service nombre d'espions très efficaces, de cela je suis sûr. Le duc était fort agacé de l'influence de Saint-Germain à la cour : le personnage, si riche, si brillant, si élégant et si bel homme, avait ébloui toutes les femmes de la noblesse durant les soirées de l'automne 1765. Le ministre ordonna une enquête. Croyez-le ou non, les sbires du duc ne trouvèrent rien, sinon plus de mystères encore. Aucune trace d'un acte de naissance, pas plus que d'une filiation familiale, aucun ami d'enfance qui ait pu témoigner, rien. Quant aux ressources qui lui permettaient de mener grand train une semaine à Paris, l'autre à Amsterdam et la troisième à Londres : nouveau mystère. C'était comme s'il était tombé du ciel, ainsi que l'argent qui remplissait sa cassette !

– Un espion lui-même, peut-être ?

– Alors, un espion bien trop excentrique pour son office, sachez-le ! Il se plaisait à entretenir le mystère qui l'entourait. Ainsi, lui si mondain n'a jamais accepté de souper, s'est toujours refusé à recevoir chez lui et personne n'a pu se vanter d'avoir vu cet homme manger, ne fût-ce qu'une fois. Un fait très alarmant aux yeux de Choiseul qui, malgré ses faiblesses pour Diderot, aura été méfiant jusqu'à sa mort...

– Mort en exil, j'en mettrais ma main au feu !

– Votre main est perdue : il est mort dans son lit, à Paris, il y a dix ans. Il avait quitté la politique six ans après le décès de sa protectrice, la Pompadour. Une perte qui précipita sa disgrâce. Oh, mais cessez donc de m'interrompre ! Bref, à cette époque, il se méfiait de Saint-Germain comme de la lèpre. Surtout, pour ne pas dire uniquement, parce que l'insolite courtisan avait su gagner la confiance du Roy par des arts que nous pourrions qualifier… d'obscurs.

– Obscurs ? Précisez d'avantage: de la magie ?

– Voici une histoire, général, vous jugerez par vous-même. Un jour, dans son cabinet, en présence du mystérieux comte, le Roy examinait un diamant de belle taille, enlaidi par une tache, sorte de voile qui gâchait son eau. Louis XV le tournait dans ses doigts : « Le croiriez-vous, Saint-Germain ? Cette trace infime qui ternit ma pierre me fait perdre assez d'argent pour financer l'armement d'un vaisseau de ligne. » Saint-Germain examina la gemme et dit à Louis : « Votre Majesté, souffrez que je vous emprunte ce caillou, je vous le rendrai dans un mois, au plus. » Amusé, le Roy lui laissa emporter le diamant chez lui. Imaginez que c'était l'investissement nécessaire à toute une escadre qui partait chez un homme dont personne ne connaissait l'adresse. Dieu, que le sang de Choiseul a dû bouillir ! Au trentième jour, Saint-Germain le rendit au Roy. Il était aussi pur qu'un diamant peut l'être. La pierre fut pesée, évaluée, retournée. Elle avait perdu si peu de poids que les balances des diamantaires n'étaient point d'accord l'une avec l'autre. Magie ? Alchimie ? Appelez ça comme vous voudrez...

– Personne, vraiment personne, n'est jamais entré chez cet homme ?

– Faites confiance à Choiseul : si l'on avait pu interroger les rats, aucun d'entre eux n'aurait connu cette adresse. Le fait est que, face à cette impossibilité exaspérante d'obtenir quelque information que ce soit sur Saint-Germain, le ministre en personne me demanda, en audience privée, d'entrer dans les grâces de ce comte venu de nulle part. Il me fallait gagner sa confiance, en savoir plus. « Il ne se méfiera pas d'un homme d'Église, avait supposé le duc. Prenez le temps qu'il vous faudra. » C'est ce que j'ai fait.

– Et qu'avez-vous trouvé ?

Guyon, tripotant machinalement un fil dépassant de sa robe élimée, fouillait douloureusement dans sa mémoire.

– Un personnage étrange... et inquiétant. Comme il était versé dans les choses de l'occulte, je crus pouvoir l'intéresser par ce biais. Mais les sciences que j'avais étudiées, et que je pensais maîtriser, semblaient être pour lui un simple abécédaire. J'appris plus dans ces domaines, en quelques mois de conversations, que je ne l'avais fait durant mes années d'abbaye. Je finis par le convaincre, en le défiant en quelque sorte, de me laisser établir son thème astral. Mais il se jouait de moi chaque fois que je lui demandais sa date de naissance. Il me répondait toujours la même chose : « Je suis né près de Nice, face à la Méditerranée. » Impossible de lui faire avouer quand. Il finit un jour par m'orienter, plus amusé qu'autre chose de mes assiduités : « Vous devriez préciser de laquelle de mes naissances vous souhaitez avoir la date... » Je pensais qu'il s'agissait d'un jeu, qu'il mettait mon ingéniosité à l'épreuve par quelque charade absconse. Mais je finis par entendre, au fil de nos longues conversations, qu'il n'en était rien : Saint-Germain croyait dur comme fer avoir été mort, pour renaître à nouveau en différentes occasions au cours des derniers siècles. Finalement, devant mon incrédulité répétée, il me déclara : « Je reviens tous les quatre-vingt-cinq ans... Vous qui êtes un homme de l'art, choisissez la date. »

– Allons donc ! Mensonges et billevesées...

Guyon hocha pensivement la tête, nettement moins affirmatif que ne l'était le Corse.

– Voyez-vous, général : le comte finit, par pitié sans doute, par me donner 1509 comme date de « première naissance » et me confia que la régularité n'avait pas été si simple la première fois, il lui avait fallu « le temps de savoir, puis le temps de comprendre », ainsi qu'il le disait. En me basant sur les coordonnées de Nice, j'ai enfin pu établir ce thème astral.

– Alors ?

– Alors, je n'avais jamais rien vu de tel ! Il m'a fallu pour revoir pareille conjonction atteindre un âge avancé… et recevoir votre visite. Les lignes majeures étaient pratiquement identiques aux vôtres. Les mêmes trigones : l'un avec Uranus, l'autre avec Pluton. Signes d'ambition et de génie. Et la similitude ne s'arrête pas là. C'est ce que j'ai appelé « la conjonction du Triomphe ». Je croyais ne jamais la revoir. Saint-Germain eut les femmes, les voyages, toute la réussite qu'il désirait... Et bien plus. Vous aurez tout cela, mon jeune ami… et sans doute ce « plus » aussi. Mais en ce domaine, je ne veux guère m'aventurer...

– Vous voulez sans doute parler de cette faculté extravagante de mourir et de renaître à la vie, comme votre galant comte de Saint...

Guyon coupa Napoléon sans aucun égard pour son client :

– Vos sarcasmes n'y changeront rien. Ce désir suprême, vous l'avez aussi ! Pour la seule raison que vous en avez la possibilité, au plan astral. Même cela, vous finirez par le chercher. Vous pouvez en être sûr.

– Comment osez-vous affirmer cela avec autant d'aplomb ? Il n'y que les fous, et les escrocs, à faire tant de...

– Que savez-vous de ces choses ? Une loi astrologique, immémoriale et chaque fois vérifiée, édicte que tous les trente ans Saturne se situe au lieu exact où elle se situait au moment de votre naissance. Et de n'importe quelle naissance, car le cycle est parfaitement régulier. Dans votre cas, lorsque vous aurez trente ans, Saturne sera dans le ciel à l'endroit exact où elle était le 15 août 1769, à midi. C'est-à-dire dans votre neuvième maison, celle qui marque les grandes étapes de l'existence, du destin, de la mort.

– Et qu'est-ce que cela signifie, Monsieur ?

Sans relever, Guyon jeta un œil vers les étagères, soupira et reprit sa place, dans ce siège défoncé et garni de coussins que Napoléon avait découvert lorsqu'il s'était levé. Il posa son coude sur la table, son menton dans sa main, et fixa le Corse.

– Connaissez-vous le Livre, jeune homme ?

– Vous voulez parler de la Bible ?

– En effet. Et en cette occurrence, du Nouveau Testament.

– Ce n'était pas au programme de mes études, vous devez vous en douter... Mais ma mère était catholique, elle m'a inculqué quelques... notions, disons.

– Alors vous devez savoir que Jean le Baptiste versa sur

Jésus l'eau purificatrice du Jourdain alors que celui-ci avait juste trente ans. Ce n'est qu'alors qu'il entreprit sa mission évangélique, qu'il put se confronter aux foules, affronter son destin de roi, qu'il sut être le Messie. Plus proche de nous, Ignace de Loyola fut blessé lors d'un combat au même âge, et sa convalescence dans une grotte proche de Montserrat marqua le début de sa quête d'absolu. Il arriva à Bouddha une chose similaire…

– Bouddha ?

– Certains livres orientaux en parlent, mais peu importe. S'agissant de vous, général Bonaparte, ce n'est qu'arrivé à cet âge que vous prendrez conscience de la manière de mener votre vie.

– La bure de moine vous aura marqué, monsieur Guyon. Je sais néanmoins quand je trouverai le sens de la vie et de la mort. Mais, mon bon Monsieur, où devrai-je chercher ?

– Très loin d'ici, dans un premier temps. Ensuite... Dieu le dira.

– Et si d'aventure je ne vous payais pas cette énigme, cette « charade absconse » ?

– Je n'ai point de crainte à cet égard... La première consultation est gratuite, je l'ai dit. Vous me paierez quand vous reviendrez, général. Entre autres dons, j'ai celui de la patience. Je sais que vous pousserez à nouveau cette porte pour recourir à mes services. À trente ans, lorsque tout changera pour vous, vous comprendrez que vous avez, et de diverses manières, une dette envers moi.

– Admettons cela. Et où puis-je trouver d'autres informations sur ce comte de Saint-Germain ?

Guyon lui servit à nouveau son sourire le plus énigmatique.

– Voyons ! Avez-vous besoin de mon aide pour cela ? Il vous suffit de sortir dans la rue : tout Paris a entendu parler de lui.

CHAPITRE XVI

Paris,
sextidi 26, IIIe décade de Thermidor, an III
(13 août 1795)

Tout Paris, avait-il dit ?

Napoléon décida de le vérifier aussi tôt que possible. D'ailleurs, il était temps pour lui de retourner un peu dans le monde... Depuis Toulon, il n'avait pas beaucoup avancé.

Le port de Toulon s'était, deux ans auparavant, livré aux Anglais. Bonaparte fut de ces jeunes officiers lancés dans la bataille pour sa reprise. C'était sa chance, il ne fallait pas la rater. Et l'état-major ne manqua pas de remarquer que le jeune Bonaparte à qui il avait confié le commandement de son artillerie avait du courage au feu, et du sang-froid au commandement. Son action avait été déterminante pour l'issue du combat. Tout cela jouerait en sa faveur dès le retour triomphal à Paris. C'était, pour lui et quelques autres, un tremplin formidable. Tous avaient en tête le parcours des officiers victorieux à Valmy, qui n'avait été pourtant qu'une simple canonnade, certes de grande ampleur, mais... Mais elle n'avait aucune commune mesure avec le siège de Toulon, pendant lequel la victoire avait été acquise par la ruse et la témérité... Et puis les Anglais, sur un champ de bataille, n'étaient pas les pleutres Prussiens de Frédéric-Guillaume II ! Bref, il était sûr, cheminant vers la capitale, que sa carrière militaire débuterait avec cette couronne de lauriers. Las ! de retour à Paris, il constata que le couperet du docteur Guillotin avait fait couler assez de sang pour baigner tous les membres du Comité de salut public : la Terreur battait son plein ! C'est tout juste si sa petite gloire toulonnaise lui permit d'éviter qu'on le soupçonnât d'amitié pour les « hébertistes », de commerce avec les « indulgents »... La seule solution fut de faire le gros dos en laissant passer l'orage. Quelques amis proches du Comité de sûreté générale lui permirent enfin d'obtenir un poste à la hauteur de ses mérites : on le nomma général de brigade, mais sans affectation... Autant dire rien !

Enfin, c'était tout de même un grade, et d'être ainsi distingué par les uns vous attire immanquablement les médisances des autres. Lors des journées de Thermidor qui virent la chute de Robespierre et de Saint-Just, un an après Toulon, il fut mis en cause et jeté aux fers. Pourtant, les commissaires devaient être lassés des exécutions sommaires : on le relâcha au bout de quelques jours. Mais, même libre et mis hors de cause, il n'était pas bon avoir été soupçonné. On l'évita soigneusement. D'ailleurs, les secousses de la politique intérieure avaient donné un coup d'arrêt aux campagnes de conquête, et la coalition européenne contre la France semblait panser ses plaies. La Prusse de Frédéric-Guillaume II avait signé la paix, unilatéralement, et la République, dans un souci d'apaisement, avait rendu quelques territoires conquis sur l'Espagne. Il n'y avait plus beaucoup de place pour les hommes de guerre comme Napoléon.

Malgré son maigre budget, il avait essayé déjà de fréquenter assidûment les cafés à la mode, *Chez Laurent* ou *Le Procope*, où avaient lieu les conversations politiques les plus fumeuses, où se nouaient les contacts les plus fructueux. Les longs débats de l'après-midi permettaient au Corse de polir sa rhétorique, pas toujours très adroite, en la frottant aux plus brillants orateurs ; et les beuveries de la soirée, à glaner les potins nécessaires à son possible avancement. L'exercice difficile relevait de la corde raide : il fallait boire assez pour ne pas paraître pisse-vinaigre et assez peu pour garder toute sa tête ; payer suffisamment de tournées pour n'être pas taxé de pingre, et rester dans les limites de sa demi-solde...

Mais aujourd'hui, la troisième Convention installée aux affaires depuis une année entière, il était peut-être temps de renouer avec les mondanités. Sans compter le fait que Bonaparte était fort curieux de ce comte de Saint-Germain, et puisqu'il fallait affronter le « Tout-Paris » pour en savoir plus...

Dès le lendemain de sa rencontre insolite rue de l'Estrapade, il s'essaya de nouveau aux mondanités.

Et contre toute attente, la journée fut particulièrement fructueuse. Il passa l'après-midi entière à débattre avec un certain Fabre Carrère, proche collaborateur du vicomte de Barras. Se rapprocher du vicomte était extrêmement intéressant. Cet homme, missionné auprès de l'armée d'Italie, avait dirigé la répression après le siège de Toulon. Il connaissait donc mieux que nul autre la valeur de Bonaparte, et il était l'un des principaux artisans de la chute de Robespierre. Carrère, impressionné par la prestance du petit Corse, lui promit de le présenter dans la semaine à Barras lui-même. La Réaction grondait en province, les blancs et les royalistes exilés s'organisaient, on aurait besoin d'hommes de sa trempe.

Ayant quitté Carrère plein d'optimisme, Napoléon se retrouva sans trop savoir comment dans l'un des salons privés du *Procope*, où un groupe d'officiers l'avait entraîné pour finir la soirée. L'eau-de-vie ayant remplacé le vin, il préservait son verre tout en resservant ses compagnons de tablée : Julien Regnaud, un jeune capitaine originaire de Champagne, ancien camarade de l'Académie, et un certain Doulcet de Pontécoulant, quinquagénaire blanchi qui, dans cette réunion de jeunes coqs, faisait office de patriarche. Il s'était compromis avec les jacobins, un peu plus que le Corse, mais pas au point de subir les foudres de la Réaction. Les deux hommes s'étaient rencontrés dans les geôles ouvertes par les enquêtes de la troisième Convention, pas assez longtemps pour sympathiser. C'était la première fois qu'il le revoyait depuis les journées de Thermidor. Dix heures venaient de sonner quand Napoléon, constatant que la conversation s'enlisait, lança l'air de rien :

– N'est-ce pas là une soirée digne du comte ?

Regnaud émergea de ses brumes :

– De quel comte veux-tu parler ?

– Saint-Germain, évidemment...

Doulcet dressa l'oreille, puis lâcha :

– Il a disparu, celui-là... Un mois ou deux avant la prise de la Bastille. Volatilisé, évaporé ! Vous le connaissiez, citoyen Bonaparte ?

– Nullement, de réputation simplement. Un ami m'en parlait dernièrement comme d'un noceur digne de la Régence...

– Rien de plus faux ! Un énergumène qui fit, en son temps, les beaux jours de Versailles au Palais-Royal, mais un noceur... non, je n'en crois pas un mot.

– Comment savez-vous qu'il a disparu ?

– Ah... Pour avoir votre réponse, monsieur le général d'artillerie, il va falloir mieux charger vos canons...

Napoléon, n'ayant pas eu le temps de se changer après la longue conversation avec Carrère, portait encore son uniforme avec les insignes de son arme et de son grade. Son pécule était déjà bien entamé et Doulcet semblait avoir le gosier en pente. Avait-il vraiment des informations sur Saint-Germain ou voyait-il là l'occasion de se faire rincer la dalle ? Il soupira et prit le pari en hélant une soubrette qui essayait en riant d'éviter les pinçons des militaires :

– Portez-nous une bouteille de votre vieille prune, Mademoiselle.

– Et deux empans de saucisse. De la Toulouse, hein ! Il faut caler la prune, jeune homme...

– Faites ce qu'il dit... Alors, Doulcet, comment êtes-vous au courant qu'il a disparu ?

– On est venu me chercher pour attraper l'animal. Figurez-vous que l'on avait saisi plusieurs lettres de lui à la Marie-Antoinette. Elles dataient de plusieurs mois et prédisaient l'insurrection. Comment croyez-vous que « l'Autrichienne » ait pu organiser, dans les moindres détails, la fuite vers Varennes ? Elle savait, tout simplement, et Fersen ne fut qu'un exécutant... Tout était déjà prêt, pardi... Imaginez si les insurgés voulaient voir la tête d'un tel devin au bout d'une pique ! Mais voilà : plus de Saint-Germain, disparu, envolé !

– Mais dites-moi une chose : pourquoi venir vous chercher, vous ?

La gnole était arrivée, avec son assiette de saucisse fumante. Le général servit Doulcet, largement, et celui-ci prit le temps de vider son verre d'un trait avant de répondre :

– Je ne suis pas né de la dernière pluie, citoyen. Moi aussi, j'ai eu vingt ans et je les ai eus sous Louis le quinzième. La vie n'était pas simple pour un fils de rien sans le sou. Un jour, on m'a proposé quelques pièces pour surveiller un baron un peu trop libéral qui se piquait de Franc-Maçonnerie. Mon rapport était bon, c'est comme ça que je me suis retrouvé parmi les mouches[1] de Choiseul.

Napoléon, dissimulant à grand-peine son intérêt, remplit à nouveau à ras bord le verre de Doulcet. Le capitaine Regnaud, devenu plus attentif en remaquant l'intérêt subit de son ancien camarade de l'Académie, ne s'en resservit pas moins une rasade.

– Et vous avez fait partie de ceux qui ont enquêté sur le mystérieux comte ?

Doulcet devint soudain méfiant et regarda Bonaparte d'un œil torve.

– C'est vrai. Comment saviez-vous cela ?

– Eh bien... Je l'ai déduit, tout simplement. Sinon pourquoi m'auriez vous raconté cette histoire ? Il fallait qu'il y ait un rapport...

Il avala un nouveau verre, et retrouva sa confiance après s'être essuyé les lèvres d'un revers de manche.

1. Terme d'argot de l'époque pour désigner les espions.

– Hum... C'est un fait. Enfin, toujours est-il que nous n'avons jamais pu mettre la main dessus. Aucune trace ! Comme si la terre l'avait avalé ! Et si je vous dis qu'un homme tel que lui ne pouvait pas disparaître comme cela, croyez-moi !

– Expliquez-vous...

– Eh bien… Il parlait toutes les langues, connaissait toute l'Europe et au-delà, il peignait, il écrivait et jouait du clavecin en virtuose. Les grandes dames de la Cour ne juraient que par lui : il leur offrait des flacons d'une eau qui gommait leurs rides. Il avait de l'esprit et une grande culture, il était capable de réciter aussi bien Dante que Molière. Mais le plus étrange est qu'en dépit de son charme évident, on ne lui connut aucune liaison, pas une seule, avec l'une quelconque de ces femmes superbes qui auraient tout fait pour l'attirer, ne fût-ce qu'une nuit, dans leur lit.

– Peut-être n'aimait-il pas les femmes ?…

Regnaud avait glissé son commentaire comme un juge aurait lancé une sentence. Un juge aviné toutefois, auquel un avocat suant l'ivresse répondit d'un geste qu'il voulait définitif, avant de dire :

– Non. Ce n'était pas cela. Il devait être une sorte de moine ou...

– Ou avoir la plus jolie syphilis connue, ricana Regnaud.

– Malgré nos filatures constantes, nous ne lui vîmes jamais quelque amant que ce soit, homme ou femme. Pas plus que nous le vîmes manger ou dormir... Il disparaissait fréquemment de Paris, prétextant qu'il allait se régénérer dans son village natal… mais il n'a jamais dit où se trouvait ce village, et nous ne sommes jamais parvenus à le filer plus loin que Limoges.

– Vous étiez maladroit...

Napoléon coupa court à l'animosité qu'il sentait monter entre les deux hommes :

– Vous avez dit « régénérer ». A-t-il expliqué comment il s'y prenait ?

– Citoyen Bonaparte, auriez-vous des désirs, vous aussi, de conquérir les secrets de l'éternelle jeunesse !?

Regnaud insista d'une voix pâteuse :

– Le général a posé une question. Répondez au général ! Il l'expliqua, oui ou non ?

L'impudence du capitaine acheva d'exaspérer Doulcet.

– Vous vous intéressez, l'un et l'autre, à des curiosité par trop singulières... N'avez-vous rien d'autre pour vous occuper ? Je ne sais pas grand-chose de plus que ce que tout le monde sait…

– Mais vous avez réellement connu des gens qui fréquentèrent Saint-Germain ?

– Oui, citoyen Bonaparte, j'en ai connu. Et la plupart sont morts aujourd'hui.

Regnaud, de moins en moins diplomate et de plus en plus saoul, ne voulut pas laisser la direction du débat à son camarade :

– Vous voilà bien crédule pour un vieux de la vieille, monsieur « de » Pontécoulant... Si cet homme avait résolu le problème de sa mort et qu'il n'en ait pas fait profiter ses amis, ah... il ne méritait pas de vivre ! Ah, elle est bien bonne ! Allons, monsieur, je reconnais que vous avez raison : voilà bien un sujet sur lequel on ne peut que perdre son temps…

– Bien vrai, mon petit Julien... Un sujet réservé aux seuls véritables esprits supérieurs. Vous ne risquez rien !

La réflexion blessa l'honneur de l'impulsif et ivre Regnaud. Avant même que Napoléon ait pu tenter de calmer les élans de l'officier offensé, celui-ci se leva en tentant de rassembler son honneur titubant et, voyant qu'il n'y parviendrait pas, abandonna la pièce en claquant violemment la porte. Il jeta un grognement dans lequel on distingua le mot « imbécile » sans que l'on sût s'il adressait l'insulte à son interlocuteur ou à lui-même.

Mais le Corse, déjà, se retournait vers Doulcet.

– Même si cela doit vous apparaître comme la marque de mon impertinence, répondez à ma question : le comte de Saint-Germain n'expliqua-t-il jamais sa méthode de régénération, si tant est que le phénomène fût vrai ?

– Bah...

– Si ces confidents dont vous parlez sont morts, vous n'avez plus rien à craindre, ni d'eux ni pour eux.

Doulcet, une fois de plus, emplit son verre. Il coupa un peu de saucisse qu'il engloutit d'une seule bouchée et qu'il mouilla de gnole. Napoléon n'insista pas, voyant que, dans la tête de M. de Pontécoulant, la confidence faisait son chemin. De ce silence naquit la conscience qu'ils étaient entourés. Autour d'eux, le petit groupe d'officiers menait grand tapage, au point que la soubrette n'osait plus franchir le seuil du salon. Cet homme qui avait espionné – Bonaparte en était sûr maintenant – pour tous les hommes d'État depuis Choiseul se décida enfin à ouvrir la bouche pour autre chose que la pitance. Non sans regarder alentour si on pouvait les entendre, il murmura :

– Sincèrement, général... Je ne suis sûr de rien. Vous semblez, malgré vos airs innocents, en savoir plus que moi. J'ignore s'il avait réellement une méthode pour prolonger sa vie, pas plus que j'ignore si elle fonctionnait. Quant à vous dire comment ! Il faut que vous compreniez que toutes les informations qui circulaient sur le comte, et qui circulent encore, sont confuses, fragmentées et contradictoires. Certains croient que c'était un juif converti originaire de Pologne... D'autres supposent qu'il était le fils de Franz-Léopold, prince Ragoczy de Transylvanie, puisqu'en plusieurs occasions il utilisa ce titre.

– Vraiment ?

– Oui, et c'est même la seule allusion connue à sa généalogie... Il l'a faite, lui-même, au prince Kart de Hesse. Il a ajouté qu'il avait été élevé par le dernier duc de Médicis.

– Sornettes !

– Oui, oui, sans doute… Mais...

Faisant traîner le mot, il versa la dernière rasade de la bouteille dans son verre.

– Mais ?

– Eh bien, à l'époque, nous avons demandé à certain correspondant en Transylvanie des renseignements sur les

Ragoczy. C'était la seule piste qui était parvenue à nos oreilles, vous comprenez ?

– Fort bien. Et alors ?

– Ce correspondant, digne de foi selon mes supérieurs d'alors, nous rapporta certains bruits qui couraient sur l'étonnante longévité de quelques illustres ancêtres des Ragoczy. L'un d'eux en particulier avait laissé une trace, indélébile depuis le XVe siècle, dans l'histoire de la région... Pas tant d'ailleurs pour la longévité de sa vie que pour la brièveté de celle de ses courtisans. Mais les rumeurs que l'on colportait sur lui étaient, selon notre rapporteur, des affabulations nées de légendes et embellies par les siècles.

– Vous souvenez-vous de quelque chose ?

– Oh, des sornettes, ainsi que vous le diriez ! Il avait nom Vlad Drakul, dit « l'Empaleur »... Il repoussa l'invasion turque dans la région en terrorisant ses ennemis. Sa férocité, sa cruauté sont devenues légendaires. Il faisait cuire certains prisonniers pour les faire manger aux autres, en renvoyait quelques-uns dans leur camp afin qu'ils le racontent. Il fit empaler, dans telle ville prise à l'ennemi, trente mille hommes, femmes et enfants. Le charnier aurait repoussé le Turc plus loin encore, écœuré qu'il fut d'un tel massacre. On rapporte aussi qu'il se baignait dans des cuves emplies de sang frais et que cette pratique précisément prolongea sa vie jusqu'à un âge très avancé...

– Croyez-vous que c'était la méthode de Saint-Germain ?! Quelle horreur !

– Je sais que Saint-Germain avait découvert une manière plus raffinée que celle de ce prince sanguinaire.

– Vous savez ! Que ne le disiez-vous plutôt que de me conter ces légendes affreuses ? Laquelle, Doulcet ? Quelle manière ?

Le vieil espion paraissait épuisé. Il porta le dernier verre à sa bouche et le vida en jetant la tête en arrière. Un frisson le parcourut des pieds à la tête. Napoléon crut qu'il allait s'écrouler pour le compte. Mais non, il reprit ses esprits en même temps que la parole :

– Comme vous voulez, général... J'ai entendu dire que, durant ses longs séjours en notre bien-aimée République, il faisait retraite dans une pyramide, pendant trois jours, et qu'il en ressortait rajeuni.

– Mais il n'y a aucune pyramide en France !

– Que nenni, citoyen Bonaparte. Vous vous trompez... Vous vous trompez lourdement. Venez à mon cabinet, demain. Je vous montrerai où vous pourrez trouver des pyramides sur notre sol national.

– Vous avez beaucoup bu, Monsieur.

– C'est que vous avez beaucoup demandé, général.

CHAPITRE XVII

Paris,
septidi 27, IIIe décade de Thermidor, an III
(14 août 1795)

La vue sur le jardin des Tuileries depuis le pavillon de Flore était magnifique en ce lundi matin. Les sobres œils-de-bœuf de la mansarde de l'ancien Palais-Royal laissaient entrevoir le luxuriant labyrinthe de fontaines et de statues dessiné pour Louis le seizième. On disait que le petit roi se livrait, derrière ces mêmes œils-de-bœuf, à ses minutieux et inutiles travaux de serrurerie. Une légende sans doute. Quoiqu'il en soit, le bâtiment, ces jardins, leur équilibre, tout était superbe. Même si ce n'était plus la résidence du roi de France, tout cela respirait encore la solennité et la magnificence. Napoléon sourit en songeant que ces notions, bien éloignées de l'esprit populiste de la Révolution, avaient encore un bel avenir devant elles : depuis le 9 Thermidor, les bourgeois s'étaient emparés du pouvoir...

Doulcet de Pontécoulant travaillait désormais au sixième étage de l'immeuble, le service cartographique.

Avant de pousser l'une des portes les plus charmantes, cernée de rosiers, Napoléon s'offrit une fois encore le plaisir d'admirer le point de vue. Tout simplement enivrant ! L'écrin naturel du pouvoir, le lieu où il pouvait s'exercer loin des tumultes du monde. « À partir de cet endroit se prit-il à rêver, n'importe quel stratège un peu habile réussirait à rayonner sur le monde civilisé, et peut-être à le dominer. » Pourquoi pas lui ?

Il poussa enfin la porte, encore empli de ses désirs si agréables, quand le claquement de talons intempestif d'un appariteur le sortit de sa douce réflexion :

– Citoyen Bonaparte, M. de Pontécoulant vous attend dans son bureau !

Napoléon se mordit la langue pour ne pas répliquer sèchement : « Sombre crétin, je ne suis pas un simple citoyen ! Je suis général et ça va se savoir... » Au lieu de cela, il se contenta d'un sobre :

– Bien, je vous suis.

Ce qu'il fit. Dans les couloirs, l'activité était plus faible encore que ce à quoi s'attendait le Corse. Et de fait, pourquoi les cartographes se seraient échinés à travailler ? Après les traités de Bâle et de La Haye, la troisième Convention n'avait pas l'intention de guerroyer, ni donc d'utiliser de cartes militaires : ils réformaient ! La Plaine préparait activement sa nouvelle Constitution, le vote était dans dix jours à peine.

De Pontécoulant, coiffé d'une perruque convenablement poudrée et nouée sur la nuque d'un ruban noir, n'avait pas encore gommé tous les signes de ses excès de la veille. Certes, il n'avait plus l'allure de fêtard aviné et de brigand matois qu'il étalait la nuit précédente, mais les cernes sous ses yeux rougis trahissaient sa gueule de bois. Du fond de son bureau aux murs surchargés de cartes de France, il s'exclama :

– Bonaparte ! Vous êtes plus ponctuel que bien des soudards de notre valeureuse armée.

– Je n'avais rien de mieux à faire aujourd'hui, Monsieur.

– Parfait, parfait ! C'est ce jour d'hui que je vous donnerai de quoi vous occuper pour longtemps, rassurez-vous...

Décidément, il n'aimait pas cet individu : une vermine qui avait profité autant qu'il l'avait pu des circonstances, assez pour exhiber maintenant un habit de soie qui lui seyait comme un béret à un crapeau. Il détenait des informations intéressantes, ça oui ! Pour le reste, il l'aurait bien laissé cuver sa gnole dans son bureau de parvenu.

– Vous deviez me montrer où se trouvent, en France, certaines pyramides, Monsieur. Vous en souvient-il ?

– Cela va sans dire, mon bon ami. Il en existe bien, en effet. Un fait peu connu, qui attira mon attention dès que me fut assigné le département de topographie du pavillon de Flore. Hier, parlant de Saint-Germain, vous me l'avez remis en mémoire.

– Une coïncidence opportune, sans aucun doute.

– Certainement, général. À ce propos, connaissez-vous Autun ?

– Un peu, Monsieur. Je n'y ai séjourné que cinq mois, mais mes frères y ont fait leurs études.

De Pontécoulant ouvrit l'un des tiroirs de son bureau et en sortit une fine baguette. Il se leva et s'approcha d'un grande carte administrative. De la pointe de sa badine, il traça un cercle autour d'un point minuscule, un peu au-dessus de Lyon.

– Eh bien, c'est là, à Autun, qu'est la première des pyramides… En réalité, il ne reste d'elle qu'un tas de pierres informe, mais on peut encore le voir en suivant la route de Vézelay ou de Dijon, en descendant l'Arroux, la rivière qui traverse Autun.

De Pontécoulant s'adressait à lui comme s'il devait partir avec une expédition dès le lendemain, se donnant des intonations de chef d'état-major.

– Nous supposons qu'elle fut construite sous l'Empire romain, et qu'elle servit de tombe à quelque riche patricien. Mais impossible d'en savoir plus. Les responsables des chemins et des ports y ont fait des fouilles, superficielles. Sans résultat probant : ils n'y ont pas même trouvé une pièce de monnaie ! Rien.

– Où est-elle exactement ?

– À environ mille cinq cents mètres du mont Briscou. Elle n'est pas difficile à localiser. À l'origine, sa base devait mesurer dix-sept mètres de côté. Une assise de deux cent quatre-vingt-dix mètres carrés, pour une hauteur supposée de vingt-sept mètres.

– Bigre ! L'équivalent d'un immeuble parisien de dix étages. Non négligeable, en effet.

– Et qui a prétendu que c'était négligeable, citoyen Bonaparte ?

Le Corse se rendit compte qu'il l'avait peut-être froissé et changea immédiatement de sujet :

– Mais dites-moi, monsieur de Pontécoulant : avez-vous établi un lien qui unirait d'une manière ou d'une autre la pyramide d'Autun au comte de Saint-Germain ?

– Désespérément aucun ! Nous sommes allés jusqu'à explorer un puits naturel qui naît juste sous la pyramide, à la recherche de quelque preuve de rituels étranges ou même, qui sait ? d'un trésor caché par le comte. Mais non. Rien de rien.

– Naturellement, connaissant votre pugnacité, vous avez continué vos recherches ?

– Excellente déduction ! Et c'est dans le village de Commelle, à Orry-la-Ville, que nous avons découvert une nouvelle pyramide. Cela me parut tout à fait inimaginable d'avoir recensé en France deux édifices antiques de ce type. Avec cette découverte, nous avons pu en apprendre davantage. Sépulture d'une famille noble de la région, elle a été construite vers 1150. Toutefois, lorsque nos hommes la visitèrent, ils ne trouvèrent pas le moindre indice d'une utilisation plus récente…

– Aléas propres aux seuls vrais limiers...

– Savez-vous, Bonaparte, que c'est à cette époque, entre les XIIe et XIIIe siècles, que fut bâti le plus grand nombre de pyramides en Europe ? Incroyable, n'est-ce pas ? On pourrait croire qu'en plus des cathédrales gothiques, ce genre de constructions étaient... à la mode.

– « Mode », dites-vous ?

– En effet, quel autre mot utiliser ?... Mais d'une certaine manière, il me rassure. Penser que ces incompréhensibles pyramides furent érigées par une sorte de suivisme esthétique apaise ma curiosité.

Bonaparte eut une moue dubitative avant d'objecter :

– Vous savez mieux que personne, Monsieur, que les hommes du Moyen Âge ne cédaient guère à l'extravagance. Tout acte, à plus forte raison toute entreprise de cette ampleur, devait avoir une finalité pratique. Dans le cas des cathédrales, il s'agissait d'honorer Dieu, la Vierge, saint Michel, que sais-je ? Mais... ces pyramides ?

De Pontécoulant haussa les épaules, ignorant quoi répondre aux doutes du général.

– Allons... Vous m'avez mis sur des charbons ardents, Monsieur. Ne me dites pas que vous vous êtes arrêté en si bon chemin. N'avez-vous rien trouvé d'autre ?

– Si... Encore une pyramide. Peut-être la plus surprenante.

– Vraiment ?

– Oui. Nous l'avons découverte sur une montagne près de Nice. Pour être plus précis, au-dessus de la ville.

En entendant « Nice », la ville que Saint-Germain citait comme son lieu de naissance, le Corse redoubla d'attention. Possible après tout que cette matinée aux Tuileries ne soit pas complètement perdue...

– En quoi vous aurait-elle plus surpris que les précédentes ?

– Sans conteste par sa situation privilégiée. Elle n'était pas très grande. À l'origine, elle ne devait pas dépasser neuf mètres de haut, mais elle dominait le paranorma et offrait une vue magnifique sur la baie de Nice et la Méditerranée. S'il y avait eu le moindre doute sur sa forme pyramidale – mais il n'y en avait pas le moindre –, on aurait pu croire que sa base avait servi d'assise pour un phare : l'endroit était idéal.

– Intéressant, en effet.

– On accède au site en partant du village de Falicon, qui ne représente que quelques maisons accrochées sur le flanc d'une hauteur : le mont Chauve. Elle est tellement isolée que, après l'avoir localisée en suivant les dires des villageois, nous dûmes débroussailler quantité de terrain, couvert de bruyères, pour la rendre à nouveau visible.

– « Nous » ? Vous êtes allé la contempler en personne ?

Il était difficile à Napoléon d'imaginer cet être pansu gravir autre chose que les marches du *Procope* ou de quelque maison de tolérance.

– Eh bien, oui ! J'ai consenti à accompagner l'expédition quand on m'a parlé de son irréprochable facture, dont personne n'avait pu déterminer si elle était grecque, romaine ou... égyptienne.

– Égyptienne ! Vous exagérez...

– Non, non. Croyez-moi. Bien que dans le village personne ne connaisse l'existence d'un quelconque document, nous rencontrâmes un curé à Nice qui savait où se trouvait un extrait cadastral datant du XIIe siècle. La pyramide y était représentée et on y concédait sa propriété à un certain Ahmed, marchand de tissus égyptien apprécié dans la région pour la qualité de ses cotonnades. En outre, il y a un détail toponymique très curieux : Falicon est apparenté au mot français *faucon** et cet oiseau est récurrent dans l'iconographie égyptienne, où un dieu à tête de faucon, Horus, est très largement représenté.

– Ceci expliquerait tout. Vous ne croyez pas, monsieur de Pontécoulant ?

– Que voulez-vous dire ?

Napoléon sourit, énigmatique.

– Élémentaire : cet Ahmed, nostalgique des monuments de son Égypte natale, décide d'en construire un semblable en France, pour y être enterré. Et il cherche le lieu le plus adéquat pour son projet.

– Ou peut-être en hérita-t-il ?

– Comment cela ?

Doulcet bomba un peu le torse.

– Eh bien... Apprenez que Falicon était, il y a bien longtemps, un village romain. Il garde encore les vestiges d'un aqueduc de cette époque...

– Mais... les Romains n'élevaient pas des pyramides, Monsieur.

– En êtes vous si sûr ? Vous voilà bien affirmatif. À Rome,

on peut voir, de nos jours encore, celle de Caius Cestio, érigée sous le règne d'Auguste. Elle se trouve près de l'actuelle porte de Saint-Paul. Croyez-vous tout savoir des pyramides, général ?

– Certes pas ! Mais j'ai tout de même quelques notions. Je viens de lire un ouvrage curieux : *Sethos ou la vie tirée des monuments et anecdotes de l'ancienne Égypte.* Le connaissez-vous ?

– Certainement ! Je connais l'œuvre et son auteur, l'abbé de Terrasson. Un curé lui aussi, helléniste notoire.

– J'ai été très surpris. L'abbé de Terrasson raconte par le menu les épreuves initiatiques auxquelles s'est soumis le pharaon Seti dans la Grande Pyramide…

– Il en raconte plus qu'il n'en sait, général. Le bon abbé n'a jamais mis les pieds en Égypte.

– Pourtant, il maîtrise son sujet et semble un spécialiste de Seti.

– Et lequel d'entre nous a suffisamment étudié le règne de ce Seti pour réfuter ces assertions ? Personne, général, personne !

Doulcet, visiblement animé, était rouge et essoufflé de son éclat. Il se défit de sa casaque, et la laissa tomber sur l'un des fauteuils de son bureau. Sur sa chemise vanille, de larges auréoles décoraient le dessous de ses bras, il s'en aperçut et tenta de les dissimuler tout en continuant à discourir :

– Je crois que votre abbé a simplement inventé ce qu'il ne savait pas, voilà tout.

Il chercha son souffle un instant, puis continua :

– Il n'y eut jamais de telles initiations dans la Grande Pyramide. Et même si cela était, il m'est très difficile de croire que l'abbé de Terrasson ait pu découvrir quoi que ce soit à leur sujet. C'étaient là des cérémonies secrètes hors d'atteinte des non-initiés. D'ailleurs, elles ont été oubliées bien avant que n'arrivent en Égypte les premiers chrétiens.

Napoléon chercha à temporiser :

– Je n'ai, en aucune manière, votre culture dans ces domaines, monsieur de Pontécoulant, et ne puis réfuter cet argument. Mais aujourd'hui, j'ai la satisfaction d'avoir beaucoup appris de vous. Je mesure mieux la difficulté que vous avez dû avoir à traquer ce comte de Saint-Germain...

– Mais... vous vous retirez déjà, général ?

– Hélas ! j'y suis contraint, Monsieur. D'autres obligations me réclament.

– La pyramide de Falicon, peut-être ?

Le Corse rit de cette saillie.

– Je ne vous cache pas que, de passage à Nice, je ne manquerai pas d'y faire un tour, en souvenir de cette matinée. Je vous en tiendrai informé, le cas échéant. Mais d'ici là...

CHAPITRE XVIII

Louksor,
nonidi de la IIe décade de Thermidor, an VII
(6 août 1799)

Édouard de Villiers s'arrêta brusquement de marcher, retira de sa poche un morceau de caillou, plat et polychrome. Il ne se rappelait pas avoir mis cet objet à cet endroit. Dans la paume de sa main, le caillou semblait se liquéfier, perdant un peu plus de sa matière à chaque fois qu'il posait les doigts dessus.

D'un mouvement machinal de sa lèvre supérieure, Édouard fit tressauter sa courte moustache dans un petit ballet de droite à gauche qui n'était pas sans grâce. Ce tic prenait l'officier à chaque fois qu'il voulait dire quelque chose d'important ou de solennel. Sa moustache, elle, n'était là que pour tenter de lui donner quatre ou cinq ans de plus, de dissimuler ses dix-neuf printemps.

Son compagnon de marche l'avait distancé de quelques pas. Il s'arrêta et attendit. De Villiers caressa un nouvelle fois le caillou et, non sans avoir fait danser sa moustache à une ou deux reprises, s'exclama enfin :

– Quelle force ont les siècles, Prosper ! Hier, nous entrions dans une tombe royale, recueillions comme neuf ce morceau de bas-relief taillé il y a trente siècles et, aujourd'hui, il se délite entre nos mains comme du sable…

– C'est du grès. À quoi vous attendiez-vous ?

La sèche réponse de Prosper Jollois ne le découragea pas.

– Et cela ne vous suggère-t-il rien quant à la fragilité de l'homme et de ses œuvres ?

– Ah... Elle est bien bonne ! Ce que cela m'inspire, c'est qu'un fragment de notre découverte n'avait rien à faire dans votre poche. Il est perdu, désormais. Mais dites voir, entre la mise au point de deux de vos aphorismes philosophiques, avez-vous trouvé le temps de réunir quelques informations supplémentaires sur notre guide de l'autre nuit, ce... Mohammed ?

Le jeune Édouard se durcit, perdant en un instant sa douceur juvénile. Fichu ingénieur ! Les quatre années de différence qui les séparaient le mettaient fréquemment dans une désagréable position d'infériorité. Ils s'étaient connus à l'École nationale des ponts et chaussées, mais Édouard, contrairement à Prosper, avait été enrôlé sans avoir encore obtenu son titre d'ingénieur. Il finissait donc toujours sous les ordres de ce dernier et cette fois-ci ne faisait pas exception.

– À dire vrai, je n'ai rien pu réunir du tout. Il y a beaucoup de Mohammed par ici, figurez-vous ! Ce Mohammed-ci semble ne pas être de Louksor, ni même de l'autre rive. Personne ne le connaît ni n'a jamais travaillé avec lui.

– Pourquoi croyez-vous qu'il nous ait emmenés hier au temple de Louksor ? Pourquoi nous avoir si bien expliqué quel roi abritait la tombe que nous avons exhumée ? Pas par fidélité à la France, à mon sens...

– J'ai un sentiment analogue. Je croirais volontiers qu'il a voulu nous utiliser si...

– Si vous saviez dans quel but ? J'en ai pensé autant : je n'arrive pas à comprendre pourquoi il a fait ça.

Édouard ne répondit pas. Il baissa la tête et ils reprirent leur marche vers l'ouest. Les deux hommes s'étaient levés matin, vers quatre heures. Ils voulaient arriver le plus tôt possible à l'entrée de la tombe, située entre les « Collines libyennes », des mamelons qui naissaient à l'ouest de Biban el-Moulouk. Leur intention était de commencer à organiser les travaux de prélèvements de façon à mettre les manœuvres arabes au travail dès leur arrivée. À partir de dix heures, le soleil écrasant empêcherait de faire quoi que ce soit à découvert : il fallait profiter au maximum des courtes heures de la matinée. Les extraordinaires révélations du mystérieux Mohammed dans le temple avaient effectivement renouvelé leurs espoirs de trouver quelque chose ayant une réelle valeur dans le lieu de repos éternel du pharaon Amenhotep.

– Dites, Édouard... ne vous paraît-il pas étrange que personne ne connaisse ce guide, alors même qu'il semblait si bien connaître nos mouvements ?

– Oui, c'est étrange. Pensez-vous qu'il puisse être un espion d'Ali Bey ?

Prosper y avait pensé aussi, mais n'aimait pas que l'on cite le très recherché chef des Mamelouks.

– À propos, Édouard... j'ai, de mon côté, appris quelque chose : j'avais oublié de vous informer qu'hier soir, Salaj est mort.

– Salaj ? Notre porteur d'eau ? Vous en êtes certain ?

– Absolument.

– Mais que s'est-il passé ?

– Je n'ai pas tous les détails, mais il apparaîtrait qu'il ait été assassiné par Omar Abiff lui-même, de ses propres mains, devant témoins, dans le bar de Hayyim.

– Et quand cela est-il arrivé ?

– Au moment même où nous étions dans le temple. On m'a dit qu'ils étaient en train de discuter de notre découverte quand les esprits se sont échauffés. Et Omar a éventré le porteur d'eau.

– Oh non... Pauvre garçon…

Édouard de Villiers marqua le pas, ravala un hoquet, courbé en deux par l'image qu'il se faisait de la scène, revoyant le visage de Salaj. Chaque fois que quelqu'un lui mentionnait un décès violent, il réagissait de la même façon. Et l'époque voulait qu'il y en eût beaucoup. Ce n'était pas qu'il ait peur des morts : il était littéralement terrorisé par l'assassinat. Parmi l'équipe des savants de l'expédition de Bonaparte, il arrivait que certains se moquent de cet étrange et irrépressible travers, riant du fait que le baron n'avait pas encore assimilé le choc d'avoir échappé de justesse à la

Terreur de Robespierre… Ce faisant, ils exorcisaient aussi un peu de leur propre peur, ils avaient tous survécu à une période où la lame n'était jamais loin du cou. Prosper se pencha pour relever son compagnon en le saisissant par le coude.

– Allons, Édouard...

– … Merci, ça ira. C'est déjà passé.

Ils reprirent leur marche et le baron retrouva progressivement des couleurs. L'incident était clos.

– Une chose, Prosper.

– Oui ?

– Ne croyez-vous pas que cet assassinat ait quelque chose à voir avec la tombe ? Après tout, cette brute d'Omar Abiff est un pilleur de tombes notoire, un saccageur d'antiquités, un...

– Calmez-vous, Édouard...

– Vous avez raison. En tout cas, le fait d'avoir mis cette chambre funéraire sous surveillance lui aura fait perdre un marché. Cela a dû le mettre hors de lui…

– En effet. Je dois admettre que cette idée ne m'a pas quitté de la nuit. D'une certaine manière, nous sommes un peu responsables de la mort de…

– Ne dites pas des choses pareilles, Prosper ! Vous souvenez-vous, lorsque nous sommes entrés dans la tombe pour la première fois ? Tout était sens dessus dessous. Il y avait des débris et des morceaux de céramique un peu partout comme si quelqu'un nous avait devancés et s'était approprié tous les objets de valeur. Jusqu'à la momie de Pharaon. Quel prix ce sagouin criminel aura tiré de cette découverte, inestimable pour la science ?

Le baron de Villiers père était enquêteur pour le ministère des Finances, à Versailles. Il avait appris à son fils qu'un strict relevé des circonstances d'un vol, fait au bon moment, permettait de confondre le coupable dans presque tous les cas. Ce léger avantage, méthodologique pour ainsi dire, justifiait l'estime que son supérieur lui portait en matière archéologique. Dans le tombeau d'Amenhotep, il avait canalisé sa colère et sa déception devant le saccage par des observations méticuleuses, presque maladives.

Ils avaient réussi à investir le sanctuaire en perçant un tunnel dans le coteau est de la colline. Parvenus à un mur, ils réalisèrent que leurs indications étaient bonnes : il y avait bien « quelque chose » là. Après avoir descellé quelques pierres, ils débouchèrent dans une sorte de couloir. Ils avait descendu trois ou quatre volées de marches, et découvert un dangereux puits de près de cinq mètres de profondeur. Se laissant glisser par des cordes dans ce puits, ils étaient arrivés, enfin, dans l'enfilement des salles mortuaires, dont celle du sarcophage... Pour constater le pillage : toute la chambre funéraire avait été fouillée, sans le moindre égard. Il y avait des fragments de vaisselle, d'urnes, d'objets non identifiables disséminés un peu partout dans la pièce. Ces tessons prenaient un aspect désolant à la lumière tremblante des lanternes. Nombre de bas-reliefs étaient tombés sous l'action de l'humidité, et l'odeur était pestilentielle. Quant au grand sarcophage de pierre, il avait été forcé, et vidé de son précieux contenu.

À ce moment, Édouard, faisant avec une rage froide le relevé détaillé des dégâts, avait attribué le pillage de la sépulture à des voleurs sévissant à l'époque, ou peu après, de l'inhumation. Cette pratique de mise à sac était fréquente, même dans l'Antiquité. Certains auteurs grecs en faisaient état. Il avait cru à un saccage survenu au temps des pharaons eux-mêmes. Maintenant le baron doutait. Dans la pièce du sarcophage, la troisième des salles, il avait découvert au coin oriental un *ankh* tordu, déformé de manière tout à fait singulière. Cette croix des Égyptiens, fréquente sur les bas-reliefs et parmi les objets retrouvés dans les tombes, avait un bras supérieur caractéristique, arrondi comme le chas trop grand d'une aiguille. Cet *ankh*-ci avait été remodelé, l'arrondi écrasé comme si l'on avait voulu qu'il ressemble à un crucifix chrétien. Sur le coup, il n'en avait tiré aucune conclusion, se contentant de répertorier l'objet. Mais maintenant, à la lumière des déplorables événements de cette nuit, Édouard doutait que cette découverte soit fortuite. Et si la tombe avait été récemment saccagée ? Et si Omar avait appris leurs progrès, par l'un des ouvriers par exemple, et les avait devancés pour piller tout ce que le lieu pouvait contenir d'objets de valeur ? Et si, dans une espèce de pied de nez à ces « chiens d'infidèles », il avait laissé un indice en martelant l' *ankh* en forme de croix chrétienne ? Malgré tous ces « si », il s'ouvrit de ses soupçons à Prosper.

– Non, baron... Des pilleurs antiques auraient pu tout aussi bien massacrer ainsi cet *ankh*. D'ailleurs, il n'y a pas moyen de savoir quand cette croix a été créée, et donc si elle est ancienne ou non. Il est possible que les chrétiens aient emprunté ce symbole aux égyptiens il y a des siècles de cela et, par conséquent, la tombe a pu être profanée et oubliée avant même la naissance de nos aïeux.

Édouard ne put s'empêcher de sourire.

– Méfiez-vous de ce que vous dites, Prosper...

– Pourquoi donc ?

– Le même rapprochement valut le bûcher à Giordano Bruno... Le dominicain soutenait que les apôtres avaient imité le symbole de la croix des Égyptiens. Il n'a démordu de cette idée jusqu'à sa mort.

– Ce n'était pas l'unique reproche de l'Inquisition, il me semble...

– Ah... Qui sait ? Peut-être était-ce le seul véritable ?...

Le jeune ingénieur ne répondit pas, parce qu'il devinait que son compagnon n'était pas tout à fait sérieux, mais surtout parce qu'ils arrivaient au terre-plein où se situait l'entrée du mausolée royal. Tous deux savaient qu'une dure journée de travail les attendait.

– Prosper, je voudrais vous poser une question…

– Je vous écoute...

– Vous souvenez-vous de ce que Mohammed a dit de Bonaparte ?

– Vous pensez à son histoire rocambolesque selon laquelle

le général serait venu dans ce pays pour suivre les pas de Jésus jusqu'à leurs origines, chercher j'ignore quel élixir…

De Villiers hésita un instant avant de continuer :

– Personnellement, je ne sais rien de l'intérêt du général Bonaparte pour ces choses. Et vous ?

– Moi non plus. Je doute d'ailleurs que Girard[1] lui-même sache quelque chose à ce sujet. D'ailleurs que sait-il, lui ? Chaque fois qu'il arrive à un temple, ce grand imbécile ne s'occupe que de chercher la meilleure ombre pour pouvoir achever sa sieste. « Le Nil, le Nil… On nous a ordonné d'étudier le Nil, pas les ruines. »

Prosper avait imité l'accent breton du citoyen Girard, ce qui ne manqua pas de faire rire le baron.

– D'accord, d'accord, je l'admets, Prosper. Girard est un idiot... Mais pas Bonaparte. Nous sommes tous les deux persuadés qu'il serait capable de tout pour obtenir la confiance des Égyptiens. Il s'est déclaré musulman au Caire... Il est même allé jusqu'à proclamer les louanges de Mahomet. Mais tout cela est de la politique ! De là à prétendre que sa campagne de Nazareth était une sorte de voyage initiatique sur les traces de Jésus, cela me semble excessif.

– De la politique, sans doute…

Il étaient parvenus à quelques pas de l'entrée du tunnel. Mais il n'y avait aucune trace des deux gardiens qui faisaient partie de l'équipe des ouvriers et qui auraient dû être là, ou au moins dans les parages.

– Ces deux-là auront affaire à moi !

Mais Édouard s'arrêta, il hésitait, sa moustache s'agitant en tout sens. Voyant que camarade ami avait quelque chose à lui dire, quelque chose d'important, il attendit que Prosper soit décidé à le faire. Enfin, celui-ci ouvrit la bouche :

– Mais, mon bon ami...

– Oui ?

---

1. *N.D.A.* : Pierre Simon Girard, ingénieur des Ponts et Chaussées. Prosper Jollois et de Villiers du Terrage étaient sous son commandement durant l'expédition en haute Égypte, durant l'été 1799.

– Je n'ai parlé qu'une seule fois avec Bonaparte, face à face …

– Fort bien ; et alors ?

– C'était à Toulon, avant que nos armée n'embarquent pour Malte, pour joindre l'escadre de l'*Orient*... et ensuite l'Égypte afin de...

– J'y étais aussi, Prosper !

– Oui... Et savez-vous ? Il m'a dit quelques mots sur l'écrasante histoire de ce pays, et sur l'importance scientifique de l'expédition. J'ai d'abord cru qu'il m'encourageait – sans doute était-ce cela d'ailleurs – mais... le fait est qu'il ne me sembla pas un bon chrétien.

– Sa famille est croyante. De la Corse la plus catholique. Expliquez-vous !

– Jugez-en par vous-même : c'était un splendide dimanche de Floréal, vous rappelez-vous ? Après notre petite conversation, l'aumônier vint le trouver. J'étais à deux pas : il lui reprochait de ne pas donner le bon exemple aux hommes en n'allant pas à l'office avant une telle expédition. Je l'ai vu, de mes yeux, ordonner qu'on lui emmène le coffre et les affaires de ce malheureux aumônier. Et je fus moi-même témoin de la façon dont il fit jeter le tout par-dessus bord. Il s'en fallut de peu que l'homme d'église ne suivît le même chemin.

– Une colère... Cela ne veut rien dire.

– Je pense que si, au contraire ! Si Bonaparte est allé jusqu'à Nazareth avec Kléber, ce n'est pas pour prier dans la maison de la Vierge, pas plus que pour retrouver l'atelier de Joseph le charpentier.

– Qu'insinuez-vous exactement ?

– Je crois que Mohammed ne nous a pas menti. Bonaparte n'a pas non plus tout révélé à ses soldats quant à ses intérêts dans ce pays. Rappelez-vous comment il a accepté cette mission sans rechigner ! Alors même que ses ambitions auraient voulu, en toute logique, qu'il soit aujourd'hui à Paris.

Prosper désigna l'entrée de la tombe d'Amenhotep.

– Je crois que Mohammed nous a tout simplement dit la vérité : notre général est en train de chercher la clé de la vie éternelle, comme les pharaons il y a des siècles de cela.

De Villiers, instinctivement, regarda dans la même direction que son compagnon. Celui-ci fixait, songeur, la porte improvisée, faite de planches installées la veille pour bloquer l'accès au mausolée. Soudain, alors que Prosper voulait ajouter quelque chose, il le coupa :

– Regardez ! Là... On a forcé le passage.

À cet instant, quelque chose craqua à l'intérieur du temple.

CHAPITRE XIX

Louksor,
nonidi 19, IIe décade de Thermidor, an VII
(6 août 1799)

La première chose qu'il distingua étaient ses petits yeux, luisant dans la pénombre…

Jean-Baptiste Prosper Jollois, le premier à pénétrer dans le couloir d'accès à la tombe d'Amenhotep, sut immédiatement ce à quoi il était confronté. Une peur, soudaine et féroce, lui empoigna le cœur, le paralysant des pieds à la tête : à moins d'un mètre de lui, il devinait la silhouette fine d'un cobra, dressé, tendu, les anneaux du cou gonflés, les écailles ovales brillantes comme des miroirs, la langue sifflante… Et ces yeux…

La faible lueur, à travers les interstices de la porte, éclairait fort bien le reptile, tendu comme la corde d'un arc. Il oscillait imperceptiblement, étudiant la victime qui venait de s'offrir à lui. Sans l'éclat de ses yeux, Prosper aurait pu le prendre pour une statue. Il lui semblait que le serpent l'attendait depuis des heures, étudiant par avance la manière la plus efficace de lui donner la mort. À un infime changement d'oscillation, l'ingénieur vit clairement qu'il ne tarderait pas à passer à l'attaque : il jetterait sa gueule crochue vers son flanc le moins protégé, et la mort s'infiltrerait dans ses veines. Prosper n'osait pas appeler de peur de faire réagir le serpent. Dans la position où il était, accroupi, tête tendue en avant pour passer sous le deuxième étai du tunnel, Prosper offrait son cou comme à la guillotine. Une morsure à cet endroit, et tout serait terminé en un instant.

L'ingénieur savait que, dans les dix ou quinze prochaines secondes, le cobra, toujours plus tendu et hypnotique, le verrait ciller ou avaler sa salive ou… il profiterait de la moindre contraction musculaire pour lancer son attaque. De Villiers était occupé sur le seuil de la tombe, cherchant les traces des pilleurs. S'il appelait, il entrerait en courant. Le temps des trois pas à faire, les crocs seraient profondément plantés dans sa jugulaire. Il serait trop tard. Combien de temps souffrirait-il, les poings serrés sur l'estomac ? Aurait-il le temps de dire au baron combien lui manqueraient sa mère, ses sœurs, la villa familiale à Aix-en-Provence, son chien Lucas… Aurait-il le temps de lui dire, en mourrant dans ses bras, tous ses rêves de grandeur, ses désirs de découvertes, ses appétits de prospérité ?

Il sentit une perle de sueur qui se formait sur sa tempe.

Le reptile siffla. Sa tête quadrangulaire recula comme s'il prenait le dernier élan avant l'assaut.

– Ne bougez pas !

Le chuchotement était à peine audible. Jamais il n'avait reçu un ordre du baron mais l'accepta avec plaisir.

– Surtout, ne le quittez pas des yeux !

Prosper obéit. Quelque chose siffla à son oreille droite. Le sabre d'Édouard, passant à quelques centimètres de sa tête, trancha avec une grande précision le cou du reptile qui roula sur la pierre calcaire. Jollois s'assit, les sueurs froides le faisaient frisonner des orteils à l'échine. De Villiers s'était accroupi près de lui.

– Pardieu, Villiers ! C'est à moi que vous avez bien failli trancher la tête !

– Taisez-vous !

Prosper Jollois voulut manifester son incompréhension, mais le baron plaqua sa main libre sur sa bouche en le fusillant de regard. Puis il lui chuchota, quasiment dans le creux de l'oreille :

– Silence ! vous dis-je… Qui que soient ceux qui ont forcé la porte de la tombe, ils sont certainement encore à l'intérieur.

Il y a plusieurs chevaux dehors, cachés derrière un rocher. Et ils n'appartiennent pas à notre armée.

Le jeune ingénieur grelottait encore, il en frémit de plus belle. À côté de lui, les entrailles sanguinolentes du reptile palpitaient toujours, son corps se tordant en spasmes irréguliers. À quel point, cette fois-ci, avait-il été proche de la mort !. Et la prochaine fois ?

– Sont-ils… nombreux ?

– Une demi-douzaine au moins. Et nous qui n'avons pas pris le fusil… Ah !

– C'est de ma faute.

– Quelle importance, maintenant ?

Le baron semblait déterminé, ne jetant plus un regard au cadavre du cobra, qui continuait de fasciner Jollois.

– C'est l'occasion où jamais de savoir ce qu'il s'est passé ici. Nous allons descendre dans la tombe, et vite !

– Mais, baron… s'il y avait d'autres serpents ?

– Eh bien, nous courrons ce risque.

Édouard de Villiers sortit deux bougies de mineurs de sa vareuse, les alluma et en tendit une à Jollois. La lumière paraissait bien chiche face à l'épaisseur des ténèbres devant eux. Il avancèrent dans le plus grand silence et parcoururent le tunnel jusqu'à la première volée de marches sans encombre, franchirent de même les deux suivantes. Jollois scrutait surtout le sol autour de ses pieds. Brusquement, de Villiers leva le bras. Le puits était tout proche, et ils percevaient nettement une rumeur remontant des salles mortuaires, un léger murmure. Ils avancèrent un peu plus.

– Écoutez… Les entendez-vous ? Descendons !

– Soyez raisonnable, baron… Nous ne pourrons éviter de faire tomber des gravats en nous glissant dans le puits… Ils vont nous repérer.

– Prosper, je sais que je n'ai pas d'ordre à vous donner, mais… le puits est assez large, nous devrions pouvoir rester discrets.

– Mais…

– Nous serons silencieux, un point c'est tout.

Édouard s'empara de l'une des cordes qui pendaient au-dessus du vide, disparaissant dans l'obscurité. Un bruit de fond émergeait des entrailles de la terre et hérissait les cheveux de Jollois. Le jeune homme saisit une corde à son tour, s'assurant de son propre sabre, le redressant, le calant dans le prolongement de sa jambe pour qu'il ne frotte pas les parois du puits. Ni l'un, ni l'autre ne prononça un mot. Ils enroulèrent leur pied droit autour de la corde et se regardèrent. D'un même élan, ils se soulevèrent avec précaution, reprirent leur équilibre et commencèrent à descendre, lentement, en prenant garde à ne pas même effleurer la surface rocheuse.

Venue du fond du puits, la rumeur se faisait plus précise. Ils percevaient quelques mots, sans doute en arabe, et peut-être une faible lueur.

Les vingt mètres de dénivelé furent pour Jollois les plus longs qu'il ait vécus jusque-là. Quand son pied gauche toucha enfin le sol de la première salle, il vit que le baron était déjà accroupi, bougie éteinte. Il fit de même. Pas un caillou n'était tombé. Prosper étouffa un soupir de soulagement.

Au fur et à mesure de leur descente, les voix s'étaient précisées. La lumière aussi. Elle provenait vraisemblablement de la troisième ou quatrième salle de l'enfilement. Dans une humidité presque palpable, ils avançaient avec les plus grandes précautions, évitant méticuleusement les débris de figurines à tête de chien ou de lion, des fragments de bas-reliefs qui montraient des courtisans vêtus de transparences, des oiseaux aux ailes déployées, des visages de serviteurs qui ne les quittaient pas des yeux.

Ils se dirigeaient à la lumière et aux sons des voix et parvinrent ainsi au seuil de la troisième salle. Il y avait là un groupe de silhouettes assemblées qui psalmodiaient en se balaçant. Les deux hommes trouvèrent un abri derrière une large colonne intacte qui préservait, dans un angle de la seconde salle, une zone noire comme un tombeau. Jollois ne put s'empêcher de penser que c'en était bien un, et espéra qu'il ne serait pas aussi le sien. Mais la cachette leur offrait un angle très ouvert, leur permettant de voir près de la moitié de la pièce, dont le groupe inquiétant des silhouettes, faiblement éclairé par une dizaine de lanternes sourdes.

Cette salle, immense et richement décorée, comptait six colonnes délicatement peintes. Le fond, divisé en deux niveaux, formait une sorte de balcon sous lequel se tenait le groupe d'une demi-douzaine de ces individus insolites, regroupées autour d'un sarcophage. Derrière le sarcophage, un grand trône, et sur le trône…

– Une momie, souffla de Villiers…

– Celle d'Amenhotep, vous cr... ?

– Chut…

Ils n'étaient pas au bout de leur surprise. Quand chacune des silhouettes se dirigea vers une lanterne, ils crurent que les peintures murales avaient pris vie. Il y avait un homme à tête d'ibis, un autre avec un long museau de chien noir, le troisième était un faucon majestueux. Trois personnages féminins en robe de lin complétaient cet hallucinant tableau. La première portait un trône en guise de couronne, la deuxième était coiffée d'une longue plume d'autruche et, enfin, la troisième portait en couvre-chef une sorte de corbeille. Le panthéon de l'Égypte des pharaons s'animait sous leurs yeux. De Villiers avait identifié immédiatement les dieux masculins : Thot, Anubis et Horus. Il était beaucoup moins sûr de lui pour les déesses, mais l'une d'entre elles était Isis, sûrement.

Une septième silhouette s'avança devant le trône. C'était un homme, tête nue, grand et fortement charpenté. Sa peau noire et parfumée d'huile de santal avait des reflets d'argent dans la lueur des lanternes. Prosper tira le baron par la manche, et lui chuchota à l'oreille :

– Regardez, c'est Omar Ben Abiff.

– Crénom, je savais que ce détrousseur y était pour quelque chose.

Plus de doute maintenant : ils avaient pris la main dans le sac, à l'intérieur d'une propriété française, le plus grand trafiquant de reliques du sud de l'Égypte. Il y avait largement de quoi livrer ce malfrat criminel au général Desaix, pour un jugement au Caire où l'on reparlerait de ce jeune porteur d'eau… Seule condition : sortir d'ici vivant !

Toutefois, rien ne correspondait à cette interprétation d'un nouveau pillage : cette incroyable scène mythologique, l'attitude même de Ben Abiff intriguaient le baron. Cette sensation s'accentua encore quand Omar, entouré par les inquiétantes créatures, se mit à psalmodier, en arabe, une étrange prière qui sonnait comme une confession, et dont les participants reprenaient chaque stance. Édouard entendait assez bien cette langue, il tendit l'oreille :

« Ô, Osiris !
Je n'ai pas commis d'iniquité contre les hommes.
Je n'ai pas maltraité de gens.
Je n'ai pas commis de péché au Lieu de la Vérité.
Je n'ai pas essayé de savoir ce qu'on ne doit pas savoir.
Je n'ai pas blasphémé contre Dieu.
Je n'ai obligé personne à avoir faim.
Je n'ai pas fait pleurer.
Je n'ai pas tué.
Je n'ai pas commandé de tuer… »

Deux de ces sortes de spectres, ceux qu'il avait identifiés comme Anubis et Horus, se retournèrent lentement face à la cachette des Français qui reculèrent vivement dans l'ombre protectrice de la colonne. Ils crurent leur dernière heure arrivée quand les silhouettes fantomatiques firent deux pas dans leur direction. Mais ils s'arrêtèrent pour se saisir d'une grande balance de cuivre appuyée contre l'un des murs, à quelques mètres des ingénieurs « espions » qui tentaient de calmer les battements frénétiques de leur cœur.

Omar, dans une sorte de transe extatique, poursuivait sa monotone litanie, le bras gauche plié contre la poitrine :

« Je n'ai pas réduit mes offrandes aux temples.
Je n'ai pas taché les pains des dieux.
Je n'ai pas été pédéraste.
Je n'ai pas forniqué en des lieux saints du dieu de ma ville.
Je n'ai pas chassé dans les cannaies des dieux.
Je n'ai pas pêché dans leurs lagunes.
Je n'ai pas posé de digues contre les eaux.
Je ne me suis opposé à aucune procession.
Je suis pur ! Je suis pur ! Je suis pur ! »

Horus et Anubis assemblèrent le fléau et les plateaux de la balance à quelques pas du récitant, pendant que deux des déesses agitaient leur sistre. Lentement, venue d'on ne sait où, une épaisse fumée d'encens enveloppa le petit groupe comme un voile de brume.

Alors, Anubis parla. Sa voix résonna dans la salle :

– Toi qui as réussi à surmonter l'implacable jugement des quarante-deux conseillers des morts… Toi qui t'es déclaré innocent des quarante-deux péchés capitaux pour le véritable fidèle… Oseras-tu te soumettre, maintenant, au jugement de la balance ?

L'écho de ces mots, contre les hauts murs de la chambre funéraire, semblait vaguement familier aux oreilles d'Édouard. Un regard à Prosper lui confirma qu'il n'était pas le seul à connaître la voix grave de cet « Anubis ». Mais déjà Omar répondait :

– Oui. Je m'y soumettrai.

– Es-tu conscient des conséquences du jugement ?

– J'en suis conscient.

– Sais-tu que, s'il t'est favorable, si ton cœur est plus léger que la plume sacrée de Maât, tu accéderas aux mystères de la vie éternelle ?

– Je le sais et j'en accepte l'augure.

– Sais-tu que, s'il t'est défavorable, si ton cœur est jugé trop lourd, Sobek dévorera ton *Kâ* et ton *Bâ*, qu'il te condamnera à la disparition absolue.

– Je le sais et j'en accepte l'augure.

Le *Kâ* et le *Bâ* ? « Sobek » ? Autant de mots inconnus pour Édouard. « Maât» était également un mot qu'il n'avait pas compris, mais il supposait que cela pouvait être la « déesse » arborant la plume à laquelle « Anubis » avait fait allusion. Il se frotta les yeux, irrités par les fumées d'encens. Prosper, qui n'entendait que des rudiments d'arabe, avait renoncé à regarder et restait prostré dans un coin d'ombre. De Villiers posa sa main sur l'un de ses genoux, comme pour le rassurer, mais il n'était pas vraiment à ce qu'il faisait. Il songeait surtout à cet improbable rituel auquel il assistait devant lui. Il était convaincu désormais qu'il y avait bien des hommes sous ces masques de bêtes. Jamais il n'avait cru à une incarnation des dieux anciens de l'Égypte, non... Une minute, peut-être au début, dans l'affolement... Quoi qu'il en soit, il semblait évident qu'Omar n'était pas venu dans cette tombe dans le seul dessein d'en détruire quelques trésors ou d'accumuler quelque magot. Comment ce forban de taverne avait-il pu jurer n'avoir ni péché ni tué ? Quant à ce jargon étrange... Le *Kâ*, le *Bâ* ? Dans le contexte de ce rite, cela pouvait-il être l'âme ? ou l'idée que s'en faisaient les Égyptiens ? Mystère... Il retourna à la mise en scène qui se déroulait sous ses yeux.

« Horus » s'inclina cérémonieusement vers l'un des plateaux de la balance, et y posa un petit flacon d'albâtre.

– Voici *Ib*, et c'est ton cœur qui pèse.

« Anubis » déposa sur le second plateau une sorte de plat de terre.

– Et voici *Shes Maât*, poids de la Vérité, esprit de la Justice.

Le troisième homme, celui à tête d'ibis qu'Édouard avait identifié comme incarnant « Thot », confirma cette interprétation en s'avançant vers les fléaux de la balance qui oscillaient.

– Il en sera fait ainsi que tu le veux. Moi, Thot, *Celui qui se créa lui-même*, *Celui que personne ne mit au monde*, Moi qui suis capable de compter les étoiles du ciel et de les nommer, j'écrirai pour l'éternité le résultat de ce jugement irrévocable.

Tous dirent en chœur :

– Amon.

Les sistres retentirent, emplissant la grande salle de leurs crissements. La balance, libérée, parut s'animer d'une vie propre. Elle penchait d'un côté, puis d'un autre. De Villiers songea que, s'ils avaient eu le fusil, c'eût été le moment ou jamais de bondir de l'ombre.

La bascule oscillait toujours, sous l'œil fasciné des hommes et des femmes qui surveillaient son verdict. Enfin, elle cessa d'osciller d'un bord à l'autre de la mort, pour s'arrêter exactement entre les deux plateaux. Si les incantations ne mentaient pas, Omar était absous… « Thot » lâcha, sentencieux :

– Tu es l'un des *Maât Kheru*, Omar. Un juste reconnu des dieux.

Même de leur cachette, Édouard et Prosper distinguèrent le soupir de soulagement que n'avait pu retenir Omar en entendant de la bouche de « Thot » le verdict de la balance. Celui-ci continuait :

– Nous avons fait tout ce qu'ordonne le *ReuUnPertEmHru*[1]. Nous avons suivi scrupuleusement les écrits des anciennes exhortations. Maintenant, la justice de Maât est accomplie. Elle doit te livrer ce même secret qu'elle révéla au *Taureau puissant, radieux avec Maât*, à *Celui dont la puissance frappa les Asiatiques*, à *Celui qui fixa les lois du double pays*, Nebmaâtrê, Amenhotep le troisième, Fils de Rê, Roi de haute et basse Égypte.

« Anubis » dit alors avec solennité :

– L'élixir de l'immortalité.

Édouard avait sursauté une première fois en reconnaissant, même prononcé en arabe, le nom qu'il avait donné au pharaon. Puis une seconde fois en entendant parler de cet « élixir de l'immortalité » que ce Mohammed avait évoqué. « Anubis » poursuivait :

1. *N.D.A.* : Littéralement : le « Livre de ce qui viendra un jour ».

– Ô Osiris ! Maintenant que nous avons clos ce rituel, conduis-nous jusqu'à l'homme qui a reçu ton secret.

Cette fois, de Villiers en était sûr : cette voix était celle de Mohammed. Il n'eut pas à attendre pour qu'un visage vienne confirmer son intuition. « Anubis » éleva ses mains vers la base de son cou, dénoua quelque lien et retira son masque de chien noir à long museau, qu'il posa délicatement sur le sol. C'était lui, c'était Mohammed ! Il avait pris Omar dans ses bras pour une accolade :

– Bienvenue parmi les initiés de Rê, Omar.

– Mohammed ! Merci de m'indiquer le chemin.

Leur guide de Louksor était bien celui qui se cachait sous le masque d'Anubis. Le pire était qu'il travaillait main dans la main avec Omar Ben Abiff.

– Tu n'as pas à me remercier. Te guider jusqu'à la réussite est ma mission sacrée, et aussi celle des vrais adeptes du Soleil, gardiens du Secret. Tu es des nôtres, désormais.

Omar n'avait pas lâché l'avant-bras de Mohammed et le considérait avec vénération.

– Après la fugue de Nadia, j'ai bien cru que nous avions perdu la piste de la formule.

– Non. Il nous reste Bonaparte. S'il est bien l'élu que nous attendons, si ce qu'annoncent les prophètes chiites est exact, alors, lorsqu'ils le trouveront et lui feront accomplir ce même rituel, nous aurons ce que nous cherchons.

– Qu'il en soit ainsi, Mohammed Ben Rashid.

Le guide le fixa du regard. Son expression avait changé, il retroussait la lèvre comme si Omar avait prononcé une injure.

– Je t'ai interdit de m'appeler ainsi. J'ai abandonné le clan depuis longtemps et jamais aucun des Ben Rashid ne nous conduira vers la Lumière. J'ai compris maintenant, et tu dois le comprendre aussi, que leur culte est traître à la vraie adoration de Rê. Il est basé sur une croyance de la nuit, ils vénèrent les étoiles, étudient leur course avec vénération… Comment veux-tu qu'ils soient capables de conserver et de protéger l'élixir de vie.

– Et Bonaparte le pourra-t-il ?

– C'est son destin.

Édouard fit signe à Jollois. Les mystérieux initiés commençaient à ranger leur attirail, il leur fallait profiter de ce moment pour décamper aussi silencieusement qu'ils étaient venus. La remontée du puits fut pénible, ils percevaient toujours les bruits de voix derrière eux et, pendant qu'ils grimpaient bien trop lentement à leur goût, ils crurent être découverts au moins une demi-douzaine de fois. Mais ils parvinrent sans encombre dans le tunnel d'accès. Sans même prendre le temps de rallumer leurs bougies, ni de prononcer un mot, ils se dirigèrent à tâtons vers la sortie, et débouchèrent enfin à l'air libre. Jollois, essoufflé, posa la main sur l'épaule de son subordonné…

– Bigre… Je ne crois pas avoir jamais été si proche de la mort…

– Hâtons-nous, Prosper… Nous ne sommes pas tirés d'affaire ! Nous allons emprunter deux de leurs chevaux et disperser les autres. Vite !

Sans attendre, Jollois entreprit de contourner la colline dans laquelle était percé leur tunnel, en courant ou presque. Il semblait savoir où il allait. Édouard le suivit au pas de charge.

– Allez-vous m'expliquer ce qu'ils faisaient, ainsi déguisés, dans notre tombe. Je ne comprends rien à leur baragouin…

– Il faudrait pourtant vous y mettre, monsieur l'ingénieur…

– Ne m'appelez pas « mon… ».

– Ce n'est pas le moment, Jollois. Il se passe quelque chose de grave et vous devriez avertir l'état-major au plus vite…

– Mais quoi ? Que se passe-t-il ?

– Un complot contre Bonaparte… Ils veulent l'enlever et le forcer à accomplir je ne sais quel rituel satanique. Hâtez-vous, bon sang !

CHAPITRE XX

Le Caire,
4 Rabi de l'an 1214 après l'hégire
(6 août 1799)

C'est au matin du quatrième jour de navigation que Nadia et son oncle purent rejoindre al-Qahira[1], « la Victorieuse ». Ils avaient choisi d'atteindre la cité par le fleuve, et c'est au fil de l'eau que la ville apparut devant eux, découvrant les demi-lunes argentées de ses multiples minarets.

Il était difficile d'imaginer un spectacle aussi étourdissant que celui-ci : de grandes barcasses de charge, entourées d'une quantité de felouques, de canots, de radeaux tressés qui tournaient autour d'elle comme autant de puces d'eau, dans tous les sens, sans ordre apparent. Même les plus incrédules devaient admettre qu'Allah, en Son infinie sagesse, ne pouvait qu'avoir Lui-même doté le fleuve d'un ordre invisible et mystérieux, seul capable de régir un trafic d'hommes, d'animaux et d'objets aussi endiablé. Et le Créateur, Seigneur de l'Univers, Se complaisait à montrer dans ces menus détails l'immensité de Son pouvoir.

– Le Caire a beaucoup changé depuis que sont arrivés les Français, les avaient avertis certains des passagers du bateau. Les étrangers ont rapidement transformé *la mère de toutes les villes* en un lieu différent et, pour une raison obscure, Dieu les a laissés faire .

1. *N.D.A.* : Nom arabe du Caire.

Mais ces commérages n'intéressaient guère les Ben Rashid. Sur la felouque, ils ne parlèrent avec pratiquement personne. « La Parfaite » avait la tête couverte du voile ordonné par l'islam et tous les deux n'eurent guère de difficultés à se faire passer pour un jeune couple du Sud venu à la ville. Pendant quatre jours, ils jouèrent consciencieusement le rôle, faisant leurs ablutions et priant cinq fois par jour en se tournant vers La Mecque. Mais c'était le jour de la libération et ils attendaient, impatients, de pouvoir débarquer sur un petit quai, près du quartier de Gizeh. À huit heures du matin, déjà, la chaleur était étouffante.

La deuxième chose surprenante, après le trafic fluvial, était sans conteste la quantité de soldats qui patrouillaient aux alentours des pyramides. Ils n'avaient jamais vu autant de Français si bien équipés. Le plus étonnant était que, dans cette zone, il n'y avait à protéger que le sable et les pierres. La considérable présence militaire, armée jusqu'aux dents, semblait aussi ridicule que mystérieuse.

Les mauvaises langues murmuraient que les étrangers se préparaient pour contenir une nouvelle attaque de Mourad Bey. Ils n'avaient peut-être pas complètement tort. On leur raconta que, cinq jours seulement avant leur arrivée, le redoutable Mourad avait nargué les soldats. Escaladant impunément la Grande Pyramide, il avait envoyé du sommet des messages à Nefissa, une influente dame du Caire qu'il courtisait. Son petit jeu avec un miroir durait depuis déjà un certain temps quand les Français s'en rendirent compte. Mais il disparut, leur échappa et, à ce qu'on disait, avait fui vers le Fayoum. Il avait cependant laissé dans son sillage l'impression ambiguë et désagréable que la ville pouvait connaître à tout moment de nouvelles émeutes. Ali décréta :

– Nous serons plus en sécurité dans le centre, loin des pyramides. Au moins jusqu'à ce que le jour vienne…

– Le jour ?

– Celui où nous devrons aller à Héliopolis pour réclamer ce qui appartient à notre clan.

Le Nubien posa un moment son regard sur le Sphinx pourtant lointain. Parfaitement dressé en face de la pyramide de Khephren, son visage éternel défiait celui qui prétendrait lui arracher ses secrets. Depuis la petite rue sale où ils se tenaient, la vision de la tête du colosse émergeant du sable paraissait le reflet d'un paysage d'un autre monde.

– Cela fait plusieurs jours que nous voyageons ensemble, et pourtant, je ne saisis pas toujours ce que tu dis, mon oncle…

– Ce que nous sommes venus chercher est très ancien, protégé dans plusieurs lieux sacrés. Il nous faut être attentifs à tout signe que pourraient nous adresser les dieux. Nous n'aurons peut-être même pas à quitter Gizeh pour trouver le Secret de la vie éternelle.

La jeune fille haussa les épaules. Chaque fois que son oncle expliquait sa « mission », elle se sentait submergée par les incertitudes. Elle était, par exemple, incapable d'expliquer pourquoi la formule de l'immortalité pouvait être cachée dans plusieurs lieux saints à la fois. À Edfou, elle avait cru comprendre que Héliopolis était l'endroit où l'oiseau Bennou, revenant à intervalles réguliers pour récupérer son énergie vitale, renaissait de ses cendres plus fort et plus jeune. Si son oncle paraissait n'avoir aucun doute là-dessus, alors pourquoi ne partaient-ils pas pour Héliopolis arracher son secret au Phénix une bonne fois pour toutes ?

– Peut-être as-tu raison, qui sait ? Mais, si comme moi tu avais étudié longuement le conte de Djedefhôr, tu n'ignorais pas que des lieux très différents, comme Héliopolis ou Gizeh, peuvent indifféremment contenir le Secret…

– Djedefhôr ?

– Décidément, cette formation te manque cruellement. Djedefhôr, l'un des fils de Kheops. Son récit est un des plus connus de l'époque pharaonique.

– Je t'écoute.

– Le prince Djedefhôr essaya de découvrir, pour le compte de son père, comment était fait ce temple secret, celui que le dieu Thot avait construit pour y celer le coffre de toute la sagesse. Car Kheops voulait reproduire ce monument, mais il ne savait pas à qui confier la réalisation de son rêve. Personne ne semblait, dans tout le royaume, connaître la situation précise du temple de Thot. Et encore moins où se trouvaient les plans.

– Djedefhôr accomplit sa mission ?

– Oui. Le rusé prince inetrrogea à Saqqarah un vieillard qui se souvenait encore du secret. Avec les informations qu'il obtint, Pharaon s'empressa de faire édifier une réplique, qui n'est autre que la Grande Pyramide de Gizeh.

– Ah, je comprends : nous possèdons donc les éléments qui nous mèneront au Secret, mais nous avons deux pistes… Soit celle de Thot, l'original, dans le sanctuaire d'Héliopolis. Soit la copie de Kheops dans la Grande Pyramide.

– Exactement. Mais, même si le récit de Djedefhôr n'en dit rien, il est probable que Kheops ait fait mettre au jour les ruines du temple de Thot, et qu'il s'empara du coffre de la sagesse. L'enferma-t-il ensuite dans sa pyramide ? Sans doute. Les anciens Grecs pensaient, à tort, que les pyramides de Gizeh avaient été érigées par Thot lui-même. C'est un indice.

– Et qui pourrait aujourd'hui connaître la vérité, après tout ce temps ?

Ali sourit à nouveau de l'ingénuité de Nadia.

– Seuls les « sages bleus ». Te souviens-tu de ce que je t'ai dit d'eux à Edfou ? Depuis l'époque des dieux, ils ont été désignés gardiens du Secret de la vie.éternelle Eux seuls savent aujourd'hui où se situe exactement ce sanctuaire à Héliopolis ou, à défaut, la chambre du coffre de la Grande Pyramide.

– Pourquoi nous diraient-ils où il se trouve ?

Le Nubien hésita sur la manière de tourner sa réponse. Enfin, il se décida :

– En réalité, ils n'attendent que toi pour nous livrer le Secret.

– Comment est-ce possible ? Pourquoi moi ?

Elle s'était arrêtée, interloquée, stupéfaite…

– Si tu te sens prête, le moment de ta grande mission est arrivé.

– Je l'ignore, mais je ne peux être plus prête, mon oncle.

– Ainsi soit-il.

Ali saisit Nadia par la main et l'entraîna dans les ruelles au cœur de la ville. Au début, elle perdit tout sens de l'orientation, puis, ayant pris comme point de repère le minaret de briques élancé de la mosquée du calife Al-Hakim, elle commença à se situer dans ce dédale. Son oncle l'emmenait vers la rue Bayn al-Qasrayn, cette venelle bordée des dernières vieilles demeures fatimides.

La foule était dense, et cette marée humaine répugnait Nadia. Le mélange des odeurs était particulièrement malheureux : les arômes épicés des étals, les effluves de ragoûts se mêlaient à la puanteur du crottin de cheval, des bouses de chameau, des relents de sueur. Le quartier de la rue Bayn al-Qasrayn, à la différence des autres faubourgs du Caire, ne semblait pas avoir appliqué les nouvelles ordonnances municipales françaises : c'était toujours une rue étroite et crasseuse, peu en accord avec son nom ronflant[1] – elle n'avait certainement jamais vu le moindre carrosse.

Heureusement, le trajet fut court : Ali savait parfaitement où il allait. Dans l'une des venelles latérales, parallèle à l'artère principale, Ali écarta un rideau noirci de crasse qui ouvrait sur une cour étonnamment propre et ordonnée. « La Parfaite », docile, suivit son oncle.

Deux enfants, accroupis dans un coin, étaient occupés à un jeu qui ressemblait aux échecs. En les voyant entrer, ils se levèrent et traversèrent la cour à grandes enjambées. Quelques instants après, une grosse femme au visage aimable et rond s'avança à leur rencontre, en proie à une forte agitation. Elle murmura quelque chose d'incompréhensible et embrassa Ali sur la joue. Elle les conduisit rapidement dans un dédale intérieur vers une deuxième cour, plus grande, parfumée à la fleur d'oranger, où un vieillard aux yeux blancs semblait attendre. Il sentit sa présence et se tourna vers elle.

– Nadia ? C'est toi, n'est-ce pas ?

1. *Al-Qasrayn* signifie « entre les palais ».

Ce n'était pas véritablement une question, et Nadia ne dit rien. Il sourit largement et continua :

– Sois sans crainte. Assieds-toi près de moi que je puisse te toucher. Il y a longtemps que je désire te connaître…

Nadia avança et la femme, probablement l'une des épouses du vieil homme, la prit par le bras pour la mener à ses côtés. Elle l'aida à s'asseoir sur un coussin orné de pierreries. Un magnétisme étrange et une sereine autorité se dégageaient de ce vieillard. Il devait avoir environ soixante-dix ans. Il avait une longue barbe blanche, désordonnée, les cheveux clairsemés et les pommettes saillantes. Sa voix, ses gestes étaient lents et solennels.

– Enfin, te voilà ! Nadia, « La Parfaite »… Je suis Ahmed, le grand patriarche des Ben Rashid. Depuis qu'al-Hussein m'a confié cette lourde tâche, il y a de cela de nombreuses, très nombreuses années, je suis le guide spirituel du clan. Bien sûr, tu ne me connais pas…

– Ali m'a beaucoup parlé de vous.

– Et il t'aura aussi conté le rêve que je fis, où un ange de Dieu me révéla que notre famille se soulevait, une et indivisible, pour récupérer la formule de Seth. Le Secret de la vie. Il te l'a dit, n'est-ce pas ?

– Oui.

Les mains noueuses et fortes d'Ahmed se tendirent jusqu'à saisir celles de Nadia. « La Parfaite » sentit une chaleur, une vigueur étonnantes.

– Ali t'a-t-il dit pourquoi tu es ici, avec moi ?

– Non.

– T'a-t-il parlé de l'origine de notre famille ? de la raison pour laquelle nous sommes si jaloux de la continuité de notre lignée ?

– Non.

– Alors je suppose qu'il ne t'a pas davantage parlé des raisons pour lesquelles nous t'avons vendue comme servante, à Louksor ? ni pourquoi nous t'avons confié la surveillance d'Omar Abiff ?

– Non, maître Ahmed.

Le patriarche resta un instant silencieux, visiblement contrarié par l'ignorance de celle en qui se concentraient tous les espoirs du clan. Il connaissait mieux que personne l'urgence qu'il y avait à compléter son initiation, à la préparer à cet instant capital : le *Temps* qui, déjà, arrivait. Il comprit qu'il n'y avait qu'une issue : le faire lui-même, maintenant. Tant pis pour les subtilités d'une initiation progressive.

– Te souviens-tu encore de ta mère, Sarah ?

– Ma mère ? Bien sûr ! Je suis restée avec elle jusqu'à la date à laquelle le clan me vendit à Hayyim. J'avais treize ans.

– Très bien, petite. Écoute attentivement ce que j'ai à te dire. De cela dépend la réussite de la mission que je vais te confier aujourd'hui. Ne perds aucun détail. Si quoi que ce soit te contrarie ou te déplaît, n'hésite pas à m'interrompre.

– Oui, maître.

Ahmed serra avec force les douces mains de Nadia.

– Ta mère, ta grand-mère avant elle et toutes tes ascendantes depuis soixante générations appartiennent à la caste des initiés d'Isis. D'origine hébraïque, notre famille n'en accéda pas moins, rapidement, aux plus grands honneurs des anciens Égyptiens.

– Juifs ? Notre famille est juive ?

– Oui, Nadia. Ta famille descend, en ligne directe, de Myriam. Dieu l'avait choisie afin d'être la mère du prophète des chrétiens, Yeshua. Elle vint de Canaan en Égypte pour fuir une impitoyable persécution politique qui visait son fils nouveau-né. Elle se réfugia à proximité d'Héliopolis, qui était alors un haut lieu de la sagesse et de la connaissance. Comme elle arriva précédée et accompagnée de signes célestes, les savants et les mages furent très vite alertés. Alors…

– Qu'entendez-vous par « signes célestes », maître ?

– Avant même l'apparition des pharaons, nous sommes, nous les hommes de cette terre, d'habiles astrologues. Nous avions vu en Yeshua et Myriam certains traits dans leur carte astrale qui les désignaient comme des élus des dieux. C'est pour cette raison que nos ancêtres acceptèrent sans hésiter de les initier, aussi bien la mère que l'enfant, aux secrets les plus occultes de la foi d'Isis. D'une certaine façon, ils les attendaient depuis déjà longtemps comme ceux qui attendent le retour d'un parent lointain et perdu. N'oublie pas que Moussa[1], grand patriarche des juifs, avait été prince et prêtre d'Égypte et avait emporté avec lui une partie de notre foi…

– En quoi consista l'initiation de Myriam, maître ?

Ahmed sourit.

– Il s'agissait de lui apprendre une très puissante science qui conduisait à l'immortalité. La jeune Myriam assuma ce savoir comme étant le sien propre, puis le transmit à son fils avec l'aide des prêtres du temple du Bennou. Mais Myriam inculqua aussi notre science à certains autres de ses descendants.

– Yeshua ne fut pas le seul fils de Myriam ?

– Oh non, rien de cela. Même les disciples de Yeshua parlèrent dans leurs écrits de ses frères et sœurs. Ce sont ces dernières qui reçurent l'initiation particulière d'Isis. À partir de Myriam, cette initiation fut même plus large encore que durant l'Antiquité. L'arrivée des Romains pouvait faire craindre qu'elle se perde pour toujours. Les mages qui possédaient le Secret de la vie éternelle, avaient réussi à le préserver de la cupidité des pharaons et des prêtres, mais ils étaient bien conscients que les temps évoluaient et qu'allait venir une ère difficile, dans laquelle de grandes ambitions allaient s'affronter. Ils décidèrent de faire du Secret le savoir le mieux protégé au monde …

Ahmed perçut très nettement l'anxiété de Nadia : elle s'accrochait à ses mains avec force, comme si elle avait peur de tomber.

– Oui, petite… Tu as deviné, n'est-ce pas ? Ils décidèrent que le Secret ne pourrait se transmettre que par le sang et ils établirent que, dorénavant, seule l'appartenance directe à la famille de Myriam garantirait le plein accès des femmes à la science de l'immortalité… Le Secret pourrait se transmettre

1. Moïse.

même en passant des générations, même si certaines femmes de la lignée décidaient de ne pas le recevoir ni le pratiquer.

– Et… pour ma mère ?

– Sarah, et presque toutes les femmes qui l'ont précédée, ne voulurent pas exercer ce pouvoir, et choisirent de n'en être que les passeuses. Les circonstances étaient différentes d'aujourd'hui. Depuis Myriam et Yeshua, nous n'avons jamais perçu la venue sur les terres d'Égypte d'un homme digne de recevoir l'initiation, de donner un fils à l'incarnation d'Isis pour l'accomplissement complet du rituel qui, en son temps, rendit la vie à Osiris…

– Voulez-vous dire que, pour reproduire la magie des anciens dieux, il faut non seulement avoir su préserver une fille de Myriam, mais aussi attendre l'arrivée d'un nouvel Osiris ?

– On pourrait, en effet, l'exprimer de cette manière.

– Et… savez-vous qui est l'Osiris que nous attendons ?

Ahmed se tut quelques minutes, méditant sa réponse. Ensuite, caressant la douce main de « La Parfaite », il murmura afin que personne ne les entende :

– C'est Bounabart. Ce sultan français venu de l'autre côté de la mer…

CHAPITRE XXI

Paris,
Octidi 28, IIIe décade de Thermidor, an III
(15 août 1795)

Le lendemain de son entretien avec Pontécoulant au Palais-Royal, le jour même de ses vingt-six ans, Napoléon se résigna à retourner voir le curieux mage de la rue de l'Estrapade. Le fait que ce soit le jour de son anniversaire y était-il pour quelque chose ? Peut-être… Toujours est-il que, depuis sa consultation avec Bonaventure Guyon, les choses avaient fort bien évolué : sa rencontre avec Carrère ouvrait ses horizons et Barras, l'homme fort du moment, était désormais à sa portée. Et puis, il avait appris deux ou trois choses importantes sur le mystérieux comte de Saint-Germain.

Ayant rassemblé ses maigres économies, il s'en fut du côté de la montagne Sainte-Geneviève satisfaire à la probable cupidité du *professeur de mathématique céleste* : si la première consultation était gratuite, la deuxième devait sans doute être ruineuse !

Et, en effet, Bonaventure se montra gourmand… Mais, ayant appris les progrès de Napoléon sur la question de Saint-Germain, il accepta d'en dire un peu plus :

– Il n'y a guère qu'un endroit où, s'il le fit jamais, le comte a pu confier quelques éléments de son secret.

– Que ne le disiez-vous ? Où est-ce ?

– C'est que…

Il fit mine de mordre dans une pièce de monnaie, indiquant que les « quelques » sous déjà glanés n'étaient guère suffisants pour une telle information. Bonaparte lui tendit ses derniers deniers.

– Vous m'avez ruiné, Monsieur.

– Mais non, mon jeune ami. Je vous donne les clefs d'une fortune que vous ne pouvez qu'amasser… Et je ne parle même pas d'argent !

– Au fait, s'il vous plaît…

– J'y viens. Aux dires de l'astrologue de Louis le seizième, le si secret comte de Saint-Germain aimait à fréquenter certaine auberge discrète où il donnait quelquefois rendez-vous à ses amis les plus intimes.

Regardant par la lucarne de sa sinistre mansarde, il désigna un quartier de la capitale que l'on apercevait de son carreau.

– Malgré mes forts modestes émoluments, par pure amitié pour vous, je vais vous donner l'adresse de cette auberge. Ne dites surtout pas d'où vous la tenez. Demandez-leur… Peut-être pourront-ils vous renseigne ?

Il n'était pas loin de l'heure du souper, heure idéale pour toquer à la porte d'une auberge, et Napoléon prit congé de l'astrologue, non sans une promesse formelle de revenir. Il promit, mais sans avoir nullement l'intention de pousser à nouveau cette porte-ci. Et derechef, il s'engagea dans la direction de son nouvel objectif.

Le Corse mit un bon moment à trouver. L'adresse que lui avait donnée Guyon était sise près de l'axe de la rue Saint-Martin, en plein quartier du Temple, au 51 de l'obscure rue de Montmorency. Une ruelle sans aucun charme, dénuée de toute animation. La façade du 51 était grise, les murs si gonflés d'humidité qu'ils semblaient prêts à exploser. Et pourtant, malgré son état pitoyable, l'immeuble de quatre étages, au haut pignon, était le meilleur de toute la rue. Une enseigne le désignait en effet pour une auberge.

Quel attrait avait donc ce bouge, sous Louis XV, pour un courtisan adulé tel que Saint-Germain, qui dépensait des fortunes dans toutes les cours d'Europe ? Était-ce vraiment là le quartier général de ce prétendu comte ?

Il y avait au-dessus du linteau un médaillon de pierre, qui avait dû être coloré avant le sacre de Louis XI, au moins. Il montrait, peut-être, des silhouettes d'anges et de… prophètes, à en juger par leur expression extatique. Le frontispice était complété par un texte étrangement sculpté que Napoléon ne prit pas la peine de décrypter, l'ensemble lui paraissant grotesque.

Ainsi, les trois portes que le 51 ouvrait sur la rue donnaient bien accès à une auberge. Il poussa celle du milieu et pénétra dans une salle basse et sombre. Des poutres noircies barraient le plafond. Une cheminée poussive, où brûlaient en plein mois d'août quelques bûches humides, contribuait à épaissir la couche de suie. Il y avait une demi-douzaine de tables, entourées de chaises disparates. Au fond de la salle, la porte de l'office s'ouvrit, laissant le passage à une impressionnante matrone en tablier.

– Oui ?

– Eh bien… C'est pour manger.

Après tout, il était soldat, autant vivre dangereusement.

La femme s'avéra volubile et empressée, aussi surprise d'avoir un client que lui d'avoir accepté de l'être.

– Asseyez-vous. Je suis seule aujourd'hui. C'est le jour de congé des serveurs.

Napoléon n'en crut pas un mot, mais se laissa faire. Elle lui servit d'office l'unique plat au menu : un *saumon rôti et ses lentilles au lard* *, inattendu mais délicieux, et un broc ventru de bière âpre. Sans aucune manière, elle s'assit à la table du fringant jeune homme, dans son bel uniforme.

La dame Nerval, puisqu'elle ne tarda pas à lui donner son nom, était aussi épaisse que joviale. Native de l'Aude, veuve de l'ancien propriétaire de l'auberge, elle gérait son négoce avec passion.

– Il faut dire qu'on ne traite pas par-dessus la jambe une telle maison !

– Est-elle si particulière ?

– N'avez-vous pas lu le frontispice ?

– Eh bien… Non ! Enfin, j'ai lu l'enseigne : *Auberge de Nicolas Flamel*. Qui est-ce ?

– Vous ne le connaissez pas ?

Et la matrone de s'épancher. Le Flamel en question n'était autre que ce très célèbre alchimiste du XIVe siècle, imprimeur et copiste. Napoléon en avait entendu parler, en effet, sans retenir son nom. Et pendant que le général mangeait, *Mme** Nerval poursuivait :

– On prétend qu'avec son épouse, la belle et non moins célèbre Pernelle, ils étaient parvenus à découvrir la pierre philosophale.

Bonaparte sourit intérieurement. Saint-Germain avait donc bien choisi cette maison, et nullement par le fruit du hasard : il devait bien évidemment connaître cette histoire sur le bout des doigts. Pour de nombreux initiés, la pierre philosophale était synonyme de l'arbre de vie, de l'élixir de l'éternelle jeunesse.

– Mais ce sont des balivernes ! La pierre philosophale n'existe que dans les rêves des fous !

– S'il vous plaît de le croire, mon petit général… Sachez que cette maison est la plus ancienne de Paris ! Elle fut construite par Nicolas Flamel lui-même. L'homme était fort riche, il en fit bâtir plusieurs, dans tout Paris, toutes décorées de statues et de symboles cabalistiques. C'est la seule maison qui tienne encore debout. La plus solide. Elle date de 1407, la date est sur le linteau. Flamel avait alors plus de soixante-dix ans, et aussi fringant que vous l'êtes !

– Vous croyez à cette pierre philosophale ?

– Oh allons, général ! Toutes ces supercheries remontent à loin. Ce sont là comme qui dirait des « choses à Bon Dieu », alors vous savez… Depuis Robespierre…

– Non, ne vous méprenez pas, *Madame*… Je ne veux pas vous faire déclarer des choses qui vous nuiraient. Je n'ai rien à voir avec un commissaire de salut public ! Je ne vous le demande que par pure curiosité.

– Très bien. Et vous me demandez cela à cause de ce que vous avez lu gravé sur la façade, n'est-ce pas ?

– Puisque je vous dis que je ne l'ai pas lu !

– Sur le linteau ? Je ne puis croire que vous ne l'avez pas vu, général.

– C'est pourtant la vérité, *Madame**. Dites-moi ce qu'il y est inscrit.

– C'est comme une prière. Enfin, si quelqu'un en ôtait le « Amen », le « Notre Père » et l'« Ave Maria », cela pourrait être quelque édit de la Convention, savez-vous ?

*Mme** Nerval se mit à rire ouvertement de sa propre trouvaille sous le regard surpris du général.

– Je vais vous la dire, je la connais par cœur ! « *Nous, hommes et femmes travailleurs demeurant au porche de cette maison qui fut faite en l'an de grâce mil quatre cent sept, avons chacun l'obligation de dire tous les jours un* Notre Père *et un* Ave Maria *en priant Dieu que Sa grâce fasse pardon aux pauvres pécheurs trépassés. Amen.* »

– Impressionnant. Vous la récitez fort bien.

– Oui. Mon mari flattait plus ma diction que ma cuisine. Et puis, j'ai bonne mémoire.

Napoléon avança son premier pion :

– Je n'en doute pas. Je suis même certain que vous êtes capable de vous souvenir de presque tous vos clients habituels…

*Mme** Nerval confirma, confiante :

– Sans aucun doute !

– Dans ce cas, je suis sûr que vous vous rappelez avoir vu ici un certain comte de Saint-Germain…

Le visage de la matrone s'illumina comme si, soudainement, lui revenait en mémoire un parent oublié.

– Saint-Germain ! Évidemment ! Et comment… Était-ce aussi l'un de vos amis, général ?

Il mentit sans hésiter :

– Bien sûr.

– Il est vrai que le comte venait ici souvent. Il était très lié avec mon mari et il usait fréquemment de notre auberge comme d'un salon où il recevait ses relations. Un honneur !

– Vraiment ?

– Oui, oui. Il recourait à nous pour toutes ses réceptions. Nous n'avons jamais eu de problème avec lui ou avec ses invités, même s'ils avaient de drôles de conversations. Mais le comte était un gentilhomme. Bien élevé, galant…

La voix de *Mme** Nerval était pleine de nostalgie. Et pour la noyer, la matrone se leva et se servit elle-même un verre d'un vin capiteux, puis un second.

– C'est pour pousser l'autre !

– Quel genre d'amis avait-il ?

– Oh *Monsieur* ! Très différents. Il y avait des illustres et des humbles, des soldats et des nobles. Nous avons même vu défiler ici des prêtres et des évêques.

– Et bien sûr, ils parlaient de politique, je suppose.

– Point du tout ! Ils n'arrêtaient pas de parler de l'Égypte. Savez-vous quelque chose de l'Égypte, général ?

– Oh… J'ai un peu lu sur la question, mais on raconte tant d'histoires sur ce pays… Discutaient-ils de choses en particulier ?

– Des pyramides. C'était le thème favori du comte.

– Uniquement des pyramides ? Je ne puis vous croire.

– Non, pas seulement… Tiens ! Une fois, ils passèrent toute la nuit à causer du voyage en Turquie d'un certain Paul Lucas, au début de notre siècle. Certain derviche avait confessé à ce Lucas qu'en Inde, il avait rencontré Nicolas Flamel…

– Flamel ? Vivant ? Impossible… N'a-t-il pas fait construire cette maison en 1407 !

– Et il « mourut » dix ans plus tard, en effet.

Mais la cuisinière prononçait le verbe avec un froncement de nez étrange, comme s'il n'était pas approprié…

– Vous en doutez, de cette « mort » ?

– Moi, je ne sais rien de ces choses, général… Mais mon mari était convaincu, lui, que Flamel n'était jamais mort. Les invités du comte disaient que, selon ce Paul Lucas, Flamel avait donné des ordres pour être enterré en l'église Saint-Jacques, à deux pas. Sur sa pierre tombale fut posée une petite pyramide. Saint-Germain qui connaissait l'histoire expliquait que c'est précisément dans cette opération que résidait le secret de son retour à la vie…

– Et comment Flamel pouvait-il savoir cela ?

– Mon mari prétendait qu'il connaissait la magie égyptienne. Il écrivit même un livre sur la question. Flamel, bien sûr, pas mon mari ! Cela s'appelle *Les Figures hiéroglyphiques* : vous le connaissez ?

Napoléon fit « non » du menton.

– Eh bien, il y parlait de la magie inscrite dans certaines images dessinées par les Égyptiens. À l'aide de certaines clefs de « lecture », il prétendait parvenir à une sagesse ancestrale. Pour moi, tout cela ne veut rien dire. Mais Flamel, selon Saint-Germain… Tenez, ce soir-là, il était assis à cette même table… Le comte prétendait que Flamel « lisait » dans des images égyptiennes la voie de la résurrection des défunts au cœur pur.

– Il vous a expliqué cela ?

Les yeux de *Mme** Nerval fixèrent longuement le jeune Corse.

– Je me souviens qu'il posa une condition avant de le faire : il fallait que nous l'aidions à restaurer en France la véritable foi des Égyptiens.

– C'est ainsi qu'il le dit : « La véritable foi des Égyptiens » ? Et que diable est-ce là ?

– Le comte ne vous en a pas parlé ? C'est étrange ! Il ne vous a pas non plus parlé de son obsession pour Marsile Ficin ?

– Je n'ai jamais entendu prononcé ce nom, *Madame**. Qui est-ce ?

– Oh, voyons ! *Monsieur** ! Ficin était un prêtre et un fin lettré italien, philosophe platonicien et humaniste. Il naquit la même année que Flamel. Précepteur de Laurent de Médicis avant d'en être le protégé, sa responsabilité était de réunir, à Florence, sous un même toit, tout ce que l'époque comptait de savants. Cette académie d'exception servit de fondement à la Renaissance, cher ignorant général !

Bonaparte tressaillit, éberlué... Comment diable cette cuisinière à l'aspect piteux pouvait-elle savoir pareilles choses ?

– Hum... Oui. Mais dites-moi, *madame** Nerval, quel est le rapport entre le sieur Ficin et la restauration de la religion égyptienne ? et avec notre ami commun le comte de Saint-Germain ?

– Mais tout les rapproche ! Ficin traduisit en latin d'importants textes occultes, qu'ils soient arabes, hébreux ou chaldaïques. Il fut le premier peut-être à souligner l'énorme influence que le peuple d'Égypte avait eue sur notre histoire et notre religion...

– Et Saint-Germain ?

– Il ne fit que suivre les pas de Ficin pour trouver le secret de la vie et le protéger. Il découvrit même des pyramides en Europe, plus réduites que la Grande Pyramide égyptienne, mais bâties selon les même proportions. Il était convaincu qu'elles devaient contenir une partie des mystérieux savoirs qui l'obsédaient...

– Les trouva-t-il ?

*Mme** Nerval posa ses coudes gras sur la nappe douteuse et, appuyant son menton sur ses mains, répondit avec une certaine fierté :

– Bien évidemment. Quelques amis du comte pouvaient bien être fous, lui ne l'était pas. Il ne faisait pas les choses par hasard. Qui croyez-vous qu'il invitait ici ? Des paperassiers amateurs de versification ?

Un étrange frisson parcourut Bonaparte.

– Que voulez-vous dire ?

– Vinrent entre ces murs les descendants de ceux qui bâtirent ces pyramides, mon jeune ami.

Napoléon garda un instant le silence. Une question, une seulement, lui brûlait désormais les lèvres. Il avala sa salive et se lança :

– Avez-vous connu ces hommes, *Madame** ?

– Plusieurs. Mais le plus impressionnant d'entre eux fut un

dénommé Nicodème Buqtur, descendant d'un certain Ahmed Buqtur. Le même Ahmed Buqtur qui construisit à Nice la plus grande et la plus parfaite des pyramides. Il venait évidemment de la terre des pharaons. Le meilleur ami du comte. Retenez ce nom.

– Buqtur, dites-vous ?

– Allez, filez maintenant, général. Je vous en ai raconté assez.

*Mme** Nerval avait maintenant un étrange regard, elle n'était plus du tout l'air de cette matrone volubile du début de soirée. Elle se leva et, se penchant vers Napoléon pour planter ses yeux dans les siens, elle déclara :

– Vous n'avez jamais croisé Saint-Germain, n'est-ce pas ?

– Euh, non... *Madame*. Combien vous dois-je ?

– Rien, général... C'est mon cadeau d'anniversaire.

Napoléon se retrouva dans la rue et fila promptement sans demander son reste. Des frissons parcouraient encore son échine en songeant au regard de *Mme** Nerval. Quel diable pouvait être cette femme ? Elle lui avait conseillé de retenir ce nom : Nicodème Buqtur.

Le patronyme ne lui disait rien, mais le prénom l'obsédait. « Nicodème » : où avait-il pu lire ces huit lettres ? Et pourquoi un prénom biblique pour un Égyptien. Biblique ! Oui, c'était dans la Bible. Le prénom était maintenant associé dans son esprit à Joseph d'Arimathie, l'homme qui fit donner son tombeau au Christ. Enfin, « prêter » serait plus juste... Pris d'une soudaine inspiration, il entra dans une librairie, et réclama une bible. La requête était rare, même si le Livre n'était plus frappé d'alignement. Par chance, le libraire en avait une. Joseph d'Arimathie... N'était-ce pas dans l'Évangile de Jean ? Il finit par trouver le passage, chapitre XIX :

[38]. *Après ces événements, Joseph d'Arimathie* [...] *demanda à Pilate de pouvoir enlever le corps de Jésus. Pilate le permit. Ils vinrent donc et enlevèrent son corps.*

[39]. *Nicodème […] vint aussi apportant un mélange de myrrhe et d'aloès, d'environ cent livres.*

[40]. *Ils prirent donc le corps de Jésus et le lièrent de linge, avec les aromates, selon le mode d'ensevelissement en usage chez les juifs.*

Nicodème avait donc été l'artisan, en quelque sorte, de l'embaumement de Jésus. Le Livre donnait même des indications précise : cent livres d'un mélange d'aloès et de myrrhe. C'est lui qui eut en charge la purification et la préparation de son retour à la vie. Quelque chose d'autre le frappa dans ce passage : la façon d'envelopper les corps avec les ingrédients. Un mode d'ensevelissement en usage chez les juifs, peut-être… mais aussi chez les antiques Égyptiens, qui appelaient cela « momie ».

Comme ils étaient naïfs ceux qui croyaient encore que notre existence n'était pas planifiée de la naissance à la mort, jusque dans ses plus infimes détails.

Bien candides ceux qui croyaient encore au hasard…

CHAPITRE XXII

Nazareth,
sextidi 26, IIIe décade de Germinal, an VII
(16 avril 1799)

Le contact soudain avec l'eau glacée le rendit à la réalité. Le plus grand des Bédouins au turban bleu, Tagar, celui aux yeux d'obsidienne, le secoua sans égard après lui avoir renversé le fond de la jarre d'eau sur la nuque. Son intention était bonne : il voulait que son invité retrouve peu à peu le mouvement de ses jambes et de ses bras.

Balasan, austère, le regardait avec la même attention qu'un père surveillant son fils qui apprend à marcher. Il murmura à ses aides, en arabe, que l'étranger paraissait avoir passé avec réussite le premier jugement de Maât. Sans doute s'était-il remémoré le souvenir des événements qui l'avaient amené en terre sacrée d'Égypte. Et pour la première fois il sourit, heureux.

Napoléon ne saisit pas les mots de l'imam qui résonnaient dans son crâne, incompréhensibles,. Encore un peu désorienté, il mit quelques secondes à se lever. Tout cela n'avait-il été qu'un rêve ? Le Corse chercha des yeux son interprète.

– Élias !

– Général ?

– Tu es un Buqtur, n'est-ce pas ?

Le copte, surpris par la réaction de Napoléon qui avait encore le visage décomposé, acquiesça en silence. Les Bédouins, bien qu'ils ne comprennent pas le langage de leurs hôtes, se regardèrent, satisfaits. Le Corse continua, la voix faible :

– C'est toi qui as organisé cette rencontre avec ces hommes du désert… Tu savais ce qu'ils allaient me faire. Dis-moi donc : pour qui travailles-tu, Élias ?

– Je ne sers que vous, général…

Pendant qu'il essayait de faire circuler le sang dans ses bras, puis ses jambes, Napoléon fusilla son traducteur d'un regard sévère et furieux qu'il lui avait vu tant de fois au Caire. Même s'il savait que le Corse était encore faible, un frisson parcourut Buqtur de haut en bas.

– Ne me mens pas, Élias ! Qui sers-tu ?

– Nul autre que vous. Et le Seigneur qui est au ciel et qui voit tout.

– Dans ce rêve que cette potion m'a donné, j'ai aperçu plusieurs choses qui te concernaient, Élias. Directement…

Le copte fit mine de ne pas comprendre.

– Quelles « choses », général ?

– Des révélations qui expliquent certaines de tes réactions. Par exemple : tu ne m'as jamais dit comment tu avais appris le français…

– Dans ma famille, nous parlions votre langue depuis des années, général. Nous sommes une lignée de commerçants et d'armateurs. Nous avions des bateaux qui faisaient constamment la navette d'Alexandrie vers la Grèce, l'Italie et… la France. Nous vendions toutes sortes de marchandises ? J'ai appris le français de mon père, qui le tenait du sien.

– Des cotonnades ?

– Pardon ?

– Vendiez-vous des cotonnades, à Nice, par exemple ?

Buqtur haussa les épaules, il semblait ne pas saisir à quoi son général faisait référence.

– D'accord, Élias. Je vais te le demander autrement : qui est Nicodème Buqtur ?

Le traducteur, assis auprès de Balasan, le vieux « sage bleu », se leva d'un bond de sa natte.

– Comment savez-vous… ?

– Réponds-moi Élias ! Qui est Nicodème Buqtur ?

Le ton ne souffrait pas la dérobade.

– C'est le frère aîné de ma mère.

– Parle-moi de lui.

L'interprète, abattu, hésitait sur sa réponse. Même si son général était encore sous l'effet de la drogue des Bédouins, il paraissait extraordinairement lucide. En tout cas, il semblait connaître des choses sur sa famille qu'il ne pouvait pas savoir, d'aucune manière. Il choisit finalement, sans plus de tergiversations, de se confier :

– Mon oncle Nicodème habite en France depuis longtemps. Il y a quelques mois à peine, il est revenu en Égypte pour nous entretenir des préparatifs de votre expédition. Il était à Toulon lorsque vous avez embarqué à la tête de votre flotte.

– Sa destination était tenue secrète !

– L'indiscrétion de l'une des dames de compagnie de votre épouse, Joséphine, lui donna même la route de la mission…

– Je vois… Continue.

– Nicodème, comme le reste de notre famille, avait attendu toute sa vie que quelque chose de ce genre survienne.

– Je ne comprends pas…

– Depuis des générations, nous sommes avertis qu'un homme du pays du Lion[1] viendra en Égypte pour nous rendre notre ancienne splendeur.

– De quelle splendeur veux-tu parler ?

– Celle de l'Égypte des dieux du Nil, que nous ont volée les Romains, les chrétiens, les musulmans… Nous avons pris langue avec les « sages bleus », gardiens de la tradition la plus pure, certains qu'eux réaliseraient parfaitement l'importance de cette visite, que tous les signes disaient proche. Nous leur avons communiqué toutes les données que nous avions réunies sur vous par Nicodème : l'ensemble des informations concernant votre vie, pour insignifiantes

1. *N.D.A.* : D'un strict point de vue astrologique, la France est du signe du Lion.

qu'elles puissent paraître… Nous avions l'espoir de les persuader que vous étiez « l'espéré ». Mais c'est votre thème astral qui les a convaincus.

– « L'espéré » ?

– L'élu, le… Enfin, le… Messie.

Napoléon, abasourdi par ces révélations, tentait de rassembler ses esprits.

– Bonaventure Guyon vous a vendu mon thème astral ?

Buqtur confirma :

– Et nous l'avons généreusement payé.

– Et comment avez-vous supposé que j'arriverais à Nazareth ?

– Oh non... Nous ne l'avions nullement prévu. Ni cette bataille, ni votre victoire. Ce n'est qu'un hasard du destin. Un signe supplémentaire, providentiel, qui a facilité la rencontre avec les « sages bleus ».

Le Corse, grave, fixa son regard sur les yeux noirs de l'interprète.

– Je vais te le demander une dernière fois, Élias, et je te prie de me répondre au nom de la fidélité que tu me dois : qui sers-tu ?

Le bouc finement taillé du copte se rétrécit pendant qu'il se mordait la lèvre inférieure. Ce geste de nervosité n'échappa pas au Corse.

– Général, je ne dois obéissance qu'à vous et… à mon clan.

– À ton clan ?

– Nous sommes une très ancienne famille d'Égypte, général. Depuis des siècles, nous faisons partie d'une confrérie de disciples du Soleil qui croient en un seul et unique Dieu, Créateur de toute chose. Nous n'avons jamais rien désiré d'autre que de restaurer l'équilibre des origines, sur la terre de nos ancêtres.

– L'équilibre ?

– Oui, Monsieur. Un équilibre qui intègre que nous soyons à la fois chair et esprit, fondé sur une foi qui est pour nous l'essence d'immortalité. Nombreux sont ceux qui y renoncent, par ignorance ou par péché. Si vous-même, par la grâce des « sages bleus » du désert, vous ressuscitez la formule qui fit la grandeur des pharaons, vous comprendrez la profondeur de notre foi et vous découvrirez la Vérité…

– Quelle Vérité, Élias ? Celle qui dit que je suis entouré de traîtres, depuis les servantes de ma femme jusqu'à mes traducteurs ?

– Non, général. Même si je ne vous trahis jamais, vous apprendrez que la solitude du pouvoir est immense, omniprésente. Non… Ce dont je vous parle, c'est de la mort. La mort qui n'existe pas. Nous sommes tous infiniment plus que notre chair. Nous sommes une énergie divine indestructible, qui change seulement d'état. Dieu nous a tous doté de l'immortalité. En plaçant notre âme dans un corps mortel, Il n'a fait que nous inviter à sublimer cette matière, à la maîtriser pour en faire un écrin éternel…

Napoléon parut se souvenir que les trois Bédouins étaient là, qu'ils les regardaient en essayant de deviner le sens de leurs mots.

– Demande-leur alors quand, et où, ils vont me livrer cette formule, Élias. J'ai déjà oublié que tu m'as caché l'existence de ta confrérie…

Le copte fit exactement ce qu'on lui ordonnait. Balasan écouta attentivement sa traduction, et sourit.

– Quand ? Ce sera avant que le sultan n'atteigne l'âge de *Sed*. Où ? Dans la Grande Pyramide, le premier instrument de vie éternelle…

– Le premier ? Cela signifie qu'il y en a d'autres ?

L'imam opina du chef, avec majesté.

– Voilà une chose que vous devrez demander aux Buqtur. Ils en conçurent un autre dans le pays d'où vous venez…

Napoléon ne posa pas de question. Il savait qu'il s'agissait de la pyramide de Falicon !

*

* *

Gizeh,
quintidi 25, IIIe décade de Thermidor, an VII
(12 août 1799)

Quelle ironie !

Il avait dû réunir toute une flotte, traverser d'un bout à l'autre la Méditerranée et déployer en Égypte et en Terre sainte plus de trente mille hommes, pour découvrir que la réponse à son désir était à quelques kilomètres de Nice, quasiment face à son île natale.

Le Corse, le dos engourdi par le contact avec la surface lisse du sarcophage, sentit un étrange soulagement. Comme si son corps devenait de plus en plus léger et que rien ne pût altérer sa sérénité et sa récente vision des évènements.

Ce qu'il ignorait, mais qu'il commençait à deviner, était que l'irréversible processus du « pesage de l'âme » avait déjà débuté. Il n'attendait plus que Thot, pour qu'il calibre la balance et détermine le destin de son esprit…

CHAPITRE XXIII

Le vieux Caire
7 Masari, an 1515 de l'ère des Martyrs
(11 août 1799)

Marc VIII avait aussi ses espions, moins massifs que ceux de l'envahisseur français et moins discrètement efficaces que ceux de l'ennemi mamelouk, mais ils décuplèrent leur travail dès après l'incendie de la bibliothèque du diocèse. Le père Philippe, un petit sexagénaire au teint olivâtre, au regard méfiant et au front buté, n'avait jamais eu autant de pouvoirs pour mener à bien une enquête interne.

Philippe n'avait pas bonne réputation dans le clergé. Chargé de la sécurité des sièges pontificaux, il avait été souvent contraint d'utiliser la force pour résoudre nombre de problèmes, y compris ceux qui avaient des liens avec la politique ecclésiastique. En dehors de son Église, il avait l'honneur peu enviable d'être le seul copte dont la tête était mise à prix par plusieurs chefs musulmans. La prime pour sa tête augmenta singulièrement quand ces derniers apprirent que ses services avaient prévenu les Français de la préparation d'un attentat visant la personne même de Napoléon.

Marc VIII n'en avait que plus confiance en lui, mais jusqu'à cet événement, il ne lui en avait jamais donné une telle preuve. C'était la première fois que le Saint-Père définissait une mission avec autant de méticulosité au frère Philippe. Sa nouvelle charge consistait à élucider la mort de Cyril de Bologne. Il avait ordre d'arrêter tous les suspects avant que les Français ne posent la main dessus.

Recevant la bulle papale, Philippe se frotta les mains, qu'il avait jaunes à cause de ses problèmes de foie, avec une évidente satisfaction : les nouveaux ordres faisaient de lui l'un des hommes les plus puissants de la communauté copte d'Égypte. Pour la première fois en trente ans de service, il avait carte blanche, sans restriction d'aucune sorte, pour parvenir à percer ce désagréable mystère.

Il comprit rapidement que Marc VIII, s'il était obsédé par l'idée du crime, voulait surtout être certain que les criminels n'avaient pas eu accès au livre perdu de saint Marc et qu'ils ne pourraient en transmettre le contenu à quiconque. Même si Takla, le factotum du défunt, assurait que ni lui ni son maître n'en avaient jamais parlé à personne, en dehors de Marc VIII lui-même, et que la seule copie complète était aux mains du patriarche, il fallait en être tout à fait certain.

Philippe se pencha sur le dossier avec toute l'attention dont il était capable. Il eut beau retourner la chose dans tous les sens, il avait l'intuition prégnante que tout reposait sur cette énigmatique phrase de l'Évangile de Jean écrite… non : *calligraphiée*, sur l'un des murs de la bibliothèque :

… n vérité, je te le dis,
à moins de naître de nouveau,
nul ne peut voir le Royaume de Dieu.

Pourquoi Cyril avait-il copié cela et pas autre chose ? Ou peut-être n'était-ce pas lui, mais son bourreau, dans un acte d'une incroyable perversité ?

Marc VIII donna au père Philippe l'accès illimité à tous les documents concernant cette affaire, ainsi que les quelques pistes dont il disposait pour qu'il puisse débuter son enquête. C'est ainsi qu'il eut accès à la bible rescapée de l'incendie. On avait découvert en effet qu'elle était couverte d'annotations : Cyril de Bologne avait griffonné dans toutes les marges ou presque.

– Étudiez-la soigneusement, vous trouverez peut-être sur quoi travaillait le père Cyril lorsqu'il a disparu.

Le patriarche l'invita ensuite à vérifier autre chose : existait-il au Caire, ou aux alentours d'Héliopolis, un commerce de tissus géré par la famille Ben Rashid ? Ce nom, associé au précieux texte de Jean l'Évangéliste, figurait dans les écrits que le père de Bologne avait traduits.

Si Philippe réussissait à localiser rapidement les Ben Rashid... mais pas de précipitation : il fallait, avant d'agir, surveiller leurs mouvements et essayer d'évaluer leur éventuel intérêt dans la disparition de Cyril. Le patriarche était convaincu que ce clan était le seul à avoir un mobile suffisamment puissant pour s'en prendre au traducteur.

Aux questions de Philippe, ce dernier répondit évasivement. Pouvait-il dire que l'Évangile perdu de Marc désignait les lointains ancêtres de ce clan comme les dépositaires d'un secret mystique, transmis à Jésus-Christ en personne, et que les Ben Rashid préféraient sans doute ne pas voir tomber un tel secret aux mains de l'Église copte ?

Philippe comprit immédiatement la gravité de l'affaire. Il demanda qu'on lui prépare un vaste espace dans les combles du bâtiment, qu'on appelait « la maison rose », attenant à l'église d'al-Moallaka. Il y fit monter de grandes tables, et y étala des cartes très détaillées des quartiers les plus importants du Caire. Il aimait cet endroit : les jalousies de bois garantissaient l'intimité de son équipe, mais ne l'empêchaient pas d'épier les rues voisines lorsqu'il avait envie de se distraire.

Le travail commença immédiatement et il sélectionna ses meilleurs hommes. Il obtint finalement un petit groupe de treize abbés, d'origines diverses, en majorité des convertis au catholicisme. Peu repérables par leur faculté de se fondre dans la masse, ils commencèrent à arpenter Le Caire six heures à peine après que Marc VIII eut dicté sa bulle. Ils étendirent bientôt leurs inspections à tous les villages sur quarante kilomètres autour de la ville, activant un dense réseau d'indicateurs. Ils devaient se déguiser de toutes sortes de manières, pourvu qu'ils ne soient pas identifiables comme coptes. Malgré son enracinement séculaire, la communauté continuait à être la lie de l'Égypte, aux yeux du moins de l'orthodoxie islamique.

La « maison rose » centralisait toutes les informations recueillies par les treize espions et leurs indicateurs. Elles passaient immédiatement aux mains d'un groupe restreint de scrutateurs critiques, connaissant ce qu'ils avaient à savoir du dossier, qui les archivaient suivant leur importance. Au troisième jour, les efforts fournis pour fouiller le secteur oriental de la ville furent enfin récompensés. La nouvelle tomba alors même que le père Philippe avait perdu tout espoir de retrouver un seul Ben Rashid dans toute la ville.

La carte du quartier central le plus peuplé du Caire était presque complètement couverte de croix, indiquant les immeubles déjà contrôlés. Il ne restait qu'une centaine de concessions à explorer, si anciennes que même les grands cadastres, réalisés dans les premières années du gouvernement ottoman, ne les mentionnaient pas. Mais Dieu récompense la persévérance : au midi du 7 Misra, on localisa une bâtisse inscrite au nom d'une vieille famille locale, appelée Ben Rashid. Elle était à deux pas du quartier de Bayn al-Qasrayn.

Le frère Philippe concentra tous ses efforts sur ce lieu.

Depuis la rue, la propriété des Ben Rashid offrait une apparence trompeuse : son unique porte d'entrée ouvrait sur une ruelle obscure et permettait à peine le passage d'un cheval ; mais l'intérieur de la demeure occupait un périmètre considérable, que Philippe évalua équivalent, sans bien savoir pourquoi il avait fait cette comparaison, à la surface au sol de la Grande Pyramide… Un mur épais de briques isolait de l'extérieur des bâtiments imbriqués les uns dans les autres et, derrière ce mur, des haies de ronces rendaient le lieu pratiquement impossible d'accès sans l'assentiment de ses occupants.

Si les agents du père Philippe furent incapables de récupérer d'autres voies d'accès à la demeure, ils observèrent que l'activité à proximité était frénétique. Des hommes et des femmes entraient et sortaient à tous moments, en direction des coins les plus improbables de la ville. Ils transportaient des cuirs dans le périmètre de la citadelle de Saladin, échangeaient des chevaux près du chemin de Saqqarah ou s'approvisionnaient en blé, dans des quantités énormes, dans le quartier mamelouk de Boulak. Même s'ils semblaient se préparer pour un déménagement ou un long voyage, les propriétaires ne cessaient de recevoir à toute heure de nouveaux invités.

Les derniers à arriver, d'après ce qu'ils apprirent de la rumeur du voisinage, n'étaient autres que les suivants et la famille du voyant Ahmed, patriarche du clan, lui-même du voyage. Il était rare qu'un mystique de cette envergure, surtout âgé et aveugle, acceptât d'abandonner son village retiré pour l'agitation d'une grande cité. Quelque chose de la plus haute importance se tramait à l'intérieur de la demeure. Mais quoi ?

Ce matin-là, à l'aube, la silhouette ronde du père Philippe traversa le nord de la ville. En dépit du fait qu'on était dimanche, jour saint, il devait rendre compte au patriarche du résultat de ses recherches. Grâce à Dieu, il était relativement satisfait des découvertes de son équipe mais il désirait parler, en privé, avec Marc VIII des avancées d'une autre investigation : celle qui concernait la bible du père Cyril. Il l'avait remise à une troisième équipe, un groupe très fermé de spécialistes qui l'ausculta sous toutes les coutures, jour et nuit, pendant les dernières soixante-douze heures, parvenant à des conclusions assez significatives pour que Philippe demande une audience au patriarche.

Une fois dans ses appartements, on lui servit une tasse de lait chaud safrané qu'il avala d'un trait. Assis face à Marc, il ne voulait pas qu'il s'impatientât plus longtemps.

– Saint-Père, nous croyons savoir ce que faisait Cyril avant de mourir.

Le patriarche, qui finissait sa tasse, nettoya avec un mouchoir de soie les gouttes de lait tombées sur sa barbe.

– Vraiment ?

– Oui. Il étudiait, dans les quatre Évangiles, la Passion et la mort de Notre Seigneur et établissait des comparaisons avec le mythe égyptien d'Osiris.

– Je vous demande pardon ? Pourquoi diable aurait-il fait cela ?

Le père Philippe se cala dans son siège et se racla la gorge avant d'attaquer :

– Ce n'est pas vraiment difficile à imaginer, Votre Sainteté. Après votre entretien sur ce *Temps* où il serait possible de ressusciter un homme, il s'est probablement immergé dans l'étude des derniers instants de Jésus pour découvrir quels seraient les préparatifs nécessaires, quand arriverait le moment…

– Préparatifs ?

– Les annotations, qui apparaissent en marge de différents passages du Livre, semblent indiquer que Cyril croyait sérieusement qu'il était nécessaire de se purifier avant de mourir. Il décida donc d'étudier dans le moindre détail ce que Jésus fit, à ce moment… peut-être pour…

– Oui, parlez !

– Pour, hum… l'imiter.

– Expliquez-moi ça !

– La Passion de Jésus commence avec…

– Je sais comment commence la Passion du Christ, je n'avais pas besoin d'enquêteurs pour cela !

– Je m'en doute, Votre Sainteté, mais il faut que je « pose » ces choses pour que rien ne vous échappe…

– Décidément, vous me rappelez Cyril : toujours à m'expliquer ma propre foi… Bon, poursuivez.

– Cela commence donc par une entrée triomphale dans Jérusalem, à dos d'âne. La ville le reçoit avec des feuilles de palme à la main. C'est le début du Calvaire de Jésus, l'une de nos cérémonies religieuses les plus importantes.

– Alors ?

– Alors Cyril postule en marge de sa bible que ce passage a un sens profondément égyptien. Jésus chevauche un âne et Cyril note…

Il chercha dans un petit carnet les références correspondantes.

– Il note, je cite : *âne Seth, Horus chevauche*. Seth, le dieu égyptien du Mal, est représenté fréquemment comme un homme à tête d'âne. C'est sur son épaule qu'Horus entre dans le temple d'Edfou, vous me suivez ?

– Hum…

– De plus, les feuilles de palme s'utilisaient dans de nombreuses fêtes païennes pour purifier l'air que devait respirer la divinité. On supposait qu'elles faisaient fuir les « ombres », le mot est important.

Marc VIII, imperturbable, se caressait la barbe.

– Jésus sur l'âne, aux yeux d'un ancien Égyptien, symboliserait le triomphe de la lumière sur l'obscurité. Horus, la Lumière, domine Seth, l'Obscur. Saisissez-vous la correspondance établie par Cyril ? Quand les évangélistes écrivent ce récit, saint Marc le premier, ils ont en mémoire le souvenir d'une cérémonie égyptienne.

– Causalité historique, rien de plus.

– Plus loin, la Cène… Jésus dit : « Mangez, ceci est mon corps. Buvez, ceci est mon sang. » Cyril, dans l'une de ses annotations en marge de Marc, chapitre XIV, revèle une phrase attribuée à Osiris dans la tradition des Égyptiens antiques : « Tu es le père et la mère des hommes ; ils vivent de ton souffle, mangent la chair de ton corps. »

– Cela ne m'impressionne guère, père Philippe. Hérésie, panthéisme… Ce pauvre Cyril n'avait sans doute plus toute sa raison !

Le visage du patriarche était de marbre.

– Dans ses notes, Cyril de Bologne établit d'autres parallèles troublants. Ainsi, les Égyptiens croyaient que le pharaon rencontrait Rê au bord du lac sacré, où sur sa rive le dieu Thot lui lavait les pieds, le préparant ainsi pour son retour à la vie. Jésus lave les pieds des apôtres lors de la dernière Cène, les préparant ainsi pour leur résurrection. Plus loin, dans…

– Épargnez-moi les détails, voulez-vous ? Que concluez-vous, en substance, des notes de Cyril ?

– L'érudit de Bologne semble supposer que…

– Quc quoi ?

– Que Jésus était un initié des mystères d'Osiris !

– Vous prétendez donc qu'il ressuscita grâce à un genre de « magie » d'origine égyptienne ?

La façon dont le patriarche posa sa question sonnait comme une accusation. On aurait pu croire qu'il prononçait une excommunication.

– Ce n'est pas moi qui le dis, c'est Cyril.

– Et comment un homme aussi pieux que lui aurait-il pu arriver à de telles aberrations ?

– Par ses parallèles avec les mythes égyptiens, Votre Sainteté ! Un autre exemple : Marc explique clairement que trois femmes découvrent le tombeau de Jésus vide et commencent à le chercher. Dans le mythe égyptien, la déesse Isis, aidée de ses deux sœurs Nephthys et Selkis, cherche désespérément le corps d'Osiris, son époux.

Muet de nouveau, Marc VIII encouragea Philippe d'un mouvement du menton.

– Dans la tradition égyptienne, Isis découvre finalement que le sarcophage contenant le corps d'Osiris est sous un arbre dont les racines le recouvrent. Le tronc est coupé, sert de colonne dans un palais mais la déesse récupère ce tronc, l'ouvre, et en sort le corps d'Osiris. Elle l'enveloppe dans un drap, le parfume avant de l'enterrer à nouveau.

– Et quoi… ?

– Mais, Votre Sainteté…ne voyez-vous pas que c'est exactement les mêmes gestes que fait Joseph d'Arimathie ? Il décroche Jésus du bois, l'enveloppe dans le suaire et le dépose parfumé dans une nouvelle tombe avant qu'il ne ressuscite.

– Croyez-vous que Cyril…

– Je suis persuadé qu'il prétendait suivre le même rituel de purification que les adorateurs d'Isis suivirent durant des siècles. Il arriva à la conclusion que, pour obtenir l'immortalité, il devait d'abord mourir, comme Notre Seigneur. Il écrivit cette phrase énigmatique de Jean sur le mur et décida de tenter sa chance.

– « Tenter sa chance » ?!

– Dans la reliure de la bible que nous avons récupérée, nous avons découvert des notes astrologiques. Intéressantes... Il s'agit de feuilles pleines de calculs précis, réalisés par un esprit bien entraîné dans ce type de science. Ce qu'ils suggèrent, sans aucun doute possible, est que Cyril pensait que la configuration astrologique qui précédait la Résurrection de Notre Seigneur allait se répéter précisément à notre époque. Et puisqu'il était si convaincu de cela, vous semble-t-il si étrange qu'il ait essayé d'imiter Jésus dans son acte le plus glorieux ? N'essayeriez-vous pas, vous-même, l'efficacité de la formule de la résurrection ?

– Et a-t-il pu le faire seul ?

Philippe regarda le Saint-Père de travers, comme si sa question contenait la clef de sa propre réponse.

– Bien sûr que non !

CHAPITRE XXIV

Le vieux Caire,
7 Masari, an 1515 de l'ère des Martyrs
(11 août 1799)

La masse des rapports d'activité et du collectage de rumeurs, vérifiables ou pas, que générait la surveillance de la propriété des Ben Rashid était considérable. Au mitan de ce dimanche 7 Masari, fête de la naissance de la Vierge Marie, elle changea subitement de nature.

Vers midi, le gros gardien arabe qui protégeait en permanence l'unique porte de la demeure ouvrit le battant renforcé de l'entrée pour laisser le passage à un couple remarquable, en ce sens que, pour la première fois depuis que les espions de Marc VIII surveillaient cette porte, quelqu'un sortait de cette enceinte sans être chargé de ballots et de paquets.

C'était, à cette heure-là, le tour de garde de Georges et André. Les deux coptes se tenaient à quelques mètres de là, près d'un dépôt de ferraille. Ils se regardèrent et un signe discret leur suffit pour comprendre que ni l'un ni l'autre n'avait jamais vu ces deux-là…

Lui était grand et bien bâti, la peau très brune, le crâne rasé et l'œil farouche. Sans trop savoir pourquoi, Georges pensa à ces profils de prêtres que l'on voyait sur les bas-reliefs antiques. Quant à elle, elle avait la peau plus claire que son compagnon, et le voile qui la couvrait de haut en bas ne pouvait tout dissimuler de ses formes, qu'elle avait charmantes, indéniablement. Elle marchait du pas fluide et gracieux des danseuses. Comment ces deux-là avaient-ils pu entrer sans qu'on les remarque ?

Le couple s'engagea dans la rue Bayn al-Qasrayn, et se fondit immédiatement dans la foule. Georges, le plus âgé des espions du père Philippe, n'hésita pas une seconde. Il fit signe à André de rester à la surveillance et sortit de sa cachette pour prendre le couple en filature.

Ils traversèrent le centre du Caire et se dirigèrent vers les faubourgs. Ils passèrent devant quelques-uns des commerces tenus en ville par les Ben Rashid, tous étroitement surveillés par les hommes de Marc VIII, sans leur jeter même un regard. Ils n'observèrent aucune des pauses prescrites par le Coran, et évitèrent même de s'approcher trop près des mosquées nombreuses qui se trouvaient sur le chemin. Enfin, ils s'engagèrent dans une ruelle si étroite que Georges, qui connaissait pourtant bien sa ville, l'avait toujours prise pour un passage privé.

Les deux Nubiens, eux, pénétrèrent sans hésiter dans cette misérable ruelle, se faufilant derrière les tissus accrochés à la façade comme si cela leur était tout naturel. Georges eut le temps de voir qu'elle n'avait pas plus d'un mètre de large et qu'elle débouchait sur une place si minuscule qu'une seule échoppe suffisait à la remplir. Il n'était bien sûr pas question de les suivre dans ce coupe-gorge, il se serait fait repérer immédiatement.

Condamné à l'attente, Georges marauda entre les étals de fruits et les porteurs d'eau avec leurs jarres de boissons fraîches ; relut le nom des rues, écrits à la craie à tous les angles, en arabe et en français ; compta pour se distraire le nombre de piétons qui passaient devant la venelle... Bref, il tua le temps mais celui-ci refusait de se laisser faire : il déambulait depuis bientôt une demi-heure et cette attente devint insupportable. Et s'ils l'avaient semé ? Et si ce commerce, où son « gibier » s'était réfugié, avait une autre issue qu'il ne connaissait pas ? Peut-être était-ce là que se terminait leur périple ? Et dans ce cas, quel pouvait bien être le but de ces deux singuliers pèlerins ?

Surpris de ne voir personne entrer ou sortir de la ruelle,

Georges se décida finalement à s'y aventurer. Qu'avait-il à perdre ? Ici personne ne le connaissait et, si les choses se compliquaient, il pourrait toujours se faire passer pour un simple citadin étourdi à la recherche d'un lieu où se restaurer.

L'échoppe était très différente de tout ce qu'il avait vu au Caire. Dès le seuil, l'air semblait gagner en densité. L'obscurité était étonnante après la lumière de la rue, au point qu'on avait posé à terre, au hasard, trois ou quatre lanternes de cuivre. De grosses tentures de laine séparaient la minuscule placette de la salle principale du magasin.

Il entra. Le sol était couvert de tapis dont les couleurs disparaissaient sous la couche de crasse. Une quantité invraisemblable de poufs étaient répandus anarchiquement autour de petites tables basses, sur lesquelles des taches, de thé probablement, s'étaient solidifiées. Plus étonnant encore : il faisait froid. Un froid étrange, dur, qui contrastait avec la canicule extérieure. Il avança, en essayant de ne pas marcher sur les poufs…

– Il y a quelqu'un ?

Derrière un comptoir qu'il n'avait pas remarqué, au fond, un homme se leva.

– *Ahlan wa sahlan.*[1] Je suis Jalil. En quoi puis-je vous être utile, mon ami ?

Georges hésita, ne parvenant pas à comprendre ce que ce magasin proposait. Était-ce un café, une fumerie peut-être ? Le commerçant, dont la *galabieh* était recouverte d'une magnifique *abaya*[2], se rendit compte de son trouble, et tenta de l'aider :

– Mal d'amour peut-être ? Problème de santé ? Sciatique ? Perte de cheveux ?

Jalil fronça ses sourcils sous son turban et examina son « client » d'un œil professionnel.

– Cela ne serait pas l'impuissance, Monsieur ?

1. *N.D.A.*. : « Soyez le bienvenu. »
2. *N.D.A.*. : Sorte de cape traditionnelle, généralement de couleur verte.

Le copte, surpris, réussit à balbutier quelques mots intelligibles :

– Êtes… êtes-vous médecin ?

– Non, l'ami. Je suis Jalil, le sorcier le plus demandé et le plus fiable de la ville. Si vous cherchez un remède pour un problème quelconque, vous êtes au bon endroit.

Georges, qui ne savait trop quoi dire, se lança :

– En réalité… ce que je cherche, ce sont… Euh, des amis.

– Pour cela aussi, je peux vous rendre service.

Jalil sourit d'une oreille à l'autre, et se pencha vers un meuble bas et noir, sorte de buffet qui paraissait avoir plusieurs siècles. Il y furetait en quête de quelque chose tout en continuant à parler :

– Je suis un expert dans l'art antique de recherche des disparus. Je connais un vieux sortilège qui nous dira rapidement où sont vos amis. Et, en outre, il est très économique.

– Non, non ! Il s'agit de deux amis qui… étaient ici, il y a un moment.

Jalil cessa de fouiller dans sa collection de flacons et d'onguents et se tourna vers son client, son sourire s'effaçait peu à peu.

– Voulez-vous parler des Nubiens qui m'ont rendu visite peu avant votre arrivée ?

– Oui, eux-mêmes.

Le sorcier poussa un profond soupir :

– Je n'ai guère l'habitude de donner des informations sur mes clients… Mais vos amis étaient véritablement particuliers. Je dois dire que cela fait des années que je n'avais pas eu une conversation aussi intéressante sur la magie, *Allahu akbar*[1] !

Georges ouvrit grand les yeux et les oreilles. Un coup de chance ! Si le sorcier Jalil avait la langue bien pendue, comme il en avait l'air, il allait recueillir plus de renseignements qu'il

1. « Allah est grand ».

ne l'aurait espéré. Il voyait déjà frère Philippe se frotter les mains.

– Vraiment ?

– Je le crois. Ils m'ont questionné sur le genre de charmes d'amour et de fertilité que je connaissais. Naturellement, je leur ai expliqué que les travaux de cette sorte sont les plus difficiles et les plus coûteux Il faut savoir avec précision quelles plantes utiliser, les cueillir à des moments particuliers, les broyer d'une certaine façon, ajouter l'huile exactement quand il le faut, distiller des extraits d'arêtes de poisson… Très difficiles à obtenir, ces extraits… Et surtout, il faut être attentif aux phases de la Lune… Mais vous savez le meilleur de tout ils savaient déjà tout ça !

– C'est que… mes amis sont aussi magiciens…

– Et très bons, sans aucun doute. Vous avez de la chance d'être leur ami. Imaginez : ils connaissent même la méthode de l'escarbot pour rendre une femme amoureuse !

– La méthode de l'escarbot ?

– Je vois que vous n'êtes pas de la *famille*. Ce n'est pas dans mes habitudes, mais c'est bon, je vais vous le dire… En réalité, cette technique est très peu connue. On doit prendre un jeune escarbot, une sorte de scarabée, qui n'a pas encore développé ses cornes et le mettre dans le lait d'une vache noire du lever au coucher du soleil. Puis on sort son cadavre à la lumière, on dépose du sable sur son ventre et on l'enfume avec de l'encens. Le jour suivant, on coupe son corps en rondelles avec un grand couteau de bronze, on le cuira dans du vin et des pépins de pommes auxquels on ajoutera l'urine du sorcier. On en mélangera quelques gouttes à une liqueur que l'on donnera à boire à la femme désirée… Ça ne rate jamais.

Georges dissimula comme il le put sa répugnance.

– Ah, je vois… Ça a l'air très… bien !

– Et surtout, ils me confirmèrent ce que beaucoup croient ici…

– Je ne comprends pas : de quoi parlez-vous ?

– Des Français, ami. Il paraît qu'ils n'ont pas seulement

amené des soldats en Égypte mais aussi leurs propres sages et sorciers.

– Ah oui ?

– Oui, à ce qu'il paraît, ils sont très puissants. Pour vous dire : vos amis voulaient savoir comment neutraliser leurs pouvoirs et s'approcher d'eux sans se faire attaquer. Et ils me payèrent bien mon conseil.

Georges était profondément convaincu que cette « sorcellerie » arabe n'était qu'un amas de superstitions grossières. Mais il voulait encourager Jalil à s'épancher, il siffla d'admiration :

– Eh bien, voyez-vous ça !

– Cependant, ce qu'ils cherchaient était quelque chose de très complexe, qui naturellement requérait le conseil de quelqu'un d'aussi compétent que moi.

– *Al Hamdu li-lah*[1], Jalil. Votre renommée a franchi toutes les frontières, de la Nubie au Delta. C'est pour cela que mes amis vinrent vous consulter.

– Par la barbe du Prophète ! C'est certain !

– Je n'en ai pas douté un instant.

Le mage se fit mystérieux et emphatique :

– Néanmoins, ce qu'ils voulaient, j'ai peine à l'avouer, dépassait réellement mes capacités. Parce que, si la magie pour rendre une femme amoureuse a été bien étudiée et qu'elle est aisée à pratiquer… Pour un sorcier de ma trempe, je veux dire…

– Oui, bien sûr.

– Il n'en va pas de même pour les hommes.

– Les hommes ? Ils souhaitaient enamourer un homme, un Français ?

Jalil fronça le nez, produisant une nouvelle grimace que Georges connaissait bien : celle de la cupidité.

– C'est ce que j'ai dit, mon ami. Mais… cette information est chère.

1. « Dieu soit loué ».

Georges déposa une belle pièce d'argent sur la table, et les yeux du sorcier brillèrent une seconde et il la fit prestement disparaître sous le comptoir :

– Vous êtes un généreux ami. Je vous disais donc que, pour réaliser le prodige de posséder un homme, il faut auparavant faire la preuve d'un amour véritable. C'est là le secret. Un amour vrai, comme celui dont Isis fit preuve envers Osiris, jusqu'à aller le chercher dans le monde des morts et l'en ramener.

– Et c'est tout ce que vous leur avez appris ?

– Ça… et l'usage de parfums et d'infusions qui pourraient prédisposer l'homme à un voyage de cette nature.

– Là, je vois. Et sauriez-vous m'indiquer, Jalil, vers où ils sont partis ?

– Évidemment ! Ils sont sortis par l'arrière de cet édifice, en traversant la cour que vous avez en face de vous, vers Azbakéya. Ils avaient assez intérêt à arriver le plus tôt possible là-bas.

– Azbakéya ? Le quartier général des soldats français ?

Jalil acquiesça avec un regard amusé.

– Et devinez quoi, mon ami.

Le copte haussa les épaules.

– Ils désiraient s'entretenir avec le sultan Bounabart lui-même !

– Avec Bonaparte ? Napoléon Bonaparte ? Vous êtes sûr de ce que vous avancez ?

– Oui, Jalil ne ment jamais. Je vais vous donner un conseil gratuit : si vous voulez retrouver vos « amis », allez à Azbakéya et demandez à voir Bounabart : il est certain que vous les trouverez.

L'éclat de rire que lâcha le sorcier le désarma. Georges donna un supplément de bakchich au sorcier puis abandonna les lieux, et fit feu des deux fuseaux en direction de la « maison rose » et du père Philippe.

CHAPITRE XXV

Le Caire,
9 Rabi, l'an 1214 après l'hégire
(11 août 1799)

– Nous souhaitons parler au général Bonaparte.

Le soldat de garde, posté dans la guérite d'identification, à l'entrée de la caserne d'Azbakéya, se méfia immédiatement. Aucun musulman, ou presque, ne prononçait correctement le nom de son supérieur et bien peu connaissaient son grade. Ces deux-là sortaient du lot. Un grand plutôt costaud au crâne rasé et une femme voilée. Sans bouger de sa faction, il demanda :

– Qui désire le voir ?

– Ali Ben Rashid et sa nièce Nadia. Nous sommes venus de Louksor pour nous entretenir avec lui. Il s'agit d'une affaire privée de la plus haute importance.

– De quelle importance, *exactement* ?

– Nous connaissons l'identité des espions que votre général recherche.

– Dans ce cas, je vais me renseigner. J'appelle le capitaine de garde pour qu'il vous reçoive.

*
* *

Le Corse était revenu depuis moins de vingt-quatre heures des désertiques et ennuyeuses plages d'Aboukir. Euphorique mais épuisé, il savourait enfin les lauriers de son triomphe.

Appuyé sur le divan de son bureau, qui lui servait aussi de chambre, au troisième étage de la caserne, il imaginait quel nom donner à ce septidi 7, Ire décade de Thermidor[1], désormais jour anniversaire de sa victoire sur les troupes ottomanes. Le courageux général Murat, lancé dans une charge de cavalerie qui allait marquer l'histoire, avait tranché de son sabre deux doigts de la main droite de Mustapha. Le commandant ennemi était porté disparu, mais on l'avait vu fuir, au milieu de ses troupes parfaitement désorientées. Les Turcs, surpris de l'impétuosité inattendue des Français, s'étaient dispersés dans le plus grand désordre vers la mer, se noyant avant d'arriver aux bateaux qui les avaient amenés jusqu'à la côte égyptienne.

C'était exactement le triomphe dont le Corse avait besoin. Le coup d'éclat qui justifierait au Directoire que son année passée en Égypte et en Terre sainte n'avait pas été une absurdité militaire sans précédent.

Même le flegmatique général Kléber n'avait pu cacher son émotion en voyant l'exploit de Murat et l'habileté avec laquelle Napoléon avait disposé ses hommes sur le terrain. « Vous êtes grand comme le monde ! » lui avait-il dit en le secouant comme un prunier par les épaulettes, au beau milieu du champ de bataille. La haute taille de Kléber lui donnait, chaque fois qu'il se laissait aller à ce genre d'effusions, le sentiment d'être un pantin aux mains de son marionnettiste. Regardant l'Œil d'Horus, ce pendentif que le Corse avait gardé autour du cou pendant toute la bataille, il jubila en le secouant une nouvelle fois. « Nazareth vous a apporté la chance que vous méritiez, Bonaparte ! » Kléber était décidément l'un des plus fins observateurs qu'il connaissait. Il avait remarqué le pendentif dès la première fois, après son bref campement de Nazareth, et n'avait pas tardé à déduire que son général avait dû recevoir le *wadjet* sacré des mains d'un des sages locaux.

Napoléon, serein, propre et rasé, se demanda : « Et si Kléber avait raison ? » Et si la chance, la *baraka*, était avec

1. 25 juillet 1799.

lui à cause de la proximité de sa fête Sed, lui valant déjà ses premières victoires ? Et si la cérémonie qui lui donnerait la force des anciens seigneurs d'Égypte, promise par Balasan à Nazareth, commençait déjà à avoir une influence ? Dans ce cas, avait-il réellement besoin de rester en Égypte pour attendre un rite qui ne fonctionnerait peut-être jamais ? Ou bien pouvait-il, d'ores et déjà, se lancer d'abord en France à la conquête du pouvoir, avant d'envisager celle de l'Europe ? Ne marchait-il pas déjà dans les pas d'Alexandre ?

La porte de son bureau s'ouvrit, le sortant brusquement de ses rêves de grandeur.

– Avec votre permission, mon général.

Le capitaine de service, un jeune gars costaud de La Rochelle, était plus jeune que lui de deux promotions.

– Entrez, Montignac. Que se passe-t-il ?

– Une dépêche urgente est arrivée, du général Desaix.

Desaix rencontrait-il des problèmes dans le haut Nil ?

– Et de quoi est-il question ?

– Deux des membres de la Commission des sciences et des arts, messieurs de Villiers du Terrage et Prosper Jollois, assurent qu'un complot se trame contre vous. Il s'agirait de vous obliger à passer par une sorte de rituel. Ils craignent que Votre Excellence ne tombe aux mains d'une puissante secte locale et… que nous puissions perdre le contrôle du pays !

Napoléon regarda son capitaine, ahuri de la coïncidence. Le Corse avait l'habitude d'interpréter ces concordances comme des signes aimables du destin. Il sourit.

– C'est ce qu'ils disent ?

– Oui, mon général.

– Qu'en pensez-vous, capitaine ? Est-ce possible ?

Jean-Paul Montignac avala sa salive, comme si cela pouvait l'aider à trouver la réponse la plus appropriée.

– Sincèrement, mon général, euh… non.

Devant le désarroi de son capitaine, Bonaparte éclata d'un rire sonore qui rassura l'aide de camp.

– Bien sûr que non ! Montignac... Cela me paraît

invraisemblable que mes propres hommes se laissent embobiner par de pareilles histoires ! Une secte locale ! Des âneries, capitaine !

– Il y a un autre sujet dont je dois vous informer, mon général : deux Égyptiens sont arrivés, il y a un moment déjà, à la porte principale du palais. Ils sollicitent une audience avec Votre Excellence.

Le Corse, qui jouait presque machinalement avec la puissante amulette de lapis-lazuli de Balasan, cacha le *wadjet* sur sa poitrine et son humeur changea brusquement.

– Deux Égyptiens ? Tu veux dire deux citoyens à pied, capitaine ?

– C'est ce que je voulais dire, oui. Et c'est ce qu'ils semblent être.

– Et que désirent-ils ?

– Ils prétenent posséder des informations sur les espions que vous souhaitiez arrêter avant de partir à Aboukir.

– Eh bien, pourquoi ne les donnent-ils pas à la police ? Elle leur payerait la récompense… s'ils la méritent.

Sentant qui Napoléon allait tourner cette page, le capitaine hésita un instant sur l'opportunité de persister. Puis trancha :

– C'est-à-dire que…

– Oui ?

– Ils ne veulent pas d'argent, mon général. Mais ils ont demandé que nous vous disions ceci : ils connaissent la confrérie à laquelle appartiennent ces espions. Ils insistent beaucoup sur le fait que Votre Excellence saura apprécier cette information à sa juste mesure.

Bonaparte releva les yeux vers le capitaine Montignac qui était à quelques pas de lui.

– Ils ont mentionné que les espions appartenaient à une confrérie ?

– Oui, mon général.

– D'accord, capitaine. Dans ce cas, je les recevrai. Ordonne qu'on me serve un verre du meilleur vin que nous avons dans la cave et fais-les monter jusqu'ici dans une demi-heure.

Le Corse avait décidé qu'il était ce matin d'excellente humeur. Pour la première fois depuis des mois, il avait suffisamment de temps pour se réjouir de ses victoires et montrer sa magnanimité au peuple qu'il administrait. Cette pespective de recevoir ces informateurs et de diriger personnellement cette enquête n'était, en fin de compte, que l'opportunité d'une bonne discussion. Ça lui changerait les idées. Il n'était pas question de se laisser aller à cette amère sensation d'être pris au piège comme un rat en Égypte, alors qu'il avait tant de choses à réaliser à Paris.

Même s'il y avait maintenant plus d'un an que l'amiral britannique Nelson avait détruit sa flotte, coupant ainsi pratiquement toute communication avec la France, sa récente victoire militaire contre les Mamelouks lui avait insufflé un courage qu'il ne se souvenait pas d'avoir jamais eu. Son armée fabriquait ses propres munitions depuis des mois, et même si la troupe ne disposait plus du moindre uniforme propre et convenable, elle lui avait permis d'être déjà vainqueur. Battre les Turcs était comme une défaite pour la couronne britannique.

Le seul nuage qu'il apercevait dans ses optimistes pensées matinales était celui des femmes – éternel problème ! Alors que les nouvelles les plus sérieuses de la métropole mettaient des mois à arriver, les infidélités de Joséphine avec certains membres du Directoire, parmi les plus illustres, se propageaient comme la poudre depuis la Bastille jusqu'à Assouan. Personne ne savait comment ces fichus ragots pouvaient traverser la Méditerranée aussi vite. Le Corse enrageait d'imaginer son épouse brûlante dans les bras de ces politiciens verreux de Paris, qu'il lui faudrait vaincre demain quand ils se trouveraient sur son chemin vers le pouvoir. Mais où Joséphine avait-elle la tête ? Aurait-elle peur d'être veuve trop tôt ? Le croyait-elle un soldat si maladroit ?

Un domestique amena le vin, enfin. Un excellent bordeaux servi à la température idéale. Il s'en versa dans un verre à ras bord. Cela suffirait-il à anesthésier, même en partie, les idées noires qui le gagnaient ?

Pour oublier ces affronts, Bonaparte avait cherché dans toute l'Égypte des femmes pour donner libre cours à sa colère mais cela finissait toujours mal, avec elles. Quant aux Françaises, il avait pratiquement vu toutes celles qui présentaient un minois agréable... et toutes s'étaient refusées à lui, repoussant ses propositions galantes. Qu'elles soient épouses ou fiancées des officiers, ou clandestines venues avec la troupe...

Pauline Fourès, l'épouse de l'un de ses lieutenants les plus respectables, était une exception, mais... une formidable cause de maux de tête ! Une blonde mélancolique et douce, et terriblement ambitieuse ! Tout Le Caire, y compris les « taupes » britanniques, l'appelait « La Cléopâtre ». On disait même que la maîtresse du général était le véritable chef en Égypte ? Fallait-il mépriser les racontars, ou bien la remplacer par une autre femme tout aussi séduisante ? La seconde solution étant la bonne, évidemment. Fort bien, mais laquelle ?

Il était dans ces dispositions d'esprit lorsque le capitaine Montignac revint dans ses quartiers, accompagné des deux Égyptiens qui demandaient à le rencontrer. Le capitaine se tint au repos, près de la porte, prêt à intervenir.

La beauté manifeste de la jeune femme lui ouvrit des perspectives auxquelles il n'avait pas songé… « Que voilà une nouvelle et agréable coïncidence... », se dit-il, in petto. Et la mise en scène à laquelle il assista n'aurait pu être plus spectaculaire : le Nubien qui l'accompagnait ôta lentement le voile de de la jeune femme. Les cheveux de jais de la danseuse retombèrent sur ses épaules tandis que sa robe moulante cachait fort peu sa silhouette particulièrement fine. Un parfum de fleur de lotus inonda immédiatement la carrée du Corse. Ce n'était pas l'heure pour aller ainsi vêtue, ni pour qu'un général d'armée d'occupation tombe dans un jeu de séduction. Mais à qui cela importait-il ? De plus, elle avait une voix de velours.

– Général, si nous avons insisté pour vous voir, c'est que nous devions vous avertir de quelque chose de très sérieux.

... Et son français était remarquable.

– Et m'avertir de quoi ?

– Que vous êtes entouré de traîtres.

Napoléon, sous le charme de sa fougue et de son parfum capiteux et sensuel, lui sourit en pardonnant son impertinence.

– Hélas ! *Mademoiselle**, ce n'est guère nouveau. César mourut des mains de son propre fils. Tous les hommes de pouvoir sont entourés de traîtres. Ils sont partout. Un mal nécessaire que seuls les meilleurs savent utiliser, en de rares occasions.

– Mais vous devez vous protéger. Ils sont plus près de vous que vous ne le croyez.

– Vous m'importunez, *Mademoiselle**. Je ne vous connais pas. Si j'ai daigné vous recevoir, c'est parce que l'on m'a informé que vous déteniez une information dont j'ai besoin. Suis-je dans l'erreur ?

– Non. En vérité non, Monsieur. Les traîtres dont nous parlons sont des hommes qui ont votre confiance. Ils vous ont caché l'endroit où se trouvent les espions que vous recherchez tant.

– Les connaissez-vous ?

– Bien sûr, général. Dans le désert on les appelle « sages bleus ». Mais ce ne sont pas des espions à la solde d'un pays ou d'une armée. D'ailleurs, ils ne possèdent pas de terres ni d'intérêts à défendre. Ils sont bien au-dessus de ces nécessités triviales. Ils se laissent rarement voir aux non-initiés… Toutefois, nous pouvons vous confirmer que les « sages bleus » sont arrivés au Caire très récemment.

– Les « sages bleus » !

Le Corse eut une moue amusée.

– Dites-moi : que savez-vous d'autre sur eux ? Bien qu'ayant donné un ordre de recherche et de capture, il n'y a pas eu moyen d'en trouver aucun…

– Avant, vous devriez vous demander *pourquoi* vous en avez besoin, général.

Le commentaire, cette fois dans la bouche de l'homme, dérouta Napoléon.

– Que voulez-vous dire ?

– J'ignore si vous nous croyez, Monsieur, mais les « sages bleus » appartiennent à une confrérie qui ne se manifeste qu'une fois tous les deux mille ans. Et chaque fois qu'ils le font, c'est pour chercher un homme digne de recevoir leur savoir. Capable de changer la face du monde. Ce savoir comporte implicitement des avantages très convoités, parmi lesquels l'accès à la vie éternelle. Rencontrer les « bleus » est quasiment la garantie d'avoir accès à ce secret.

– Et comment pouvez-vous être aussi certain de cela ?

– Parce que notre famille eut l'honneur de détenir ce savoir, il y a fort longtemps. Pour cela, et parce qu'un jour nous avons connu le pouvoir qu'ils gardent et transmettent, nous affirmons qu'il y aura des renégats, des cupides qui voudront vous voler le droit que vous avez de recevoir leur sainte initiation. Nous, Monsieur, pensons que vous êtes le nouvel élu pour la communauté des « bleus ».

– Ce matin, j'ai reçu un message de mes hommes, à Thèbes. On m'a averti de l'existence d'un complot, organisé par une secte de fanatiques pour contrôler mon armée. Comment puis-je savoir que vous n'appartenez pas à ce groupe ?

Jean-Paul Montignac opina du bonnet, en silence, à l'intention de son général : il était parvenu à la même conclusion. Le Nubien continua :

– L'expression « *Le Temps est arrivé* » vous dit-elle quelque chose ?

Le visage du Corse s'assombrit. Où avait-il lu récemment une phrase de ce genre ? Ali, patient, attendait la réponse.

Bonaparte ne mit que quelques secondes à se souvenir : c'était dans un rapport de police, rédigé quelques jours auparavant, à la suite d'un mystérieux incendie dans le quartier copte. Il y était fait mention d'une expression similaire. Les deux religieux interrogés sur ce cas avaient évoqué l'existence d'un ancien manuscrit qui parlait de l'arrivée d'un « *Temps* », cause de la mort ou de la disparition d'un vieux sage copte. Le rapport signalait les « sages bleus » comme possibles responsables du fait.

– J'ai entendu quelque chose en effet. Mais je ne sais pas ce que cela signifie.

– Ce *Temps* se réfère à un moment imminent, où la sagesse des « bleus » se donnera sans réserve à un être destiné à changer le cours de l'histoire. Et vous devez être préparé pour cela.

– Préparé ?

– Oui. Nadia est venue pour vous aider.

– Nadia ?

Le regard malicieux de Bonaparte fit sourire le capitaine Montignac qui devinait les pensées libidineuses de son général.

– Dans ce cas, ne croyez-vous pas que vous devriez nous laisser seuls… ?

CHAPITRE XXVI

Le Caire,
quatidi 24, IIIe décade de Thermidor, an VII
(11 août 1799)

Surpris, Élias ouvrit la porte de sa chambre, au troisième étage d'un vieil immeuble, auquel la caserne d'Azbakéya était venue s'adosser. Napoléon lui avait donné quartier libre ce jour-là et il projetait d'en profiter pour dormir un peu. Puis, une fois que le soleil serait couché et la chaleur apaisée, il irait se promener au bazar de Jan el-Jalili, boire un ou deux thés à la menthe et déambuler dans ses ruelles toujours animées. Il ne s'attendait pas à ce qu'une personne frappât à sa porte à dix heures et demie du matin.

– Un message urgent pour vous...

Deux soldats, fusil à l'épaule, lui tendirent une enveloppe blanche, rectangulaire, scellée à la cire rouge. Sans ajouter un mot, ils attendirent que le copte mal réveillé ouvrît son pli. Il marmonna en cherchant à lire ce sceau indéchiffrable :

– Qu'est-ce que c'est ?

Le plus grand des deux dragons répondit, martial :

– Des ordres, Monsieur. Vous devez vous habiller et nous suivre immédiatement.

Abasourdi, Buqtur demanda aux soldats de patienter quelques minutes. Il prit la missive entre ses mains encore engourdies, referma la porte derrière lui et ôta la cire une fois assis sur son lit.

Une carte, différente de toutes celles qu'il avait compulsées jusqu'ici, tomba de l'intérieur de l'enveloppe.

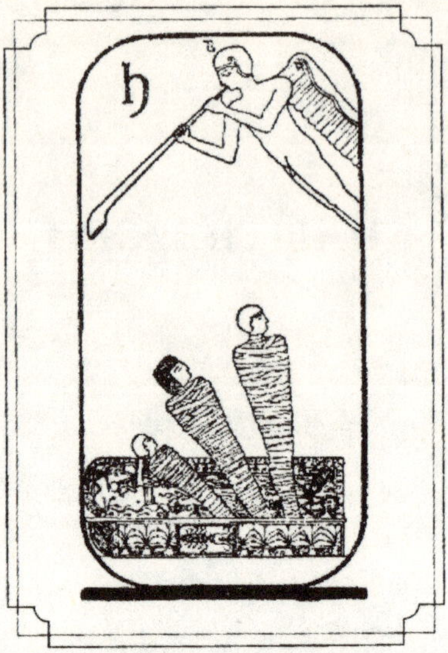

La résurrection

À sa vue, le copte s'éveilla d'un seul coup. Il n'avait aucun doute quant à la provenance. Seul Jean-Baptiste Kléber pouvait envoyer un tel message. Cette déduction, pour autant qu'elle soit juste, n'était en rien rassurante. Le général n'utilisait ce genre d'artifice que pour communiquer avec l'Atelier et en situation d'extrême urgence. C'est du moins ce qu'il avait cru comprendre…

Si c'était bien lui, que voulait dire Kléber avec cette carte énigmatique ? Un ange ressuscitant trois momies. Sans savoir vraiment pourquoi, le copte eut l'intuition d'une urgence. Les trois défunts, enveloppés dans des bandages, paraissaient émerger d'un même sarcophage. Ils étaient raides, comme obéissant à un ordre mystérieux qui les invitait à l'action. Était-ce cela que Kléber attendait de lui ? Qu'il accomplisse finalement la mission pour laquelle l'Atelier l'avait préparé durant toute une année ?

Il l'apprendrait rapidement.

Après s'être vite lavé le visage et avoir aplati les épis de ses cheveux désordonnés, Élias enfila son pantalon de zouave et une chemise de coton blanc, endossa par-dessus sa *galabieh* sombre. Il ne comprenait toujours pas ce que Kléber attendait de lui et il préférait être prêt pour tout. Y compris pour partir immédiatement en voyage.

Les dragons escortèrent Buqtur jusqu'à un petit immeuble situé à trois pâtés de maisons de la caserne française. Le copte connaissait bien l'endroit. Il y était venu de nombreuses fois en d'autres occasions même si les continuelles absences de Napoléon, qu'il accompagnait toujours hors du Caire, l'obligeaient à espacer ses apparitions plus qu'il ne le désirait.

Les soldats s'arrêtèrent sur le pas d'une porte de bois couronnée d'une frise rectangulaire. Il la poussa sans hésiter. L'huis séparait le monde extérieur du *Het Nub* ou « Salon d'Or », où se prenaient toutes les décisions importantes de l'Atelier. Mais une fois à l'intérieur, Buqtur fut surpris par l'obscurité qui y régnait. Il n'avait jamais vu le lieu si sombre, si chargé de poussière et d'encens.

La salle de l'Atelier, un réduit rectangulaire dont le toit avait été peint en bleu ciel, parsemé d'une foule d'étoiles à cinq branches, se trouvait au fond d'un couloir sombre qui prolongeait la porte où les soldats l'avaient laissé. Un ordre inattendu lui confirma qu'il n'était pas seul :

– Entrez, s'il vous plaît, frère Élias !

La voix familière le rassura. C'était celle de Gaspard Monge, mathématicien grincheux au visage chevalin, ancien ministre de la Marine et président de l'Institut d'Égypte fondé par Napoléon quelques mois auparavant. Monge avait toujours été cordial avec lui. C'était à sa perspicacité dans le recrutement de professeurs qu'il devait son entrée au service de Bonaparte ainsi que son incorporation comme membre de plein droit dans cette confrérie. Élias et Monge ne se quittèrent pas durant les premiers mois en Égypte de l'ancien ministre. Une période intense pendant laquelle le bon Gaspard lui avait rempli la tête de descriptions merveilleuses de la France. « Seules les pyramides glorifient plus ton pays que le mien », lui confessait-il souvent goguenard.

Buqtur avança sans réfléchir jusqu'au centre de la pièce faiblement éclairée par une lanterne au plafond. Son hôte l'attendait là, en effet, vêtu de l'habit des cérémonies solennelles, et préoccupé par une question qu'il lui jeta à brûle-pourpoint dès qu'il aperçut son visage :

– Bien, Élias. Hier, vous êtes arrivé d'Aboukir en compagnie de notre général Bonaparte, n'est-ce pas ?

M. Gaspard, également secrétaire de l'Atelier, était assis à l'extrémité orientale de la salle, face à un énorme cahier des actes. Il avait à côté de lui une petite table de chêne où étaient posés l'encrier, une collection de plumes et de crayons. Autour de lui, les silhouettes indistinctes de six personnes, toutes debout, comme des fantômes qui observaient le nouvel arrivant avec attention. Le copte pressentit le piège.

– Qu'est… que se passe-t-il ?

– S'il vous plaît, frère Buqtur, répondez-nous : étiez-vous avec Bonaparte hier ? Oui ou non ?

Élias confirma d'un signe de tête à la voix qui l'interrogeait.

– Et l'avez-vous entendu dire qu'il songeait quitter l'Égypte en secret ?

Cette question insolite le paralysa. Elle était formulée par l'une des ombres, aussi haute qu'une tour, Kléber sans aucun doute.

– Non… Comment pouvez-vous penser que Bonaparte abandonnerait son armée après le glorieux triomphe d'Aboukir ?

Kléber, qui ne sortit à aucun moment de la pénombre où il s'abritait, allongea son grand bras vers les autres personnes présentes.

– Frère Murat... Expliquez-lui.

Une nouvelle silhouette, presque aussi grande et aussi robuste que celle de Kléber, avança sur le sol à damier de l'Atelier. C'était Joachim Murat, le héros qui avait réussi le miracle de faire fuir les Turcs quelques jours auparavant sans perdre un seul de ses escadrons. Buqtur sourit nerveusement en le voyant s'approcher. Le brave général paraissait avoir totalement récupéré du fracas de cet exploit, ses cheveux bouclés et ses grands favoris avaient retrouvé leur éclat habituel. Mais il semblait accablé.

– Nous avons de bonnes raisons de croire que Napoléon nous laissera bientôt, frère Élias. Lorsqu'il me nomma général de division sur les plages du Delta, durant notre victorieuse bataille d'Aboukir, il murmura quelque chose à propos de son prochain départ d'Égypte. Que la France avait un besoin urgent de sa présence, beaucoup plus que ce pays. Et nous avons également su qu'il avait secrètement donné des ordres précis pour que le port d'Alexandrie soit approvisionné et que nos deux frégates y soient armées… Imaginez-vous ce que cela signifierait ?

Le copte ne répondit pas, haussant les épaules.

– Je vais vous le dire : le projet d'initier Bonaparte en notre vénérable Loge de Memphis et de le préparer à recevoir la formule que les « sages bleus » lui ont promise à Nazareth pourrait capoter complètement.

– Mais… Ce n'est pas possible ! C'est demain le jour choisi ! Les « sages bleus » en ont décidé ainsi.

Entendant cela, une autre des ombres fit un pas en avant, laissant la lumière éclairer son visage. Il articula d'une voix éteinte :

– Frère Élias, tu es le seul d'entre nous à avoir vu le visage des « bleus ». Grâce à toi, le général Bonaparte a pu les rencontrer à Nazareth il y a quelques mois.

L'interprète confirma.

– Tu es copte d'origine et de religion, n'est-ce pas ?

– Oui.

– Et sais-tu pourquoi les « bleus » ont choisi précisément la journée de demain pour initier Bonaparte ?

Élias Buqtur n'arrivait pas à identifier cette fois la voix qui l'interrogeait. Son propriétaire devait être nouveau à l'Atelier. Il s'agissait d'une personne âgée, à l'aspect sévère et aux manières d'inquisiteur, qu'il n'avait jamais croisée en ces lieux.

– Tu n'es pas obligé de répondre. Au fond, nous sommes tous au courant que c'est une affaire d'astrologie. Demain, à l'aube, les étoiles du Lion s'élèveront à l'est sur « le lieu de la résurrection », et « l'oiseau Bennou », la constellation du Phénix, sera au sud. Savez-vous ce que signifie l'expression « le *Temps* » ?

– Est-il nécessaire que je réponde ?

L'ancien fit une grimace, contrarié.

– Si tu es vraiment copte, il le faudrait, oui. Aucun véritable chrétien ne devrait ignorer ce que je te dis.

– Je voulais être prêtre, mais mon père m'en dissuada et j'ai fait d'autres études. J'ai appris le français, par exemple.

– Bien. Alors, en l'honneur de ta vocation première, tu devrais au moins savoir que ce fut saint Marc le premier à parler de ce *Temps*. Un moment de révélation où de grands secrets seraient donnés aux hommes.

Élias ne s'effraya pas pour l'accusation voilée formulée par son nouveau frère.

– Je n'ai jamais perdu la vocation de servir Dieu, si c'est à cela que vous faites référence. Grâce à elle, mon oncle Nicodème m'initia aux arcanes de la maçonnerie et me parla de l'arrivée du *Temps* qui semble tant vous préoccuper. Mais, de lui, j'ai également retenu qu'il n'est pas suffisant que ce *Temps* arrive.

Le copte avala sa salive, se donnant ainsi quelques secondes pour attirer l'attention de ses interlocuteurs

– Frères, pour que la révélation attendue se produise, il faut qu'il y ait d'autres circonstances très particulières.

– Quelles circonstances ?

– Pendant mon bref séjour à Nazareth, avec les « sages bleus » et notre général Bonaparte, j'ai appris qu'en plus de l'élu qui doit avoir trente ans, une femme est nécessaire pour engendrer celui qui ouvrira le coffre de Thot, coffre où le dieu de la Sagesse enferma les secrets de la vie et de la mort. Les « bleus » détiennent ce savoir d'un ancien récit égyptien, datant du roi Kheops.

– Vous connaissez bien les signes.

– Et vous ? Les connaissez-vous ?

Jean-Baptiste Kléber, avec son port de géant, couvert d'une robe de cérémonie noire, reconnu comme Grand Isiaque de la Loge, voulut tranquilliser l'interprète de Bonaparte.

– Oui. Les Français connaissent aussi les signes, Élias. Et en réalité, nous nous préparons depuis longtemps pour ce moment. Il est possible que tu l'ignores, mais en Europe, la confrérie des maçons libres initie depuis des siècles ses néophytes aux rituels qui simulent la mort et la résurrection du corps. Nous savions que ces rites venaient d'Égypte et nous étions certains qu'ils avaient tous une base réelle... que la résurrection physique pouvait être obtenue. Et avec elle, naturellement, l'immortalité.

Et Bulqur rétorqua, grave :

– Et cela doit être ainsi.

Murat reprit la parole, plus solennel que d'habitude :

– Vous nous avez beaucoup aidés, Élias. Nos frères maçons de Nice ont bien fait en nous mettant en contact avec vous et vous avez bien fait votre travail. Cependant nous croyons que le moment de la vérité est arrivé.

– Le moment de la vérité ?

– Oui, Élias. Le moment où la formule de l'immortalité doit nous être communiquée.

– Cela ne dépend pas de moi. Cela regarde les « sages bleus ». Ce sont eux qui choisiront l'endroit, et l'heure, pour livrer ce secret.

Murat prit le copte par les épaules.

– Mais il n'y a pas de temps à perdre. Nous ne sommes plus les seuls dans cette course…

– Que voulez-vous dire, frère Joachim ?

– Ce matin même, deux disciples du clan des Ben Rashid

ont demandé audience à Bonaparte. Des espions de Marc VIII les ont suivis et les ont entendus prétendre qu'ils avaient des informations sur l'endroit où se réfugient les espions que notre armée recherche.

– Les espions ?

– Ce prétexte qui nous servit pour donner l'ordre de capturer les « sages bleus ». Nous le savons, ils sont en ville depuis plusieurs jours. Êtes-vous conscient de ce que cela signifie ?

La barbe pointue d'Élias Buqtur se contracta pendant qu'une moue d'incrédulité se dessinait sur son visage.

– Et comment êtes vous au courant que le P… ?

Le mystérieux frère inconnu ne le laissa pas achever sa phrase. Il avança d'un pas, se plaçant de nouveau au centre de l'échiquier où se trouvait l'interprète. Il le saisit par les bras :

– Regarde-moi, Élias ! Tu ne me reconnais pas ? Je suis Théodore, administrateur apostolique de Sa Sainteté Marc VIII. Et c'est la plus haute autorité qui m'a envoyé ici avec vous pour récupérer ce qui, légitimement, appartient à notre Église.

– Et pourquoi vous trouvez-vous ici, parmi les Français, père Théodore ?

– Oh allons, Élias ! Ce n'est pas avec les Français en général que notre Église s'est alliée, ni même avec Napoléon, qui n'est qu'un pion élu par la Providence pour recevoir le Secret de ses véritables gardiens. Notre pacte, frère Élias, a été scellé avec les frères européens qui professent un culte émergeant de la Lumière, jumeau de notre christianisme…

Buqtur se méfia.

– Et croyez-vous vraiment que les Ben Rashid, disciples des Ombres, vont réussir à obtenir de Napoléon qu'il se rallie à eux, et les aide à se réapproprier la formule de Seth ? Le général, nous le savons tous, se croit investi des attributs d'un héros solaire, presque un messie de la même importance que Notre Seigneur Jésus-Christ...

Kléber intervint :

– Nous avons de bonnes raisons de supposer quelque chose du genre.

– Des raisons ? Quelles raisons ?

– Une femme. Nadia. C'est l'une des Ben Rashid qui se sont entretenus avec Napoléon. Notre frère Mohammed...

– Qui est-ce, ce Mohammed ?

– Vous ne le connaissez pas encore, il arrive de Louksor. Il est membre de notre Loge, représentant d'une puissante et ancienne faction des adorateurs de la Lumière du sud de l'Égypte. Il pourra vous expliquer ce qu'il pense de cette femme.

Kléber tendit le bras pour désigner l'une des ombres présentes sur le damier de l'Atelier. L'homme s'avança dans le carré de lumière. Rejetant sa capuche en arrière, il montra son visage, nubien sans aucun doute. Ses énormes sourcils noirs se froncèrent avant qu'il ne commence à parler :

– Mon nom est Mohammed Ben Rashid, frère.

Vêtu de la même robe de cérémonie que le Grand Isiaque Kléber, il salua amicalement Élias et dit, posant sa main sur sa poitrine :

– Cette femme, Nadia, appartient à ma propre famille, et je connais bien ses capacités. Elle a grandi en ignorant les préceptes séthiens. Il y a peu de temps, elle travaillait comme esclave pour un pilleur de tombes de Louksor, qui rôdait autour d'une vieille sépultures où sa famille pense qu'elle pourra récupérer le Secret. C'est le clan des Ben Rashid lui-même qui la vendit à ce bandit, pour le surveiller dans sa propre demeure.

– En quoi une esclave peut-elle représenter une menace ?

Mohammed sourit, énigmatique.

– Elle s'est enfuie, il y a quelques jours, de la maison du pilleur, aidée par Ali, le maître des mages des Ben Rashid… de mon clan. Nous croyons qu'il l'a informée de son véritable pouvoir et l'a préparée pour nous combattre dans cette course pour l'immortalité.

– Et ce pilleur ?

– Le voleur, *frater* Élias, n'est pas un simple pilleur de

tombes. C'est un autre mage, puissant, affecté au culte solaire et proche de la cause de cette Loge et de l'Église copte. Lui, Omar Ben Abiff, se révéla comme étant mon maître il y a déjà longtemps.

– Hein ! Ton maître ?

– Je ne m'attendais pas à ce que tu le comprennes, Élias. Mais moi qui ai grandi au sein de la famille de Nadia, un clan ayant conservé jusqu'à ce jour les enseignements fondamentaux des anciens adorateurs égyptiens des étoiles, un clan possédant les secrets de la construction des temples d'après les constellations, j'ai découvert que mon chemin et celui de mon clan étaient inexacts : que jamais la formule de la vie n'arriverait par le sentier de la Nuit mais, au contraire, par celui de la Lumière, par le chemin du Soleil.

– As-tu… ? As-tu trahi ta propre famille ?

– Oui. Je me suis converti en chercheur de la Vérité.

– Comment peux-tu être certain que ton chemin est celui de la Vérité ?

Le fier Nubien espérait cette question. La curiosité de Buqtur allait lui permettre d'éclaircir quelque chose qu'il n'avait pas encore eu le temps de faire avec les autres membres de la Loge.

– Très simple, frère Élias. Omar me montra dans la tombe d'Amenhotep, celle que les séthiens craignaient tant que nous explorions, comment fonctionnait le rituel de la résurrection. Il faut d'abord peser l'âme de l'impétrant. Les dieux s'assurent alors de la pureté des intentions du candidat à l'immortalité. Ensuite, par le pouvoir d'Isis, le miracle se réalise. Si Nadia n'avait pas fui et que sa famille ne l'avait pas immédiatement protégée, dans cette même tombe, elle nous aurait livré son haleine divine.

– Tu veux dire que… ?

– Nadia ? Oui, frère. Elle est, en effet, l'héritière directe d'une lignée née d'Isis elle-même. Seule cette femme peut concilier et convoquer le pouvoir de la vie éternelle, si elle trouve le nouvel Osiris qui canalise sa magie. D'ailleurs, notre seule possibilité pour la devancer est que nous le rencontrions avant et que nous fassions, avec lui, le rituel de la résurrection.

Même si Élias avait décrypté l'insinuation, il voulut s'en assurer.

– Osiris ? Tu veux parler de… Napoléon ?

– De nul autre, en effet.

Joachim Murat s'approcha de nouveau du centre, entre les deux frères de la Loge de Memphis.

– Comprends-tu maintenant la gravité des faits, Élias ? Si Nadia réussit à obtenir la confiance de notre général, c'est elle qui le guidera au lieu de l'initiation, et elle qui obtiendra des « sages bleus » la légitimité de la formule de la vie. Et nous, les solaires, nous resterons en dehors du partage de ce secret que nous sommes venus récupérer en Égypte.

– C'est la seule à pouvoir nous l'enlever ?

Murat et Mohammed Ben Rashid échangèrent un regard inquiet.

– C'est ce que nous croyons.

– Ce que vous croyez ? Vous n'en êtes pas sûrs ?

Le père Théodore, très sérieux, prit cette fois la parole :

– Vois-tu, Élias… si notre Loge a pu savoir de façon certaine que le *Temps* arrivait où nous pourrons accéder aux mystères de la vie éternelle, c'est grâce à la providentielle apparition d'un texte écrit par saint Marc lui-même, il y a dix-huit siècles.

L'interprète de Bonaparte lâcha un soupir admiratif mais laissa Théodore continuer :

– Il fut retrouvé, il y a un an, à Alexandrie et envoyé par notre aimé Saint-Père au monastère Sainte-Catherine, dans le Sinaï, pour qu'il soit traduit. Saint Marc avait employé une espèce de grec obscur et archaïque qui rendait le texte pratiquement incompréhensible.

– Et il fut traduit ?

– Oui. Mais, malheureusement, le responsable de sa traduction a disparu, il y a quelques jours, dans de mystérieuses conditions. Nous l'avons cherché partout, et en dépit de tous les indices indiquant qu'il aurait pu être assassiné par les adorateurs des Ombres, nous n'en sommes pas tout à fait certains.

– Et pourquoi auraient-ils fait quelque chose de ce genre ?

– Parce que les séthiens désiraient s'approprier le Secret de la vie dont l'apôtre Marc découvrit en Égypte alors qu'il suivait les pas de Notre Seigneur sur ces terres. Qui sait ? Peut-être que Cyril voulut pour lui-même la source de vie et qu'il décida de l'atteindre seul en trahissant notre Église. Les séthiens pourraient l'avoir appris et l'avoir tué, après lui avoir extorqué ses connaissances. Ou bien, autre hypothèse, le frère Cyril pensant détenir le Secret s'immola-t-il accidentellement en essayant de répéter le rituel… Quoi qu'il en soit, le sort de Cyril de Bologne nous préoccupe.

– Cyril de Bologne ? Ce que je ne comprends pas vraiment, c'est ce que vous attendez maintenant de moi.

L'administrateur apostolique sourit à Buqtur.

– C'est très simple, *frater* Élias : nous attendons de toi que tu conduises demain Bonaparte à la Grande Pyramide et que tu le mènes à la salle du sarcophage. Il faut l'y laisser pour que la transmission de la formule ait lieu sous ton strict contrôle. Nous sommes certains que les sages avec qui tu as parlé, à Nazareth, il y a quelques mois, apparaîtront de nouveau pour exécuter le rite sacré d'Isis.

Le copte rendit son sourire à Théodore tout en cherchant parmi les ombres la silhouette géante du Grand Isiaque Kléber.

– Maintenant, Maître, je saisis la signification de la carte de tarot avec laquelle vous m'avez convoqué.

Satisfait, Jean-Baptiste Kléber s'inclina devant Buqtur. Les frères commençaient à se préparer pour la fin de la Tenue. Kléber en profita pour glisser à l'interprète copte une question :

– Sais-tu pourquoi je me sers si souvent de ce tarot égyptien ?

L'interprète haussa les épaules en signe d'ignorance.

– Parce qu'il paraît que les cartes de ce tarot sont une copie du livre que contient le coffre de Thot. Il va être ouvert, enfin, après des siècles d'une longue attente.

– Et qui prétend cela ? Je parle du rapport entre ces cartes et le livre.

– En Europe, ce sont les gitans. Lorsque les premiers d'entre eux arrivèrent en France, ils se faisaient appeler « Égyptiens », et même lorsqu'ils n'avaient ni carrière ni profession reconnue, ils étaient de grands maîtres dans l'art d'interpréter ces cartes. L'un des arcanes favoris était celui que je t'ai envoyé aujourd'hui : la carte de la résurrection.

– Qui est tout juste ce que nous cherchons.

CHAPITRE XXVII

Gizeh,
quintidi 25, IIIe décade de Thermidor, an VII
(12 août 1799)

Balasan grimpa jusqu'au sommet des masses rocheuses de Maâdi en traînant sa jambe gauche avec difficulté. L'arthrose prenait peu à peu possession de ses extrémités inférieures et il savait qu'il serait bientôt paralysé, prostré sur une couche au milieu du désert, bien loin de ses moments de gloire à la tête des « gardiens bleus ».

Le spectacle superbe qui s'offrait à lui depuis ces hauteurs dissipa légèrement ses sombres réflexions : les soixante-treize mètres de large du Sphinx de Gizeh, avec son orgueilleuse tête posée sur des épaules presque inexistantes, semblaient aussi fragiles qu'une miniature. À ses côtés, impressionnantes en vérité, trois montagnes artificielles aux proportions cyclopéennes projetaient leur ombre pointue sur le sol, ridiculisant le colosse de pierre. Il murmura, ému :

– Dieu est grand.

L'imam était à une centaine de mètres seulement au sud des pyramides de Gizeh, tout près du cimetière arabe d'al-Ahram[1]. Et pour la première fois de toute sa vie, il eut conscience que la vision qui s'offrait à lui n'était qu'un pâle reflet du paradis qui l'attendait.

Le vieillard « bleu » avait demandé à ses assistants de le laisser seul un instant. Il avait besoin de s'approcher de ces

1. Littéralement : « des Pyramides ».

temples majestueux, en silence et en recueillement. Il devait se préparer pour ce qui allait inévitablement se passer ici.

Balasan errait dans Gizeh depuis cinq heures du matin. Il avait vu l'aube, assis sur les énormes flancs du Sphinx, vérifiant, avec une certaine impatience, que le ciel eût complété correctement son cycle. Le lion de pierre, taillé par les lointains habitants du monde, avait toujours les yeux ouverts. Les siècles avaient depuis longtemps effacé ses pupilles bleues mais il était toujours le parfait gardien, serein et fier, conçu pour ne s'altérer de rien ni de personne.

Paradoxalement, à l'aube, Balasan avait cru percevoir une émotion incontrôlée, comme si le Sphinx lui-même était ému de voir disparaître, avec le lever du soleil, les huit étoiles de la constellation du Lion – son alter ego céleste. Le vieillard observa ce signe et le conserva pour lui, sans rien en dire.

Il était presque midi et il restait peu de temps avant que tout ne se précipite, comme prévu.

Du haut de son observatoire, Balasan jeta un dernier regard à l'illustre front posé sur le corps du plus noble des félins, et il descendit aussi rapidement qu'il le put jusqu'au campement de ses fidèles. Aucun d'eux n'avait jamais passé une nuit en ville et ils ne le désiraient pas plus maintenant, ils avaient donc profité d'une dépression entre les dunes pour installer sept grandes tentes bédouines, tapissées de douces couvertures de laine. Dans le désert, personne ne les gênerait.

La tente principale était située à proximité des rochers escarpés de Maâdi, loin des routes des patrouilles françaises. Balasan emprunta, en clopinant avec précaution, le sinueux sentier pentu qui finissait à quelques pas de sa tente. Il traversa ensuite le campement sans s'arrêter et pénétra dans une tente à la douce pénombre, laissant les pans de l'entrée retomber pour la fermer complètement. Il était impatient de partager sa découverte avec l'invité qui les avait accompagnés jusqu'ici.

– Tu as eu de la chance, l'Ancien. Beaucoup de chance.

La forme humaine blottie au fond du gîte de toile ne

bougea pas d'un pouce. Le guide spirituel des « sages bleus », en sueur et fatigué par l'effort, se dirigea directement vers elle, s'inclinant à ses côtés avec respect pendant qu'il lui chuchota quelque chose à l'oreille :

– Le *Temps* que nous espérions est enfin proche. Toutes les étoiles se sont alignées conformément à ce qui était prévu. Les signes sont propices...

Il hésita avant de poursuivre :

– Pourtant, neuf jours sont déjà passés depuis que tu t'es uni à nous et nous continuons à ne pas savoir si ton esprit a déjà oublié ce qu'il t'est arrivé...

L'invité de Balasan ne cilla pas. Il était agenouillé, le regard vide, perdu entre les plis de la toile qui le protégeait. Balasan insista :

– Chaque nouveau présage est positif. Les étoiles, d'un côté, le retour de l'oiseau Bennou, de l'autre... Tu ne le comprends encore pas ?

L'imam « bleu » prononça cette dernière phrase avec une cadence particulière, presque comme s'il récitait un vieux sortilège. L'effet ne se fit pas attendre car le front ridé de son invité, vêtu des mêmes tuniques bleu indigo que ses hôtes, se fronça soudain.

Balasan observait avec satisfaction la mimique, et patienta. Alors le pénitent murmura :

– Je me souviens... Je me souviens d'une lumière... oui, et d'un grand feu purificateur.

– Très bien. Et quoi encore ?

– J'ai senti... J'ai senti que mon heure était venue. Que j'allais bientôt m'unir à Dieu et que rien de ce que j'avais fait jusqu'ici n'avait d'importance. Rien ne me faisait mal ou me gênait. J'étais serein et lucide. Je ne me suis jamais senti aussi bien.

– Continue.

L'invité baissa les yeux vers le sol, cherchant de son regard humide le visage de Balasan. Le sien portait les marques de l'âge et de la fatigue avec de grandes taches brunes sur ses pommettes. Les lèvres sèches de l'homme recommencèrent à bouger :

– Lorsque je vis que la chaleur de ce feu commençait à dévorer ma chair, que le crépitement des flammes m'avait déjà assourdi, alors j'ai entendu un battement d'ailes. Jamais, de toute ma vie, je n'avais ouï quelque chose de semblable. Cela me remplit d'émotion et j'en arrivais à oublier que ce feu allait consumer ma vie en quelques secondes. Mais alors… alors, la chose surgit de l'obscurité. Peut-être la mort. Et je me laissai tomber au sol, ivre de ce merveilleux état de paix.

Balasan sourit.

– Tu le vois maintenant ? L'oiseau Bennou est revenu. Ce que tu as entendu était le bruissement de ses ailes : il renaissait des cendres et des flammes qui t'entouraient.

– Je ne le comprends pas.

– Ceux de ta race le nomment Saint-Esprit. Mais en réalité c'est la force porteuse de vie qui t'a préservé de la mort. La seule chose que nous ayons fait, c'est récupérer ton corps au milieu des braises, remplissant ainsi le mandat suprême du Bennou.

– Et pourquoi ? Pourquoi Balasan ? Pourquoi m'avoir sorti de ce doux destin et m'avoir rendu au monde ?

Une larme roula sur la joue ridée du vieillard qui semblait vraiment regretter de n'être pas mort au milieu de tant de douceur.

– Parce que tu dois voir ce qu'il va se passer aujourd'hui à Gizeh. J'espère, en plus, que tu concevras que, même si nous avons des traditions très différentes, au fond, nous sommes les mêmes.

– Les mêmes ? En quoi sommes-nous égaux ?

– Dans la foi. Tous les deux nous savons que la mort absolue n'existe pas. Que Dieu a créé l'être humain de chair et d'esprit en faisant de l'esprit un être immortel. Et Il le fit ainsi pour que nous agissions comme les intermédiaires entre Lui et la Terre.

– J'ignore où tu prétends m'emmener maintenant, Balasan. Les forces m'ont abandonné et je ne crois pas pouvoir te suivre quelque part.

– Avant que tu ne t'abandonnes, je désire te montrer quelque chose que les anciens chrétiens qui habitèrent l'Égypte connaissaient bien : chaque homme possède en lui, proportionnellement, tous les attributs de Dieu. Il est immortel par essence, même s'il refuse ou ne sait pas le voir. Sans avoir besoin de formules d'aucune sorte.

L'invité de Balasan s'étira pour la première fois et se redressa. Un fin rayon de lumière illumina partiellement une tête clairsemée de quelques cheveux blancs désordonnés.

– Mais il existe une formule !.Je l'ai mise à l'épreuve !

– Oui. Effectivement, elle existe.

– Et vous la protégez jalousement !

– Oui. Nous le faisons.

– Et pourquoi au lieu de m'avoir sauvé d'une mort certaine n'avez-vous pas volé le manuscrit de saint Marc au Saint-Père des coptes, protégeant ainsi votre secret ?

Balasan ne perdit pas patience. Il ne la perdait jamais.

– Père Cyril de Bologne...

C'était la première fois que l'imam « bleu » l'appelait par son nom depuis les quelques jours qu'ils étaient ensemble.

– Crois-tu vraiment que l'évangéliste Marc ait codifié la formule de la vie éternelle dans son texte ?

– Naturellement. J'en suis la preuve vivante…

Balasan le laissa continuer :

– … J'ai mis le feu à la bibliothèque, gravé les paroles de Jean l'Évangéliste. En suivant les instructions de saint Marc… Je suis encore vivant !

– Par chance !

– Chance ?

– Oui. Parce que nous étions au Caire, attentifs à quelque signe extraordinaire en relation avec le Secret. En arrivant dans la ville, nous avons été informés de ton existence, du travail que tu avais fait sur le texte de saint Marc et nous avons compris qu'il nous fallait intervenir.

– Seriez-vous des anges ?

– Quelque chose comme cela. Les Français nous appellent « espions » parce qu'ils savent que nous avons des informateurs partout. Y compris dans ton Église, père Cyril.

– Et que faites-vous ici ?

– Tous les trente ans, avec l'arrivée du nouvel oiseau Bennou en cette région du Nil, nous revenons pour le surveiller et le protéger. C'est une tradition que nous conservons, quelques tribus bédouines, depuis plus de six mille ans. Le fait que tu entendes ce bruissement d'ailes dans tes transes de mort ne fait que confirmer que nous sommes au *Temps* du Bennou.

– Le *Temps* ? Le même que celui auquel fait référence l'écrit de saint Marc ?

– Le même. En plus du retour de l'oiseau Bennou, les étoiles sont déjà alignées sur Gizeh comme elles ne l'ont pas été depuis des siècles et le rite peut commencer. Le même rite que pratiqua Yeshua, voici des siècles également, à Nazareth.

– Alors, saint Marc avait raison ! Jésus découvrit le mystère de l'immortalité en Égypte !

Balasan observa Cyril, condescendant.

– Ne te trompe pas, ton Marc n'a pas enquêté sur tout ce que Yeshua avait appris dans le temple du Bennou. Souviens-toi que l'Évangéliste alla à la ville de l'oiseau Phénix, alors qu'elle était en ruine, et le grand prêtre Neb-Sen, celui qui avait initié Yeshua aux secrets de la résurrection, était mort depuis longtemps.

Un frisson parcourut l'échine du frère Cyril. Cet étrange individu parlait comme s'il avait lu *Des derniers jours du Seigneur sur la Terre* et qu'il pût en réciter les pages par cœur.

– Cela te surprend que je connaisse l'existence de Neb-Sen, père Cyril ?

– Non, non, dit-il en secouant la tête, essayant de dissimuler sa stupeur.

– En réalité, je pensais à l'insolite paradoxe de ce prêtre

qui protège le Secret de la vie éternelle et qui, pourtant, meurt. Tu ne crois pas ?

– Ce paradoxe n'existe pas pour celui qui comprend l'essence de l'enseignement égyptien.

Cyril, encore convalescent de ses brûlures qui avaient craquelé toute la peau de son corps, avait déjà parlé avec Balasan, mais jamais en ces termes. Les jours précédents, toujours au coucher du soleil, ce vieillard au visage sévère s'approchait de sa couche et s'enquérait de son état de santé. D'ailleurs, il avait l'impression que les onguents appliqués et les infusions que les Bédouins l'obligeaient à boire l'avaient maintenu dans une léthargie artificielle jusqu'à ce moment et que la visite de Balasan, ce midi, n'était pas de simple courtoisie.

– Essence égyptienne ? À quoi te réfères-tu exactement, Balasan ?

– Au fait que la résurrection est, aux yeux de ceux qui sont dans le secret, un état mental qui se produit en vie. Ressuscitent ceux qui ont pressenti que l'homme possède une essence immortelle. Perdre le corps n'est qu'un pas de plus dans l'apprentissage de l'âme. La résurrection, mon cher ami, est seulement un changement de conscience…

– Rien de plus ?

– Pour la majorité, oui. Mais il existe une race spéciale d'hommes qui a réussi à dominer temporairement la mort et qui a découvert comment la surmonter et en revenir avec une énergie renouvelée. Yeshua fut l'un d'eux. Neb-Sen le sut dès qu'il le vit et c'est pour cela qu'il demanda à ses parents l'autorisation de le préparer au Secret de la vie éternelle dont jouirent certains rois égyptiens. Pendant plusieurs jours, le grand prêtre d'Héliopolis le nourrit et le prépara pour son initiation. Il lui enseigna que tous les humains ont une essence mortelle et une autre perpétuelle. Que cette dernière est formée par le *Bâ* et le *Kâ*, un être intérieur capable d'abandonner notre être apparent, fait de pure énergie. Et que ce *Kâ*, correctement maîtrisé, peut aller où bon lui semble, y compris au royaume des morts. C'est ce qu'apprit le jeune Yeshua.

Cyril ne répondit pas.

– Te souviens-tu de la résurrection de Lazare ?

– Bien sûr. Il était mort très jeune, en Béthanie. Jésus le sortit de sa tombe en lui donnant un ordre : « Lève-toi et marche. »

– Lazare était mort depuis quatre jours quand Yeshua le ressuscita. Égyptiens et juifs, nous savons que c'est au quatrième jour que le *Bâ* se détache définitivement du corps et le *Kâ* se languit et meurt à jamais. Eh bien, Yeshua, déjà initié par Neb-Sen, sut comment envoyer son propre *Kâ* pour parlementer avec le *Kâ* de Lazare. Celui-ci reconnut son autorité et rendit le souffle vital au corps du défunt, obéissant aux ordres de ton Messie.

– Et toi, Balasan, domines-tu aussi cet effet ?

L'imam confirma face au regard perplexe de Cyril :

– Aujourd'hui, tu apprendras à le faire toi aussi. Si Élias Buqtur accomplit sa mission, tout sera disposé pour initier le nouvel Osiris au Secret de la vie éternelle.

– Élias Buqtur ? Tu veux parler du neveu du général Tadrus ? Ce traducteur copte que les Français ont recruté dès leur arrivée en Égypte ?

– Lui-même. Buqtur nous amènera Napoléon. S'il est l'élu, il sera soumis au jugement divin qui déterminera la pureté de son âme. S'il le surmonte, sa part immortelle, son *Bâ,* accedera aux mystères de l'immortalité et les transmettra à son corps.

– Et que se passera-t-il ensuite ?

– Personne ne le sait. La cérémonie qui aura lieu dans la Grande Pyramide ne garantit pas que son corps soit immortel. Seuls sa mémoire et son destin le seront.

– Et Jésus ? Que se passa-t-il pour Jésus ? Surmonta-t-il toutes ces épreuves, lui ?

– Si tu as lu attentivement ta Bible, après la Résurrection de Yeshua d'entre les morts, il ne fut pas reconnu par ses apôtres.

Le Rabbin dut se présenter de nouveau à ses proches, puisque son apparence n'était pas exactement la même. C'était son corps énergétique, son *Kâ*, celui qui se manifesta, radiant, à ses disciples.

– Et c'est ce qu'il se passera avec Napoléon ?

– Peut-être. Nous serons là pour le vérifier.

Cyril s'alarma.

– Là ? Où ?

– Je te l'ai déjà dit : dans la chambre royale de la Grande Pyramide.

– Et comment y parviendrons-nous ? Je suis infirme, moulu, blessé, le dos voûté. Et toi, tu as une jambe raide. Nous n'arriverons jamais à entrer dans les étroits couloirs de cette montagne de pierre.

– Nos corps non, Cyril. Mais notre *Kâ* le fera.

CHAPITRE XXVIII

Le Caire'
quatidi 24, IIIe décade de Thermidor, an VII
(11 août 1799)

Il n'avait jamais rencontré femme aussi belle.

Elle se découvrit à peine et le parfum de lotus qui imprégnait sa peau se propagea dans toute la pièce, l'inondant et faisant trembler tous les membres du Corse. Nadia, sereine, détachée de la tourmente qu'elle provoquait, était sous l'emprise d'une profonde extase. Depuis le premier instant où la porte s'était refermée, la laissant seule avec Bonaparte, elle prit l'initiative. Il lui suffit de fermer les yeux avec force, de respirer profondément à une ou deux reprises et de les ouvrir de nouveau, cette fois emplis d'un feu que le Corse n'avait jamais vu de sa vie. Cela stupéfia le général. Il n'était pas fréquent qu'une femme, et encore moins une Arabe, eût une telle aisance en présence d'un homme qu'elle ne connaissait pas.

Mais peut-être n'était-ce pas le cas ?

Napoléon regarda sans ciller comment Nadia ôtait chaque voile qui la couvrait tout en dansant au son d'une musique imaginaire. Il la vit s'avancer, doucement, pieds nus jusqu'à sa couche, ondoyante, lui suggérant sans pudeur un paradis de plaisirs qu'il avait presque oublié depuis sa dernière bataille. Le corps de la Nubienne était parfait : ses seins fermes et lourds, son torse brun et flexible. D'où venait cette déesse ? Pourquoi personne ne lui avait jamais parlé d'elle auparavant ?

En experte odalisque, Nadia se déhancha en le regardant de ses yeux de cobra. Elle lui chuchota à l'oreille, en repoussant les draps de ses longues jambes :

– Sais-tu que le sexe est la plus puissante et la plus ancienne des énergies ? Il agit comme un aimant. Si ses pôles sont à la juste distance, la force générée est immense. Mais s'ils se touchent, toute cette tension créatrice... disparaît.

Bonaparte ne comprenait pas bien ce que la Nubienne lui racontait, mais cela ne le préoccupait pas. Il sentait qu'il devait faire ou dire quelque chose s'il ne voulait pas perdre définitivement le contrôle de la situation ; il finit par prononcer la première pensée cohérente qui lui vint à l'esprit :

– Tu ne m'as pas encore révélé qui veut me trahir…

– Non.

– Ni ce que tu sais de la confrérie des « sages bleus ».

– Non plus.

– Tu ne m'as pas d'avantage expliqué pourquoi ma sécurité t'inquiète.

– Hon, hon...

Elle cessa de l'embrasser.

– Est-ce le plus important pour l'instant ?

– Non ?

– Non, général. Ce que je suis venue te montrer est plus mystique, plus transcendant que tout ceci. Aujourd'hui est le jour où enfin tu devras accepter ton destin et t'abandonner complètement à lui.

– Mon destin ?

Napoléon, presque nu, était décidé à passer à l'action. Il se sentit si enivré par les mouvements sensuels de cette femme qu'il ne s'était pas rendu vraiment compte qu'il avançait vers elle. Aimanté ?

– Dans l'Antiquité, quand les dieux gouvernaient ce pays, des milliers d'années avant la naissance de Jules César ou d'Alexandre et avant que les étrangers ne convoitent ses richesses, les reines s'unissaient seulement aux dieux. C'était leur manière de créer des lignées d'hommes au sang bleu, mi-humains, mi-divins, volant ainsi à ceux d'en haut leur don le plus précieux : l'immortalité. Toutefois, cela ouvrit une blessure dans le cœur des hommes que très peu purent cicatriser…

– Je ne sais pas de quoi tu parles.

– De la séparation entre l'esprit et la matière, général. De la manière dont fut créé le premier être humain, avec cette blessure qui le tiraillait. De la façon dont chacun d'entre nous, dès lors, a cherché à unir ces deux pans de lui-même.

– Et à qui cela importe-t-il ?

Napoléon était déjà assis à côté de Nadia, admirant ouvertement sa beauté. « La Parfaite » s'était soigneusement épilé tout le corps et s'était plongée dans un bain d'arômes. De si près, quiconque en aurait perdu l'esprit. Mais Bonaparte se garda bien de la toucher. Tandis qu'elle le pointait de son index, ses mots sifflèrent à ses oreilles comme un serpent menaçant :

– Cela devrait t'importer, général. Dans le passé le plus lointain de mon peuple, la déesse Isis s'unit au dieu Osiris pour créer un nouveau roi d'Égypte, qui réunit ces deux pôles. Qui comprendrait que matière et esprit font partie de la même essence ? Cette union sacrée qui donna naissance au roi Horus se consuma, paradoxalement, après qu'Osiris fut assassiné par son frère Seth. Isis poursuivit son âme jusqu'au pays des morts, l'arracha des ténèbres et obtint que la graine osirienne pénétrât ses chairs pour la féconder.

– Un joli mythe. Les « sages bleus » m'en ont parlé à Nazareth.

– Vraiment ?

Pour la première fois « La Parfaite » sembla hésiter. Napoléon le nota et en profita pour essayer de reprendre le contrôle de la situation :

– Oui. Ils dirent aussi que Jésus avait étudié ce récit, réussissant à accéder à la formule magique avec laquelle la déesse la plus aimée d'Égypte fit son prodige. Pour cela eut lieu la Résurrection lorsque l'heure arriva et qu'il obtint avec elle l'immortalité. Ou est-ce faux que le Messie des juifs mourut de nouveau après son retour à la vie… ?

– Si tu sais déjà cela, alors, Napoléon, je suppose que tu es prêt.

– Prêt ? Pour quoi ?

Assis sur le même lit que Nadia, le Corse hésita une seconde pour tendre ou non son bras gauche vers « La Parfaite ». Finalement il laissa sa main se poser négligemment sur une de ses hanches. Le contact chaud de cette peau soignée l'envoûta.

– Prêt à recevoir le secret qui fit grandir Jésus.

– Et c'est toi qui me le livreras ?

– Oui. Moi.

– Et comment es-tu sensée me le transmettre ?

Nadia glissa son corps sous la caresse du Corse et s'assit sur ses genoux.

– D'abord, naturellement, en te révélant le mystère de l'*Heb Sed*.

– L'*Heb Sed* ? Les « bleus » aussi m'ont parlé de cela. Les pharaons se soumettaient à ce rituel tous les trente ans.

– C'est exactement l'âge que tu vas avoir dans trois jours.

– Effectivement.

– Aucun non-initié n'a jamais su ce qu'il se passait pendant ces cultes. La seule chose que le peuple voyait, lorsque l'*Heb Sed* se célébrait au printemps de notre histoire, était le pharaon entrant dans les couloirs de sa pyramide pour en sortir rajeuni. *Vert en sa jeune eau*. Ce que personne ne savait...

Elle se coucha contre lui.

– C'est que le rite avait une relation avec l'énergie sexuelle.

– L'énergie sexuelle ?

Le Corse se mordit la lèvre inférieure, tentant de dissimuler son excitation.

– Tout ce qui nous entoure est énergie, général. Mais jamais elle n'est aussi puissante que celle que génère le désir. Dominer l'instinct et le manipuler convenablement peut faire que notre corps se régénère, que les cheveux blancs reprennent couleur ou que les forces reviennent d'où elles étaient parties… Porté à ses limites extrêmes, le rite pourrait tuer, comme c'est arrivé avec Osiris, mais aussi rendre la vie comme le dieu l'a vécu.

Nadia prit les mains chaudes et moites de désir de Napoléon, et les fit lentement glisser sur son corps…

– Ta Bible mentionne déjà qu'au temps du roi David, lorsque celui-ci était très âgé, on le faisait dormir avec une jeune vierge à ses côtés. Les juifs qui l'obligeaient à cela venaient d'Égypte, où ils avaient entendu des rumeurs sur la manière dont avec son haleine une jeune fille pouvait insuffler une partie de sa vitalité.

– Balivernes...

– Pas autant que tu le penses, général. En Perse aussi, on croyait la même chose. Ce qu'ils ignoraient, c'est que la présence d'une jeune fille activait certaines sécrétions chez le vieillard qui le rajeunissaient. Toi-même, tu es en train de l'expérimenter. *Vert en ta jeune eau...*

Elle avait raison. Le désir qu'il éprouvait pour cette femme divinement sensuelle envahissait Napoléon comme la crue brise les digues, elle lui faisait bouillir le sang. Tout commençait à tourner autour de lui, et d'elle, comme si une lumière émanait de leurs corps.

– Concentre-toi sur ce que tu ressens. Sois conscient de la façon dont la matière perd consistance et rejoint un état différent que tu domines. Ce n'est pas une guerre. Ce n'est pas de la stratégie. Ce ne sont pas des mathématiques. Ni de la politique… C'est comme ouvrir une porte qui est à l'intérieur de toi.

Napoléon s'accrocha au corps de la Nubienne comme un marin sur le point de faire naufrage l'aurait fait d'une bouée. Ses yeux de cobra étaient près, très près, le regardant fixement avec une étrange férocité.

– Quand le désir te fait perdre de vue l'horizon, quand tu vois la porte… franchis-là !

Les derniers mots de Nadia sonnèrent comme un écho lointain dans la tête du Corse. Il était trop tard pour se rendre compte qu'il venait de s'écrouler sous l'étreinte douce et parfumée. Vidé, éreinté, épuisé... Mort.

Nadia leva les yeux au ciel et remercia Isis pour son aide providentielle. Le Corse était enfin entre ses mains.

Comme Osiris défunt l'avait été entre celles de la déesse…

CHAPITRE XXIX

Le Caire,
à l'aube du quintidi 24, IIIe décade de Thermidor, an VII
(12 août 1799)

Même s'il paraissait anormalement agité, aucun des soldats de la garde ne retint l'interprète copte du général. Il grimpa quatre à quatre les trois étages qui le séparaient des quartiers de Bonaparte et, devant la porte, échangea quelques mots avec l'aide de camp, le capitaine Montignac :

– Comment va-t-il ?

– Le général a passé une mauvaise nuit.

– Une mauvaise nuit ?

– Oui, monsieur Buqtur. Il a fait des cauchemars. Le dîner ne lui a pas réussi et il a même eu des malaises. Heureusement, maintenant, il n'a plus de fièvre.

L'interprète grimaça.

– Il y a quelqu'un avec lui, pour le soigner ?

– Oui, il est resté toute la nuit avec une femme.

– Une femme, dites-vous ?

– Oui, et très belle. Non, ce n'est pas ce que vous croyez. Pas une catin, non… Le général a ordonné que nous fassions ce qu'elle disait, et elle s'est chargée de tout. Elle a demandé des linges humides et de l'eau chaude et l'a soigné jusqu'à il y a… une heure environ. Puis elle nous a dit qu'on devait le laisser dormir. Elle est partie avec un parent.

– Une femme ? Connaissez-vous son nom ?

– Bien sûr, Monsieur. Elle s'appelle Nadia Ben Rashid.

Buqtur reçut la confirmation de ses craintes comme un

coup de poing à l'estomac. La pire ennemie de l'Atelier avait passé la nuit avec le Corse, le tenant à sa merci pendant plus d'heures qu'il ne voulait l'imaginer. Toutes les précautions de la Loge avaient été d'une inefficacité ridicule, à quelques heures seulement du triomphe.

– Que vous arrive-t-il, Monsieur ?

– Rien, capitaine. Croyez-vous que l'on puisse le réveiller maintenant ? J'ai des informations de la plus grande importance à lui communiquer.

– Entrez si vous le souhaitez. Je ne pense pas qu'il dorme vraiment : je l'ai entendu marcher, il y a quelques minutes.

– Faîtes-lui préparer un bain chaud, j'imagine qu'il en aura besoin.

Il savait comme Napoléon était obsédé par l'hygiène. Montignac avait dit vrai, il était assis sur son lit, la tête entourée d'une serviette. Ses yeux étaient cernés, et reflétaient une immense fatigue. Dès qu'il vit son interprète passer la tête dans l'entrebâillement de la porte, il s'exclama :

– Buqtur ! Je croyais t'avoir donné ta journée.

– Ça, c'était hier, Monsieur.

– Hier ? Aurais-je passé tant de temps dans ma chambre ?

– En bonne compagnie à ce qu'on m'a dit.

Napoléon ne releva pas la pointe d'ironie amère qui perçait dans le ton de son interprète.

– En vérité… Je ne m'en souviens pas très bien, Élias. J'ai passé une nuit de chien. Si cette femme ne m'avait pas aidé, j'ignore ce qu'il serait advenu de moi. C'était comme si quelque chose luttait pour sortir de mon corps… Des vertiges ! Ma tête tournait encore et encore.

– Que savez-vous de cette femme, mon général ?

– Pratiquement rien, Élias. Mais elle m'a affirmé qu'elle connaissait les « sages bleus », alors…

– C'est justement de cela que je voulais vous parler.

– Ah oui ?

Le Corse s'étira péniblement et abandonna sa couche, nu comme un ver. Sans cesser de maintenir la serviette contre son crâne, il se dirigea péniblement vers la baignoire fumante que l'on venait d'amener.

– C'est cet après-midi que nous devons prendre le chemin de Gizeh. Le temps de réunir une petite escorte, et nous pouvons arriver aux pyramides avant le crépuscule.

– Et pourquoi cela : qu'irions-nous faire dans le désert ?

Cette fois, Élias était vraiment inquiet : cette sorcière lui avait-elle aussi ôté la mémoire ?

– Vous ne vous rapelez pas ? Nous sommes à deux jours de votre trentième anniversaire. À Nazareth, les « sages bleus » vous ont donné rendez-vous, aujourd'hui, dans la Grande Pyramide… Pour vous communiquer la formule de vie. C'est aujourd'hui le grand jour de cette révélation, Monsieur !

Pendant quelques secondes, immergé dans l'eau brûlante, le Corse resta songeur. Élias avait raison, il se souvenait maintenant. Ils avaient été ensemble à cette réunion avec ce sage… Balasan. Il avait entendu aussi, bien sûr, l'impérative invitation de l'imam : cette date et pas une autre… Et comment cela se serait-il passé s'il était encore sur les plages du Delta, à combattre les Mamelouks ? Ou encore dans le désert, à poursuivre les fugitifs ? Mais non. Il était au Caire, à quelques heures des pyramides, et il disposait de suffisamment de temps pour arriver jusqu'à elles.

– D'accord. Je vais ordonner de préparer une escorte. Nous partirons à midi. Que penses-tu de proposer à Kléber de la commander ?

– C'est parfait, Monsieur. Le général Kléber est le meilleur choix. Les « bleus » approuveraient cette décision. Il est largement béni des dieux pour vous accompagner… Mais bien sûr, il restera à une distance prudente de votre personne, au moment de…

– Qu'il en soit ainsi. Demande à Montignac de transmettre les ordres.

Les effluves de son bain avaient une inhabituelle senteur de lotus. Ou bien avait-il encore sur la peau l'odeur entêtante de Nadia ?

*
* *

En montant à bord de la grande felouque dans laquelle le trajet jusqu'à Gizeh devait se faire, Napoléon jeta un œil au pavillon tricolore de la République. Cela lui rappelait qu'il n'était toujours pas parvenu à imposer les couleurs de la France et de la République sur le territoire égyptien. Malgré tous ses efforts, les natifs refusaient obstinément tout ce qui sentait l'infidèle, et plus encore les fêtes républicaines et les pompeux défilés des Français.

Le général Kléber attendait sur le pont avec une escorte de vingt-cinq hommes, fusils chargés, baïonnette au canon. Élias Buqtur était là aussi, se chargeant avec le capitaine du bateau de faire embarquer les quatre ânes qui porteraient les réserves d'eau et de vivres.

Le capitaine informa le général qu'ils traverseraient Le Caire par les anciens canaux d'irrigation du Nil, qui menaient jusqu'à Gizeh. Les niveaux de la crue annuelle du fleuve permettaient en cette saison, et précisément aujourd'hui où ils étaient au plus haut, une expérience unique : une partie de la ville se changeait en une sorte de Venise orientale, le Nil baignait les rues et leurs maisons, leurs mosquées, leurs entrepôts. Mais, pour les Égyptiens, cette inondation n'avait rien d'un désagrément. Depuis des siècles, au contraire, c'était un signe de bénédiction et de fertilité. Le pays était ainsi assuré d'avoir devant lui une autre année de récoltes abondantes et de richesse. Le capitaine ajouta qu'il ne serait pas étrange de croiser en chemin de nombreuses familles du Caire célébrant la crue sur les toits de leur maison alors que les eaux sacrées du Nil avaient inondé tout ce qu'elles possédaient. Kléber attendit que le responsable du bateau ait terminé ses cérémonieuses explications avant d'entraîner Bonaparte, seul, sur la proue de la felouque.

– Si vous me le permettez, je souhaiterais vous poser une

question, mon général.

– Je vous écoute, Jean-Baptiste.

– Vous avez accepté de vous soumettre à un rituel magique dont nous ignorons la portée finale. Nous allons traverser une zone potentiellement hostile et je ne voudrais pas nous voir pris dans une embuscade. Vous savez, de plus, aussi bien que moi que la magie de ce peuple est puissante. Très puissante.

– Vous ne devez pas vous inquiéter pour cela. Je suis protégé.

– C'est justement de cela que je souhaitais vous entretenir : est-ce que le talisman que vous portez au cou constitue votre seule et unique protection ?

Le Corse baissa les yeux sur sa poitrine, vérifiant que le *wadjet* pendait bien à son cou. Oui, l'Œil d'Horus était parfaitement visible.

– La seule, Jean-Baptiste. C'est ainsi. Cela ne vous surprend pas, j'imagine…

Kléber ne sut que répondre.

– Ne faites-vous pas partie de cette même Loge maçonnique au sein de laquelle mon père et mon frère Joseph ont été initiés ? N'êtes-vous pas de ceux qui croient au pouvoir des talismans au point de leur confier votre sécurité personnelle ?

– Oui. C'est exact.

– Alors qu'est-ce qui vous étonne ? Un Œil d'Horus comme celui-ci ornait toujours le cou des pharaons, avant qu'ils ne commencent leur chemin vers l'au-delà.

Le géant frémit des pieds à la tête.

– Que voulez-vous dire ? Allez-vous vous mettre en danger de mort ?

– Qui meurt vit à jamais, Jean-Baptiste. Celui qui s'accroche à cette vie meurt pour toujours.

– J'avoue que je ne vous suis pas.

– Même moi je ne le comprends pas complètement. Peut-être qu'aujourd'hui…

Kléber laissa son regard se perdre dans l'écume formée par

l'étrave de la felouque qui fendait les eaux bienfaitrices du Nil. Il reprit la parole, doucement, presque dans un murmure qui répondait au chuintement du bois sur l'onde :

– Permettez-moi d'émettre la plus grande réserve, mon général. Il y a, en Europe aussi, des cas d'immortalité… Nicolas Flamel, le comte de Saint-Germain…

– Je connais ces récits.

– Tout comme moi. Mais jamais, je dis bien jamais, je n'ai entendu qu'il faille mourir pour revivre…

– Ne raconte-t-on pas, à Paris, que Saint-Germain se rendait dans une pyramide, sur la Côte d'Azur, pour se régénérer ? Peut-être est-ce cela que l'on me montrera maintenant ? Peut-être, cher Jean-Baptiste, qu'aujourd'hui nous aurons accès à quelque ancienne science qui mettra à notre portée quelque chose de beaucoup plus important que le pouvoir ou l'argent.

Le ton du Corse était chargé d'émotion.

– Et si cela signifiait que vous deviez rester en Égypte ?

Napoléon tiqua…

– Que voulez-vous insinuer ? Je ne suis en Égypte que par ma volonté. Si je dois rester, je m'y résoudrai. Et s'il me fallait quitter ce pays, je le ferais. Je n'en sais rien encore.

Le géant n'alla pas plus loin. Les deux hommes demeurèrent silencieux un moment, songeurs au fil de l'eau. Personne, pas même Élias, n'osa les déranger. Bonaparte tentait de se remémorer cette nuit avec Nadia. Une nuit étrange, confuse, où le temps avait été aboli. Malgré ses efforts, il ne parvenait pas à se rappeler s'il avait possédé cette femme. Plus exactement, il était persuadé de l'avoir fait et tout autant du contraire. Ses souvenirs se limitaient aux couleurs, aux odeurs et à une saveur douceâtre et dense qu'il avait encore en bouche. Il ne lui était jamais rien arrivé de semblable. Aurait-il le temps de la revoir ?

La navigation fut calme, et ils n'eurent à souffrir aucun contretemps. Ils arrivèrent à Gizeh vers quatre heures et demie de l'après-midi. Le disque solaire commençait à descendre vers l'horizon occidental, là où le désert était le plus profond, derrière la plus petite pyramide, celle de Mykérinos. Élias était plein d'allant et d'enthousiasme, posant le pied sur le sable, à quelque huit cents mètres du plateau sur lequel se dressaient les formidables monuments, il s'exclama :

– Bienvenue à Rostau !

– Bienvenue où cela ?

– À Rostau, mon général. C'est le nom que les Anciens donnaient à cet endroit. Il signifie « Règne d'Osiris ». Ils croyaient que ce lieu était la copie terrestre de l'au-delà, où vont les âmes des morts.

– Une copie terrestre ?

– Oui. Les Égyptiens, Monsieur, pensaient que leur terre était un reflet du paradis. Tout ce qu'ils érigèrent était conçu de manière à imiter ce qu'ils se figuraient de l'au-delà. Et ces pyramides sont le meilleur exemple de cette volonté.

Napoléon était surpris de voir le plateau, plat et ocre sur une dizaine de kilomètres à la ronde, complètement désert, il n'y avait pas âme qui vive… Il se souvint alors de l'apparition des « sages bleus », venus de nulle part dans un Nazareth aussi abandonné que le plateau l'était aujourd'hui. Mais pas de « sages bleus » ici… Personne, simplement personne.

Le capitaine, aidé de quelques soldats, posait quelques planches en guise de passerelle, pour débarquer les animaux. Il n'y avait rien à craindre ici. Pas un arbre, pas un abri… Il était parfaitement impossible qu'un groupe, armé ou non, animé de mauvaises intentions ou pas, puisse se dissimuler pour une embuscade. À moins bien sûr de se tapir derrière l'un des monuments.

Une demi-heure plus tard, ils arrivèrent au pied de la Grande Pyramide. Toujours personne aux alentours. Ils avaient laissé derrière eux le Sphinx, colossal, enterré jusqu'à la moitié de la poitrine, avec son regard pétrifié qui surveillait l'orient. Sur les conseils de Buqtur, ils commencèrent à contourner l'édifice érigé par Kheops. Quand ils atteignirent la face nord, l'interprète ordonna que le convoi s'arrêtât. Voyant Napoléon le regard perdu vers le sommet, il lui dit :

– Une œuvre de titans, n'est-ce pas ?

– C'est par ce côté que nous entrerons, si je ne m'abuse…

Buqtur sourit. Le Corse avait bonne mémoire. Cela faisait près d'un an qu'il avait visité la pyramide pour la première et unique fois, juste après avoir mis en déroute les Mamelouks dans cette bataille qu'il avait lui-même baptisée « la bataille des Pyramides ».

– C'est exact, général. Il y a deux accès sur ce côté : l'un, conçu dès l'origine, est situé sur la quinzième rangée de pierres ; l'autre fut percé par le calife al-Mamoun pour piller ses trésors. Il se situe plus bas, sur la cinquième rangée.

– Elle semble vide.

– Oui. On le croirait.

Suivant les indications de Buqtur, Kléber localisa rapidement les deux ouvertures sur l'énorme paroi calcaire du monument. Il envoya une petite avant-garde pour explorer ces entrées et s'assurer qu'il n'y avait personne puis informa le Corse des résultats.

À dix-huit heures, le soleil se mit à frôler l'horizon et la lumière engagea son combat contre la nuit, un combat qu'elle perdait chaque jour. Ils s'étaient attendus à ce qu'un comité des « sages bleus », comme à Nazareth, les accueille. Mais personne ne semblait vouloir hanter Gizeh ce jour-là. Napoléon, Kléber et Buqtur prirent la décision d'y pénétrer. Le Corse et son fidèle interprète ne voulaient pas montrer leur déception, et, forçant leur enthousiasme, encouragèrent Kléber à prendre quelques lanternes et à les accompagner dans le ventre du monument. Jean-Baptiste accepta avec empressement. Buqtur, en entamant l'ascension avec Napoléon et l'impressionnant Kléber sur ses talons, commença ses explications :

– L'entrée voulue par Kheops est un petit couloir de cent quatre-vingts mètres de long, d'à peine un mètre et demi de haut et d'un peu plus d'un mètre de large. Je crois cependant que l'ouverture percée par al-Mamoun sera plus aisée et plus rapide pour accéder aux chambres intérieures.

L'aisance avec laquelle Jean-Baptiste Kléber gravissait les niveaux cessa dès qu'ils parvinrent au passage d'al-Mamoun. Il s'était joué des pierres de la base, aussi lisses que des miroirs, mais à l'intérieur du premier couloir, le géant dut se pencher pour ne pas frôler dangereusement le plafond. Ils allumèrent bientôt leurs lanternes, provoquant une véritable débandade dans la colonie de chauves-souris, qui les obliga à se plaquer au sol. L'odeur acide de leurs excréments, difficilement supportable, les prit à la gorge. Élias, comme pour détourner leur attention de cette pestilence, commentait :

– Tous les couloirs à l'intérieur ont une inclinaison de vingt-six degrés. Ils sont faits de roches fort bien polies : vous devrez faire attention à ne pas glisser.

Le Corse avança sa lanterne dans le vide qui s'ouvrait devant eux. Un chemin totalement obscur, étroit comme une cheminée, grimpait vers l'inconnu, se perdant à l'intérieur de la pyramide. Il sentit un tremblement étrange, mélange d'appréhension et d'excitation. Il s'accroupit pour s'adapter aux dimensions réduites de ce méat de pierre.

– Élias ?

– Oui.

– As-tu une idée de la raison pour laquelle les « sages bleus » ne sont pas venus au rendez-vous cette fois.

– Ils nous attendent peut-être en haut, Monsieur.

L'écho de leurs voix résonnait au coeur de cet infect couloir dangereusement incliné. Kléber, qui fermait la marche, maudissait à voix basse les anciens architectes pour cette plaisanterie de mauvais goût. Élias, pendant ce temps, continuait à parler, peut-être pour calmer la sensation oppressante de se savoir cerné par l'obscurité de trois millions de pierres lourdes et massives :

– Certains croient que la pyramide imitait le chemin que les âmes devaient emprunter pour arriver dans l'au-delà. Ils disent que les prêtres laissaient le pharaon seul ici, à l'intérieur, pour qu'il parcoure ces couloirs dans l'obscurité et s'habitue à ce qui l'attendait à sa mort…

– Ils le laissaient seul ?

– Oui, général. Peut-être est-ce cela que les « sages bleus » attendent de vous ?

Ignorant ce dernier commentaire, le Corse, qui était devant, prit la poignée de sa lanterne entre les dents pour accélérer le rythme de son ascension Sans aucun signe avant -coureur, l'oppressant couloir prit fin brusquement. Il débouchait sur un sol plat. La flamme de la lanterne s'étendit. Le plafond bas avait disparu, il était maintenant suffisamment haut pour pouvoir se mettre debout.

Excité par cette découverte, il tendit la main à Buqtur et au géant qui apprécièrent également de sortir de cet angoissant boyau, aussi rassurant qu'une souricière. Lorsque la lumière de leur lanterne éclaira le lieu où ils se trouvaient, les deux Français laissèrent échapper un sifflement d'admiration.

Devant eux, comme par magie, s'élevait une voûte de presque neuf mètres de haut, avec un toit à deux eaux, incroyablement incliné. Face à lui, naissait un autre couloir étroit et, au-dessus de celui-ci, une autre rampe grimpait en angle jusqu'à une porte élevée qui se devinait à peine à la lumière des torches. Élias ne voulut pas les laisser souffler, le temps pressait.

– Le couloir du haut. C'est là qu'est la pièce la plus sacrée.

On aurait pu croire aux entrailles d'un énorme mécanisme d'horlogerie. Il n'y avait aucune décoration, pas un hiéroglyphe sur les murs, pas un dessin, rien… Il y avait, espacées de quelques pas, des niches creusées dans le sol, dont la fonction restait mystérieuse. Au-dessus d'elles gravitaient, comme se détachant du plafond, sept corniches de grande dimension traversant l'enceinte d'un bout à l'autre.

– Eh bien, si c'est en haut… Montons !

Napoléon était extatique. Il avait oublié la défection des « sages bleus » et Buqtur, le voyant faire, doutait qu'il se souvînt de ce qu'il était venu chercher ici. Le ventre maternel de la pyramide l'avait envoûté. Kléber avait entamé l'escalade, sans attendre ses compagnons. Napoléon le regarda agir et retint Élias par l'épaule.

– Qu'y a-t-il par ici, en haut, Élias ?

– La chambre royale, mon général.

– Chambre royale ?

– Celle qui abrite le sarcophage de Pharaon.

– Quelqu'un a été enterré dans ce labyrinthe ?

– Nous ne le savons pas avec certitude. Aucune momie n'a jamais été trouvée. Même quand al-Mamoun profana la pyramide et entra ici pour la première fois, il n'y découvrit ni momie, ni trésor. Le lieu était comme il est aujourd'hui.

Kléber avait glissé une ou deux fois avant de comprendre comment poser ses bottes sur cette surface lisse pour ne pas tomber. Il grimpa alors comme un chat jusqu'à l'entrée de ce couloir et, après avoir parcouru un autre corridor de dimensions réduites, il accéda à la chambre mentionnée par Buqtur. Il revint alors sur ces pas.

– Montez !

Ce qu'ils firent en s'aidant l'un l'autre, jusqu'à parvenir à leur but. En vérité, cette salle était encore plus impressionnante que ce qu'ils avaient vu jusqu'à présent. Les murs étaient plus sombres mais des grains de mica et de feldspath luisaient comme des diamants à la lueur des lanternes. La pièce avait une dizaine de mètres de long et cinq de large. De grandes dalles, admirablement polies, couvraient le sol, les murs et le plafond. Au fond, un sarcophage sans couvercle, dont l'un des angles était cassé, patientait là, oublié par les siècles. Élias murmura :

– Le lieu de l'initiation. Le cœur de la célébration du rite du *Sed*.

Malgré la protection de sa *galabieh*, le copte avait irrémédiablement taché sa chemise de coton avec la poussière et les excréments des chauves-souris… Napoléon se dit qu'il ne devait pas avoir plus fière allure. Il constata :

– C'est désert comme le reste…

– Oui. Vide, en effet…

– Et pourquoi crois-tu que personne ne nous attend, Élias ?

Élias répondit sans hésiter :

– C'est simple, général. Vous êtes le « convoqué ». Si vous le voulez, vous recevrez ici l'initiation. Mais cela devra se faire en dehors de notre présence. Dans la solitude de ce lieu.

Buqtur avala sa salive et regarda gravement le Corse.

– Le moment est arrivé de vous laisser seul, général. Nous sommes de trop pour la cérémonie qui doit avoir lieu. Souvenez-vous, avant que ne vous soit révélé ce que vous cherchez, vous devez vider votre âme et laisser l'éternel gardien de ce lieu la peser.

Bonaparte ouvrit grand ses yeux marron avec une expression de surprise.

– Où m'attendras-tu Élias ? demanda brusquement le Corse, envahi par l'intuition prémonitoire d'une proche et grande solitude.

– À l'extérieur, Monsieur.

– Vous aussi, Jean-Baptiste ? dit-il ensuite en se tournant vers le général Kléber, qu'il apercevait dans la lueur vacillante de sa lanterne.

– À ce qu'il semble, mon général.

Quand la *galabieh* du guide et la casaque bleue de son fidèl officier se perdirent dans le couloir qui les avait tous trois conduits jusque-là, Napoléon eut à peine deux minutes pour se situer. C'est alors que, comme si tout avait été minutieusement calculé, sa lanterne s'éteignit.

Durant quelques instants, Napoléon Bonaparte eut l'absolue certitude que son heure était arrivée.

CHAPITRE XXX

Gizeh,
quintidi 24, IIIe décade de Thermidor, an VII
(12 août 1799)

Le roc de Maâdi, au sud des pyramides, empêchait aux hommes de Balasan de deviner ce qu'il se passait de l'autre côté de la pyramide de Kheops. Cela ne semblait pas préoccuper Titipai le moins du monde. Il savait que le maître Balasan et son étrange invité étaient à tout moment parfaitement au courant de ce qui se tramait là-bas, même si, étendus à côté de lui, ils avaient l'air inconscients. C'est lui, le gardien fidèle des enveloppes charnelles, qui avait été chargé de leur administrer les dernières doses de cet onguent magique qui permettrait à leur être intérieur de sortir de leur être apparent.

Il était vingt et une heures, le corps étoilé de Nout[1] couvrait majestueusement le plateau de Gizeh, le *Kâ* des maîtres devait déjà être en train de voler vers le sommet de la Grande Pyramide. Bientôt ils seraient réunis devant Bonaparte et lui montreraient le chemin de l'*amenti*, l'« au-delà ».

C'était un moment précieux. Depuis plus de dix-sept siècles, personne n'avait bénéficié de cette instruction céleste aussi directement. Aucun homme n'avait mérité l'honneur de recevoir l'aide des dépositaires de la Vérité pour atteindre la vie éternelle pendant son existence terrestre. Et tout se déroulait en paix.

1. *N.D.A.* : Déesse du Ciel dans la mythologie égyptienne. Elle est représentée comme une femme géante courbée sur la Terre dont le ventre, couvert d'étoiles, représente la voûte céleste. Chaque soir, elle avale le Soleil ; chaque matin, elle accouche de l'astre.

Tagar, par contre, était inquiet.

– Dis-moi, Titipai, que ferons-nous du vieux copte lorsque notre travail sera achevé ?

Le jeune disciple de Balasan ajusta son turban bleu sur son crâne rasé. Il montait la garde en face de la tente où reposaient les corps de Cyril de Bologne et de son vénérable maître. Personne ne pouvait interrompre ce repos sacré.

– Pourquoi cela t'inquiète-t-il, Tagar ?

– Le patriarche Marc a mis en marche un important dispositif de recherche. Il veut savoir ce qu'il est advenu de cet homme. Ce matin, au Caire, j'ai entendu qu'on nous accusait de sa mort. Ils veulent nous capturer, à tout prix.

Titipai sourit.

– D'une certaine manière, ils n'ont pas tort. Après ce que Cyril de Bologne a appris, tant en traduisant l'évangéliste qu'en écoutant le maître Balasan, ces derniers jours, le copte en lui est mort…

– Que veux-tu dire ?

– Qu'aucune personne ayant contemplé la Vérité ne vit plus dans un monde de mensonge. C'est sa conscience intime qui, dorénavant, prendra les rênes de son existence. La sensation est presque identique à celle de la résurrection.

– La religion des coptes est un mensonge ?

– Non. Mais elle n'est qu'une partie de la Vérité, si incomplète que parfois elle peut devenir dangereuse.

– Et l'enseignement du prophète Mahomet ? Et le culte de Yeshua par-delà la mer ?

– Il en va de même, exactement…

– Ce qui est arrivé au vieux copte est aussi ce que le sultan Bounabart va vivre ?

– En partie, oui.

Les grands yeux noirs de Tagar brillèrent comme des étoiles sous le ciel bas de Gizeh.

– Pourquoi « en partie » ? Que veut-tu dire encore ?

– Que Napoléon, à la différence du père Cyril, est déjà mort, bien mort.

CHAPITRE XXXI

Gizeh,
quintidi 24, IIIe décade de Thermidor, an VII
(12 août 1799)

Déterminé, le jeune général chercha à tâtons, en ressassant ses erreurs, le contact lisse et froid du granit. Après avoir trouvé les arêtes du coffre à l'emplacement exact où il se les remémorait, il se hissa sur l'une de ses extrémités, puis s'étendit à l'intérieur, de toute la longueur. « La pyramide vous guidera… » Il n'avait rien à perdre. Il était disposé maintenant à attendre que les évènements se chargent de résoudre sans son intervention cette situation périlleuse.

En calant ses épaules dans le fond de ce cercueil, il se demanda ce qu'avait voulu dire Élias en parlant de « vider ici son âme » ? de la vider pour qu'on la « pèse » ?

C'est alors que Napoléon Bonaparte, chef des troupes d'occupation en Égypte, eut une éprouvante révélation : le sarcophage était exactement à sa taille…

Il pensa, par deux fois au moins avec une conviction inébranlable, que ce n'était absolument pas logique. Lui, haut à peine d'un mètre soixante, ne pouvait occuper entièrement de son modeste gabarit un espace qui mesurait près de deux mètres ! Il s'attela même quelques minutes à vérifier cette incohérence : il étira ses jambes pour s'assurer qu'elles touchaient bien le bout du sarcophage et allongea son cou, frottant le sommet de son crâne contre le granit. La largeur aussi, qu'il éprouva des coudes, était parfaitement ajustée. Cela lui sembla tout aussi curieux, mais c'était un fait : ses bras, le long de son corps, ne pouvaient pas s'ouvrir davantage. Comme si son anatomie s'était enflée pour remplir complètement le sarcophage. Absurde !

Il douta de ce qu'on lui avait promis. Parfaitement aveugle dans cette obscurité impénétrable, à des dizaines de mètres sous la surface de la pyramide, sous des tonnes de pierres, il n'arrivait pas à se faire à l'idée que quelque chose en lui allait changer. Même s'il se sentait étrangement grand et léger, comme si ses extrémités s'étaient dissoutes dans cette noirceur. Point positif : son estomac avait cessé de se tordre.

Peu à peu, il se rendit compte qu'il était… bien !

Il commença à se détendre, se laissant enivrer par cette sensation de bien-être. C'est alors que, sans le moindre avertissement, quelque chose se produisit qui le laissa sans souffle.

Un éclat de lumière dans sa tête. L'impression qu'un éclair l'avait foudroyé, le coupant en deux. Ses yeux semblèrent vouloir s'éjecter de leur orbite, ses doigts se crispèrent sous la terrible pression.

Que lui arrivait-il ? Cette fulgurance lumineuse, étourdissante, l'avait laissé presque inconscient. Sa tête lui vrillait. Il parvint à bouger ses extrémités et tenta d'approcher ses mains de son front…

Et, à cet instant, une seconde décharge le laissa pantelant.

Comme la précédente, elle avait explosé dans sa tête en une déflagration de lumière, puis s'était propagée dans son corps en tendant jusqu'à les craquer chacun de ses muscles, successivement. Le Corse, paniqué, avait l'étrange sensation de brûler de l'intérieur. Il étouffa un cri de douleur et d'effroi qui l'obligea à ouvrir grand les yeux. C'est alors qu'il les vit !

– Que diable… ?

Restant couché dans le tombeau de pierre, il se prépara au pire, à l'écoute du moindre bruit, du plus petit souffle. Ce n'était pas réel, impossible… Il songea que son esprit, à cause du manque d'oxygène peut-être ou de l'excès de poussière respiré à l'intérieur, lui jouait un mauvais tour. Il avait déjà observé de nombreux mirages depuis qu'il était en Égypte. Dans certaines circonstances, ils semblaient si réels qu'il aurait presque pu les toucher. Mais toutefois, le phénomène était bien plus vivant. Plus tangible. Il ouvrit à nouveau les yeux, persuadé de son hallucination.

Mais il lui fallut se rendre à l'évidence, il avait bien vu ce qu'il voyait maintenant.

L'obscurité qui occupait la pièce comme une nappe d'huile avait cédé la place à une intense clarté d'un vert luminescent. C'était comme s'il avait été aveugle toute sa vie et qu'il voyait pour la première fois. Depuis l'intérieur du sarcophage, il pouvait discerner tous les détails des dalles énormes et polies qui formaient le plafond de la Chambre du Roi. La sensation était comme une jouissance. Il en distinguait les joints, pas tous identiques du fait sans doute des mouvements de terrain, et aussi les minuscules fissures, les éclats de leurs impuretés. Impossible de comprendre d'où pouvait provenir une telle source de lumière. Son intensité était partout la même où qu'il regardât. C'était comme si la pierre elle-même l'émettait.

Sans effort, en tirant sur ses seuls muscles abdominaux, le Corse s'assi à l'intérieur du sarcophage avec une aisance qui le surprit lui-même. Il jeta un coup d' œil autour de lui et vérifia qu'en effet toute la salle était baignée de cette intense lumière verte. Sa peau et ses vêtements paraissaient eux-mêmes de cette couleur.

Le froid avait disparu. Tout autant que son impression oppressante d'enfermement. Même la faim qu'il avait ressentie quelques minutes auparavant s'était évaporée, laissant place à une plénitude qu'il ne connaissait pas.

Soudain, il se souvint des derniers mots de Nadia : avait-il « franchi la porte », laquelle, selon elle, devait s'ouvrir en lui-même ? Il eut alors une autre sensation étrange : et si les tonnes de pierres de la pyramide n'étaient pas vraiment réelles ? si elles n'étaient que le reflet d'un mirage qu'il sentait émerger de sa propre âme ?

– Ton intuition est la bonne, sultan de l'Occident.

Il sursauta violemment. Une voix d'homme, douce, aimable, avait résonné dans son dos. Il se retourna. Deux silhouettes vertes, brillantes au point de l'aveugler, étaient entrées Dieu seul savait comment au coeur de la chambre. Les ectoplasmes semblaient agréger la lumière, à la fois sources et destinations.

– Ne crains rien, nous sommes chargés de te guider dans le nouveau plan de ton existence.

Napoléon, stupéfait, essaya de deviner où il avait déjà entendu ce timbre de voix si particulier. Où s'était-il senti enveloppé par des mots similaires, doux, éclairants ? En quel lieu avait-il été appelé « sultan de l'Occident » pour la première fois ? La silhouette reprit la parole et dissipa ses doutes :

– Oui, je suis Balasan, cher Bounabart. Ou mieux, je suis le vrai Balasan. Le *Kâ* intérieur de cet homme de cent dix ans. Je suis le dernier maître de la dynastie des Dépositaires de la Vérité.

– Balasan ! Enfin !

– Enfin… Le moment que tu attendais est arrivé. As-tu apporté le *wadjet* que je t'ai donné ?

Le Corse porta la main à son cou, palpant son amulette. Elle était chaude et… molle. En tout cas, c'est l'apparence que le pendentif prenait sous ses doigts. Le *Kâ* émit un ordre :

– Prête-le-moi.

Après avoir dénoué le cordon qui le retenait autour de son cou, Napoléon le tendit au deuxième *Kâ* qui s'avança à deux pas de l'endroit où il se trouvait. L'aspect vaguement humain l'impressionna tout autant que ses traits diffus. Comme si cette phosphorescence verte était une sorte de sac invisible plein de brouillard.

Lorsque le *Kâ* de Balasan reçut finalement l'amulette au creux de ses « mains », quelque chose crépita dans la pièce.

– Savais-tu, Bounabart, que les pharaons en mourant devaient réussir différentes épreuves avant d'arriver à leur destin final ?

– Non.

– L'une d'elles était celle du *wadjet*. Ce n'est rien de moins que la clé de la porte de l'*amenti*, le « règne de l'au-delà ».

Le *Kâ* fit une étrange révérence, et se souleva sans effort apparent vers le plafond de la pièce. Le Corse eut alors le sentiment que son « regard » le perçait.

– Cette pyramide est un modèle proportionné de cet au-delà. C'est Thot qui, sur l'ordre d'Osiris, livra aux rois d'Égypte les plans de cette « machine de l'immortalité » pour qu'ils la construisent en pierre et qu'elle leur serve de préparation pour le voyage que tu viens de commencer.

– Voyage ?

– C'est ainsi, Bounabart. Le voyage vers l'éternité.

Balasan se taisait maintenant. Comme le faisaient les dieux avec les défunts, dans le *Livre des morts* égyptien, le *Kâ* posa à Napoléon une question :

– Sais-tu comment Seth donna la mort à son frère Osiris ?

Napoléon l'ignorant, il secoua la tête horizontalement. Balasan sourit.

– Seth l'invita à une fête avec soixante-douze convives. Il les nomma un à un pour qu'ils s'introduisent à l'intérieur d'un somptueux sarcophage qui trônait au milieu de ce lieu. Celui dont le corps correspondrait aux mesures du coffre deviendrait le propriétaire du trésor.

– Et que se passa-t-il ?

– Un à un, tous défilèrent devant le coffre mais personne ne se sentit confortable dedans. Le dernier, Osiris s'y allongea et nota immédiatement que le sarcophage avait exactement sa taille.

Le Corse commença à comprendre ce que *Kâ* de Balasan voulait dire. L'ectoplasme continua :

– Seth, profitant de ce moment, ferma le sarcophage, le lança dans le Nil et noya Osiris à l'intérieur. Ce fut le moment le plus dramatique de notre passé. Par chance, Isis le localisa et lui rendit la vie pour la première fois.

Napoléon ne saisissait pas le rapport avec sa situation, en dehors de cette histoire de cercueil à ses dimensions…

– Toi, tu t'es allongé dans ce même sarcophage,

Bounabart. Tu as découvert qu'il s'adaptait à toi et, comme Osiris, tu es mort en son sein.

Cette dernière phrase le tétanisa. L'autre *Kâ,* resté silencieux jusqu'ici, enchaîna :

– Oui, Napoléon Bonaparte. Tu es mort, bel et bien mort… Tu as cessé d'exister, comme Osiris lui-même. Maintenant tu n'es plus que le *Kâ* de l'être qu'un jour tu fus. Pourquoi sinon pourrais-tu voir dans l'obscurité ? Pourquoi sinon aurais-tu vécu, ou revécu, ces réminiscences ? N'as-tu pas assisté ces dernières heures aux moments les plus importants de ta recherche de la vie éternelle ? Cette sensation n'est accessible qu'aux morts…

– Mort ? Suis-je déjà mort ?

– Ton état ne devrait pas t'inquiéter autant, Napoléon. En fin de compte, le Créateur a donné aux hommes une âme immortelle qui est leur essence véritable. La seule chose qui soit morte, c'est ton corps.

Le Corse frissonna.

– La mort ne signifie pas autre chose que se séparer d'un corps usé. Le Créateur te l'a donné pour que tu apprécies aussi la matière qu'Il créa, mais Il te destine à des actes plus importants. Ton dessein ultime, comme celui de tous les mortels, est de te changer toi-même en Dieu. Tu t'intégreras dans une conscience aussi grande que l'Univers, pleine d'une infinie sagesse et d'amour.

– Mais pourquoi si tôt ? Pourquoi dois-je mourir si tôt ? Pourquoi dois-je perdre mon identité ?

– Tu n'as pas à mourir, Napoléon. Tu es déjà mort. Quant au temps : il n'existe pas. Passé, présent et avenir ne sont qu'un mirage. Tu ne peux pas le retenir. Pourquoi donc voudrais-tu te cramponner à lui ? Pourquoi t'inquiètes-tu du temps, qu'est-il dans l'éternité ?

Désarmé, impuissant, il se sentit exactement comme au seuil de la conscience, comme dans les bras de Nadia : faible, à la merci d'une force imparable et destructrice.

– Oui, Nadia. Elle aussi t'a aidé à parfaire le cycle d'Osiris, le tien.

– Mon cycle d'Osiris ?

– C'est ainsi. À la manière d'Isis, elle aussi te fit mourir, avant de t'arracher à la mort. Et, comme la déesse, Nadia se féconda de ta semence.

– Fécondée ?

Napoléon sursauta. Il ne se souvenait de rien. Le *Kâ* eut de la compassion pour son ignorance.

– Oui. Si tu décidais, maintenant, de ne pas revenir au monde des vivants, ton essence resterait sur la Terre grâce au ventre d'Isis, de Nadia. Ce fruit serait comme Horus le Faucon, le fils d'Isis et d'Osiris accomplirait alors son destin : la prophétie que le mage Djédi fit à Kheops. Seul celui qui est né du sein d'Isis pourra accéder au coffre de Thot, caché dans cette pyramide, et révéler au monde le Secret de la vie éternelle.

– « Si je décidais de ne pas revenir au monde des vivants » ? Que veux-tu dire ? Ai-je un autre choix : je suis mort !

– L'âme qui a été pesée par Maât a été jugée pure. Celui qui a fait une recherche sincère de l'immortalité peut aller où il le souhaite : retourner à la terre des vivants ou voyager dans les douze régions du monde inférieur. Et même aller vers les étoiles et se changer en l'une d'elles, resplendissant pour toujours. Ainsi parle le *Livre des morts*.

Napoléon, qui se sentait de plus en plus léger et en accord avec lui-même, commença à comprendre qu'il était aussi l'un de ces ectoplasmes, un *Kâ*. Son corps était resté en arrière, laissant son essence primordiale émerger et prendre la décision.

Sans nul doute, la décision la plus importante qui puisse être offerte à un être vivant, à un homme parmi les hommes.

– Dois-je moi-même choisir mon chemin ?

– C'est ainsi que cela doit être.

– Quand dois-je choisir ?

– Maintenant. Au moment où les routes s'offrent à toi…

Le *Kâ* de Napoléon prit soudain la dimension de son

propre espace, libre de toute entrave. Il se voyait se regarder, contemplait son corps abandonné dans le sarcophage, se mirait dans les étoiles au-delà des épaisseurs de la pierre. Il vit Kléber et Buqtur qui attendaient avec l'escorte. Il vit le corps de Cyril et vécut avec lui l'incendie de la bibliothèque. Il vit la dépouille de Balasan abandonnée à la surveillance de ses disciples et sentit la puissance des « sages bleus ». Il respira l'air du Golgotha et du mont des Oliviers, un jour…

Il se vit lui-même, corps énergétique, émettant autour de lui une fluorescence impalpable.

– Si j'ai le choix… je retournerai dans le monde des vivants.

Les deux *Kâ* contemplèrent le troisième.

– Tu veux donc ressusciter à la chair, comme Osiris et Jésus avant toi ?

– Oui. Je le veux.

– Tu choisis le retour à la chair, à sa souffrance, à ses manques, à ses misères ?

– Et à ses plaisirs. Oui. Je le veux. Je le dois.

– Ta volonté sera faite, sultan de l'Occident. Cependant, sache que, lorsque sonnera la prochaine heure de ton trépas, un nouveau jugement aura lieu et Maât à nouveau posera sa plume. Une autre pyramide pourra héberger la sentence de Thot. Si tu réussis, tu pourras de nouveau choisir ton destin.

– J'en accepte l'augure. Je souhaite retourner à mon enveloppe charnelle.

– Mais souviens-toi : tu es désormais, et pour toujours, un immortel. La Vérité ultime est que nous le sommes tous. La seule chose qui maintenant te différencie du reste des hommes, c'est que, toi, tu le sais, intimement.

Épilogue

Le 13 août 1799, à six heures et demie du matin exactement, Napoléon Bonaparte sortit par ses propres moyens du ventre de la Grande Pyramide de Gizeh. Kléber fut le premier à le voir et à constater la mine lamentable du général de l'armée française d'Orient. Le géant s'approcha de lui pour l'aider et lui posa une question que, durant les années suivantes, de nombreux autres lui poseront en privé :

– Mon général, que vous est-il arrivé ?

Le Corse répondit alors la même chose qu'il répondra jusqu'à son exil et sa mort sur l'île de Sainte-Hélène :

– Même si je vous le disais, vous ne le croiriez pas.

À peine dix jours plus tard, Bonaparte abandonna en secret le sol d'Égypte, protégé par une flotte ridiculement vulnérable, les frégates *Muiron* et *Carrère*, dans ces eaux hantées par l'Anglais. Une fois de plus, le Corse eut de la chance. Non seulement la Méditerranée le laissa faire mais l'ennemi ne se rendit pas compte de sa disparition.

Dans sa fugue insolite, Napoléon laissa derrière lui, déconcertés, tous ceux qui avaient lutté pour s'approprier la formule de la vie. Les « sages bleus » ne furent pas en mesure de compléter sa formation pour faire de lui l'héritier de leur secret et les adeptes du Soleil, avec Omar a leur tête, comprirent rapidement qu'ils avaient échoué dans leur tentative désespérée de soustraire de la tombe d'Amenhotep III la clef de l'éternité.

Seule Nadia mena à bien sa mission : nouvelle Isis, elle avait reçu d'Osiris-Napoléon la semence qui lui permettrait d'enfanter l'héritier des immortels... Mais les détails de son existence ne sont pas l'objet de ce livre.

Quant à Napoléon, il débarqua à Ajaccio, sa ville natale, le 28 septembre 1799. Onze jours plus tard, il posa enfin le pied sur le sol français à Fréjus, à quelques dizaines de kilomètres de Nice… et de la pyramide de Falicon.

Chacun des hommes qu'il croisa pendant cette période fut surpris de sa farouche détermination. En réalité, Napoléon Bonaparte était déjà un autre homme, bien différent de celui qui avait quitté la France un an auparavant.

À partir de ce 13 août, Bonaparte n'eut plus jamais peur, devenant l'un des stratèges les plus téméraires de l'histoire, auréolé d'une chance insolente…

Qu'avait-il à craindre, au fond ? Il savait déjà que la Mort, lorsqu'elle arriverait, lui laisserait le choix…

Collection *Boox Office*
(Romans)

- *Mords-moi le Yi-King* / Vincent Gielly
- *Messie public* / François Antelme

Collection *Obliques*
(Romans)

- *Dialogues du pénis* / Paul Avignon
- *L'Irlandaise, voiture 4* / Bernard Oustrière
- *Sculpteur de nuages* / Michel Gœldlin
- *L'Enlèvement aux Marquises* / Patrick Chastel
- *Sous l'aile du concombre* / Henri Girard

Collection Documents
(Extrait)

- *J'ai été Franc-maçon* / André Clodic

- *Les Arnaques à la consommation* / Irène Avgerinidis / Valérie Pineri

- *God Bless Africa* / Bernard Lugan

- *Corps Accord - Vivre en harmonie* / Le Yogi Coudoux

- *La sorcellerie au coeur de la République* / Sylvie Jumel

- *Le Pentagate* / Thierry Meyssan

- *L'effroyable imposture* / Thierry Meyssan

- *Ecologistes, petites esbrouffes et gros mensonges* / Jean-Paul Croizé

- *Le Crédit Agricole hors la loi ?* / Jean-Loup Izambert

- *Menaces islamistes* / Pierre-Henri Bunel
- *Asiles de la honte* / Pascal Colombani

- *Diana & Dodi - Le guet-apens* / Hugo Nhart

- *Téléphones portables. Oui, ils sont dangereux* / Dr G. Carlo / M. Schram

- *Lions Club - L'enquête interdite* / Hugo Nhart

- *Crimes de guerre à l'Otan* / Pierre-Henri Bunel

- *Erika, le naufrage de complaisance* / Alain Malardé

- *Le dossier noir des cartes bancaires* / Pascal Colombani

- *Les armes de l'ombre* / Marc Filterman

- *Lumières sur la Lune* / Philippe Lheureux

- *Femmes de l'espace* / Anne-Catherine Souchon

- *Confessions incisives d'un dentiste* / Alain Amzalag

- *La délinquance des mineurs* / Laurence Cavé

- *L'amour polysexuel* / Jean-Bernard Roggeman

- *Ovni, enquête sur des faits* / Hugo Nhart
- *Terreurs virtuelles* / Jean-Paul Ney

- *Cyclone de l'enfer* / Irène Jarry

- *Le temps des puces* / Bruno Marzloff / Stéphane Glaziou

Imprimerie France Quercy - Cahors
Dépôt légal : mars 2003
Numéro d'impression : 23208/